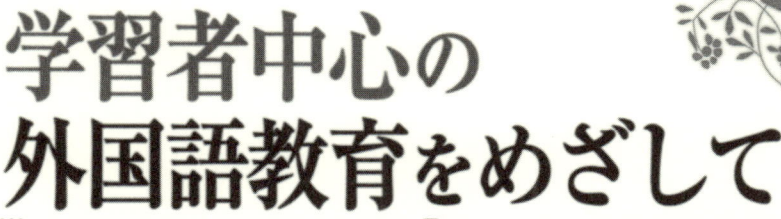

学習者中心の
外国語教育をめざして
WEGE ZU EINEM GEMEINSAMEN ZIEL-LERNERZENTRIERTER
FREMDSPRACHENUNTERRICHT

流通科学大学ドイツ語教授法ワークショップ論文集

板山 眞由美 編
森田 昌美

三修社

まえがき

　本書はタイトルに示す通り、流通科学大学における「ドイツ語教授法ワークショップ」ならびに「勉強会」で行われた研究発表を論文集としてまとめたものである。ここではこの論文集の生まれた経緯とその編集方針を記すこととする。「ドイツ語教授法ワークショップ」は、1998年から原則として毎年一回学外からの参加も広く呼びかけて開催され、2004年2月をもって第7回を迎えた。その間に第6回からはドイツ文化センターとの共催となり、第7回からは英語教育の分野からも発表者を招いて内容のさらなる充実を図っている。一方、新学期前の講師懇談会に引き続いて開かれる「勉強会」は90年代半ばに始まり、学内の専任教員と非常勤講師がお互いの授業について紹介し合い、授業改善のための方策を話し合っている。この二つの催しは現在別々に開かれているが、本来は同じ根から生まれ、その後それぞれに育っていったものである。

　ドイツ語教授法ワークショップの誕生には、大きな「必然」と小さな「偶然」が関与していた。「必然」とは、うえに挙げた勉強会での意見交換・情報交換を通じて教員各自の授業に対する関心・問題意識が高まり、教授法について共に研究する場と人の輪を求めたことである。たとえば1997年の3月には、教師間で"*Themen neu 1*"（Max Hueber 社）を使用した各自の授業方法とその問題点を話し合うなかで、内輪での会合の枠を超えて広く外国語教育について学ぼう、発表し合おうという声が教師たちの間から高まってきた。また2001年3月には同年度から全学共通教科書となった『自己表現のためのドイツ語』（三修社）を用いた具体的な授業例の紹介が、言語間の垣根を越えて同大学のスペイン語教員との合同勉強会という形で行われた。その後この勉強会にはフランス語教員も加わっている。

　一方「偶然」とは、1998年3月下旬に京都で行われた催しに北海道から佐藤修子氏が参加したことにより、この機会を利用して神戸で第1回のワークショップを開こうという運びになった。佐藤氏は『スツェーネン　場面で学ぶドイツ語』（三修社）の著者であり、当時この教科書の初版が出版された。時期的には小さ

な「偶然」が幸いしたにせよ、このワークショップ開催自体も省みれば大きな「必然」であったといえる。なぜならば毎年おびただしい数の教科書が出版されながら、著者による教科書の紹介、授業の具体例について著者を交えて話し合う機会がなく、かねてから多くの教師が教科書のコンセプトやその授業内容・授業方法について検討する機会を待ち望んでいたからである。

　以上のような経緯でスタートしたドイツ語教授法ワークショップの特徴は、以下の三点にまとめられる。第一に「学習者中心のコミュニカティヴな授業をめざすこと」、第二に「外国語教育の理論と実践を研究対象とすること」、第三に「発表者からの一方的な語りかけではなく、参加者も対等な立場で積極的に意見を述べられる自由な雰囲気作りを心がけること」である。この趣旨に賛同する教師たちのネットワークに支えられて研究会は順調に成長し、現在では毎回全国から30名前後の参加者を迎えている。

　このような時期に、過去の研究成果を論文集としてまとめてはどうかという提案が三修社からなされたのである。そこで第7回までのワークショップと上述した勉強会での研究発表者たちに呼びかけたところ、13名のドイツ語教師とスペイン語・フランス語担当の教師各1名から執筆の希望が伝えられ、本書が出版されることとなった。本書に収録されていない発表も含めワークショップの過去の研究発表者名と発表題目、そして勉強会の報告者名とタイトルを巻末に示した。

　次に編集方針について述べたい。各論文のテーマは過去の研究発表に添っているが、その内容は研究発表から少なからぬ歳月を経ている場合を考慮して、新たに加筆・修正された。本書は四つの章に分かれている。まず序章では流通科学大学の専任教員3名が大学のカリキュラム、全学共通教科書への取り組み、アクティビティという名で総称される教室活動について論ずる。続いて第1章では言語習得の理論と実践を脳の神経回路システムについての研究と音声教育からとらえた論考が収められている。さらに第2章では教科書の著者ならびにドイツ語教育の研究者たちが、学習者中心の外国語授業の実現をめざした独自のさまざまな試みを紹介する。終わりに第3章では最近とみに注目されるようになったテーマ「自律的な学習」について複数の研究者が多角的な視点から論じている。

　研究発表の際の使用言語は日本語とドイツ語であったが、本書では他言語の言語教育に携わる方々にも広く読んでいただくことを考慮して日本語のみとした。各論文の用語や表現の統一、参考文献・引用文献の挙げ方については執筆要綱を

定めたが、最終的には各執筆者の意思を尊重した。論文の文責は各執筆者にある。
編集作業において編者が常に願ったのは、本書が外国語教育における学問的・専門的知識と経験的知識との橋渡しの役割を果たし、タイトルに掲げたように学習者中心の外国語教育の実現に寄与してほしいということであった。この編集方針にそって、執筆者と編者との間で論文の構成あるいは内容について細部にわたって度重なる話し合いが行われた。各執筆者が編者の願いを充分に理解し、誠意と忍耐を持って本書の出版に向けてご尽力いただいたことに心から謝意を表したい。

　本書の刊行には多くの方々のお力添えをいただいた。まず二つのドイツ語論文の翻訳をご担当くださった塩路小倫氏、塩路憲一氏、森田一平氏、また複数の論文について初稿の段階から貴重なご意見をお寄せいただいた友田舜三氏、本書の企画から刊行まですべての段階にわたって編者のみならず執筆者全員を支えてくださった三修社の永尾真理氏、そして末筆ながら毎年全国からワークショップに参加し、研究会を支えてくださっている皆様に心からお礼を申し上げる。2005年2月に開催を予定している第8回ドイツ語教授法ワークショップでは、「書く力の養成」に焦点を当てる。これまでと同様に研究発表者と参加者双方にとって充実した討議のできる機会となることを願っている。

　本書の企画からすでに一年余りの月日が流れた。出版までの道のりは決して平坦とはいえなかったが、多くの方々の励ましとご協力に支えられて刊行の日を迎えることができた。多言語・多文化の共存する時代を迎えたといわれる21世紀の外国語教育にあって、本書が外国語授業活性化へのささやかな呼び水となれば望外の喜びである。皆様からの忌憚ないご意見・ご批判をいただければ幸いである。

2004年8月18日

森田昌美

目　次

まえがき　　　　　　　　　　　　　　　　　　　　　　　　　　　　3

序章　流通科学大学における初修外国語教育
　　　―学習意欲向上をめざすさまざまな試み―

初習外国語学習意欲向上のためのカリキュラムデザインと教育的支援
　　　　　　　　　　　　　　　　　　　　　　　　田村弘行　　10
共通テキストの編纂、導入とペア授業の実践　　　　板山眞由美　　18
コミュニケーション能力を育成する教室活動　　　　辻本千栄子　　28

第1章　言語習得の理論的基盤

脳の神経回路システム知見に基づいた学習と教授法
　　　―一つの事例：語彙習得―　　　　　　　　　塩路ウルズラ　38
発音の段階的習得プログラム　　　　　　　　　　　新倉真矢子　　51

第2章　学習者中心の外国語授業をめざして
　　　―カリキュラム、教科書、教授法―

『スツェーネン　場面で学ぶドイツ語』のコンセプトと教授法　佐藤修子　70
外国語授業の構造的問題と効果的授業構築
　　　―使いやすい教科書とE-メールを利用した授業経営―　　山本洋一　87
コミュニカティブ・アプローチに基づくドイツ語授業
　　　―教材、教授方法と学習者の意識―　　　　　本河裕子　105
学習者自身による『授業の記録』導入の試み　　　　吉満たか子　122
外国語教育における文化社会学習
　　　―知識伝達型から学習プロセス重視型へ―　　藤原三枝子　137

第3章　自律的な学習とその能力の育成

自立的学習能力の育成に重点を置いた読解教育
　—二・三年次の学習者を対象とする大学ドイツ語教育の一例—　　原口厚　156
学習者の自律性育成を目標とする初修外国語教育の試み
　—学習ストラテジー、教科書、課題・作業形態—　　森田昌美　174
授業外学習の試みと自律的学習について
　—第二外国語教育としてのドイツ語教育の場合—　　中島裕昭　192
自律的な学習を促す「独習」の試み　　新田誠吾　208
ドイツ語圏仮想旅行プロジェクトによる自律的学習　　Torsten Schlak　223

索引　　239

「流通科学大学ドイツ語教授法ワークショップ」と「勉強会」の歩み　　246

あとがき　　249

執筆者紹介　　251

序章　流通科学大学における初修外国語教育
――学習意欲向上をめざすさまざまな試み――

初習外国語学習意欲向上のためのカリキュラムデザインと教育的支援

共通テキストの編纂、導入とペア授業の実践

コミュニケーション能力を育成する教室活動

初習外国語学習意欲向上のための
カリキュラムデザインと教育的支援

田村弘行

> カリキュラム／初習外国語／目的別科目群／外国語オリエンテーション／「世界のことばと文化」／海外語学研修／学内スピーチコンテスト

1. はじめに

　日本の大学において、英語以外の初習外国語に対する学生の学習意欲を高めるのは非常に困難である。本書で紹介されるように教授法・教材を研究・工夫し、実際の教室内で実践し、初習外国語そしてその文化の魅力を学生に教えることが、まずは考えられよう。しかし、それと同時に、授業を成り立たせているカリキュラムの工夫、授業以外の様々な教育的支援も学生の学習意欲を高める上で有効であると考えられる。

　本稿では、流通科学大学における外国語カリキュラムの概要と目的別科目群を紹介し、さらに、外国語オリエンテーション、授業として「世界のことばと文化」と海外語学研修、最後に授業外の教育的支援としてのスピーチコンテストを紹介し、これらの利点と問題点を考察する。

2. 流通科学大学における外国語カリキュラムの変遷

　流通科学大学のカリキュラムは、「流通を科学する」、「実学重視」、「開かれた大学」という建学の精神を教学面において具体的に展開することを目的として編成されている。外国語を専門とする学部も学科も有してはいない大学ではあるが、「生きた外国語教育を中心とした専門に役立つ実践教育」を行っていると自負している。

　1988年の開学時においては、卒業必要最低単位数128単位のうち、16単位を

基礎外国語の必修単位としていた。コースは6つに分かれ、英語専修コース(英語16単位)、中国語専修コース(中国語16単位)と中国語・英語コンビネーションクラス(英語・中国語各8単位)、ドイツ語・英語コンビネーションクラス(英語・ドイツ語各8単位)、フランス語・英語コンビネーションクラス(英語・フランス語各8単位)、スペイン語・英語コンビネーションクラス(英語・スペイン語各8単位)であった。初習外国語は、1年次週2コマ、2年次週2コマが必修基礎外国語科目であり、選択外国語科目としては「応用英語」「応用中国語」が存在するのみであった。

　1991年の大学設置基準改正に対応して、1992年第1次カリキュラム改訂時には、必修の基礎外国語科目に加え、新たに「応用ドイツ語」「応用フランス語」「応用スペイン語」が選択外国語科目として加えられたが、週1コマの授業のみであり、より高度な語学力を身につけたい学生にとっては不充分であった。

　1996年の第2次カリキュラム改訂時には大きな変化があった。外国語必修単位が16単位から10単位に減少し、コンビネーションクラスの初習外国語のコマ数は、1年次週2コマ、2年次週1コマに縮小された。しかしながら、数多くの選択外国語関連科目が開講された。例えば筆者が担当するフランス語に関しては、「フランス語入門Ⅰ・Ⅱ」「フランス語コミュニケーションⅠ・Ⅱ」「フランス文化研究A・B」「中級フランス語A・B」の8科目が新たに開講された。ドイツ語、スペイン語も同種科目が開講され、英語、中国語においては、さらに多くの選択外国語関連科目が開講された。この変更は、外国語能力をさらに高めたい学生の需要に応えるものであった。コンビネーションクラスの必修英語は1年次週1コマ、2年次週1コマに大幅に減少したのだが、選択科目の英語が増加したとはいえ、本学の英語教員の寛容さに感謝しなければならないだろう。

　これらの選択外国語関連科目は卒業必要単位において、フリーゾーン24単位内の単位として認定され、その存在意義を与えられた。しかしながら、フリーゾーン内の科目として考えられる科目は数多く存在し、予習復習に多くの時間を必要とする外国語が他の科目と対抗するのは依然として困難であった。

　2001年、商学部と情報学部において、さらなる新カリキュラムが開始された。1996年のカリキュラム改訂時に開講された選択外国語関連科目は名称の変更はあったがコマ数は維持された。新カリキュラムの最も大きな特徴は目的別科目群が導入されたことである。

3. 目的別科目群

　2001年度入学生以前は、授業選択の自由度が高い反面、苦手な科目を避け系統的な履修を怠たる傾向が学生に見られた。その傾向に歯止めをかけ、専門に特化した人材、多彩な能力を持った人材を育成するために目的別科目群が導入された。通常の卒業要件の他に、三つの目的別科目群を修得することが卒業要件となった。

　2004年現在、所属学科、所属学部、全学提供の科目群が31提供されている。例えば、「ベンチャー・ビジネス、起業家を目指す科目群」、「貿易・国際経営分野のスペシャリスト科目群」、「経済産業省基本情報技術者の資格取得を目指す科目群」などである。外国語に関しては、英語、中国語、ドイツ語、フランス語、スペイン語のそれぞれに「国際的な舞台で活躍するための～語コミュニケーション能力を育成する科目群」が全学対象で提供されている。

　各目的別科目群は30単位以上履修、大きく必修科目、選択必修科目、履修推奨科目に分けられる。フランス語の目的別科目群を例にとれば、必修科目は、基礎外国語の10単位と「世界のことばと文化」(2単位)の計12単位。選択必修科目は、「初級入門フランス語」「初級オーラルコミュニケーション」「中級オーラルコミュニケーション」「中級フランス語リーディング&ヒアリング」「中級フランス語・作文と表現」「中級フランス語・人と生活」「フランス文化研究」「ビジネス会話」以上の各2単位科目と「海外フランス語研修」4単位の中から10単位。履修推奨科目は8単位履修する必要がある。例を挙げれば、「異文化コミュニケーション」「ヨーロッパ研究」「ヨーロッパ経営史」「国際会計論」「国語学」「現代世界史」「比較文化論」など、学部専門科目や人間文化科目をリストに入れている。

　目的別科目群は、いわゆるコース制であるが、この制度の導入により、選択必修外国語関連科目を積極的に履修しようとする学生が増加したことは言うまでもない。特に、海外研修に参加した学生は選択必修の4単位を履修済みであり、研修によって受けた刺激も相乗効果となって、選択必修外国語科目を積極的に履修する傾向が見られる。

4. 外国語オリエンテーション

　2001年度以前は入学前に「外国語履修の手引き」を郵送し、それを学生が読んだことを前提に外国語希望コースを調査するのみでコースを振り分けていた。しかし、入学後に学生に聞くと、実際に読んだ学生は少なく、手引きの存在自体に気づかなかったという学生もいた。大学入学以前に英語以外の外国語の情報を持っている学生は非常に少ない。本来は、半期程度、時間をかけて多くの外国語に親しんだ上で、学生が本当に履修したい外国語を決定することが理想であるが、現実的には困難である。妥協策とはいえ、少しでも、学生が学ぶ外国語がどういうものがあるかを知らせることは有意義であると考え、2001年度から外国語オリエンテーションを始めた。

　2001年度は3学部7学科に対して各外国語40分程度の説明（2004年度は20分に縮小されたが、やはり不充分であった）後、希望登録させている。利点としては、短時間とはいえ、やはり様々な外国語の特徴を学生が知り、コース選択の参考になるということである。また同時に外国語教員の熱意が新入生に伝わることも利点である。しかしながら、時間があまりにも少なく、担当教員の当日のプレゼンテーションの良し悪しが、履修希望を左右することは否めない。

5. 世界のことばと文化

　2001年の新カリキュラム導入時に、英語、中国語、ドイツ語、フランス語、スペイン語、日本語各2コマのオムニバス講義として、この講義は開始された。2004年度からは、韓国語も取り入れた。受講登録者数400名程度の大人数講義である。本来はこの授業を受講した後に外国語コースを決定して欲しいものである。実際、授業終了時の学生アンケートの中には、オリエンテーションでは情報不足だったのか、「この授業を聞いていれば、現在選択したものとは違う言語を選んだのに」という感想が見られた。

　この授業の利点としては、「世界には様々な変わった文化があるのを知ることができて面白かった。毎回新しい発見と驚きがあった。」「今までいろんな国の言葉と文化の勉強をしてきましたが、どの国も個性のある言葉と文化があるのだと思いました。」「日本と他国を比べることによって様々な知識や文化を勉強できた

と思う。」という学生の感想に見られるように、英語圏以外の国の文化・ことばを垣間見ることで、より広い国際的視野を学生に持たせ、文化の多様性を認識させることができるという点が、まず挙げられる。さらに、「日本語について今までに知らなかったことを知ることができてよかった。僕は日本語に少し興味をもった。」という学生の感想からわかるように、日本語・日本文化を新たな視点から見る機会を学生に与えることができる。

　ただ、やはり、受講者数が多いのは問題であり、2004年度からは講義を学部ごとに分割することにしている。また教員にとっては耳の痛いことであるが、「楽しい授業とつまらない授業の差が激しかった。」「もう少し分かりやすい授業をしてほしかった。」「騒がしすぎる時があり授業に集中できなかった。」という感想があったことも正直に書き記しておこう。少人数クラスで教え慣れている語学教員は、大人数クラスでの教授法を研究する必要がある。この授業は、外国語教員が毎回数人手伝っているのであるが、教員間で教授法（クイズ形式にした参加型の授業、パワーポイントやビデオを用いた授業など）をお互いに切磋琢磨できるという機会にもなっている。

6.　海外語学研修

　外国語学習において、学んでいる外国語が話されている国に行くことが最も効果的であることは周知の事実であろう。実際、海外研修に行く前と後での学生の変化には著しいものがある。参加動機が外国に行ってみたいという程度の学生が、突然外国語学習に目覚め、研修終了後も積極的に学習し、検定試験を受験し、スピーチコンテストに参加するなどの場合が多々ある。

　研修は英語、中国語は毎年実施している（2003年、中国語研修はSARSのため中止）。専任教員が1名のみであるドイツ語、フランス語、スペイン語は隔年実施している。隔年実施でも大きな負担であるが、学生たちの充実し満足した様子、その後の大きな変化は、その負担を凌駕している。

　一例として、フランス語の場合について紹介する。フランス語学研修は、ロワール河流域のアンボワーズでホームステイをしながらユーロセンターアンボワーズ校にて週20時間を2週間、計40時間の語学研修、その後、1週間弱の観光（ロワール河流域の城見物、モン・サン・ミッシェル、パリなど）で構成されている。

随行教職員は、教員1名と事務職員1名であったが、2003年度より事務局側の人的支援が得られなくなり、語学教員以外の専任教員、添乗員が随行している。いずれにせよ、当該語学能力のあるスタッフが非常に少ないことは問題である。

事前研修として、研修の概要・旅行手続き・健康管理・フランス事情などの説明、日常会話練習、報告集（70ページ程度、文化研究の小レポートと感想文）の下準備を実施。事後研修として、報告集を作成し、学園祭で展示発表を実施している。

実施前は、フランス語を専攻していない学生がホームステイすることは無謀に思われたが、学生たちは未熟な語学力でありながらも、何とかやり遂げるものである。ステイ先のファミリーと別れる時の様子にはテレビの某旅行記番組と同質のものがある。もちろん、同宿している他の留学生やフランス語専攻の学生との能力差によって劣等感に苛まれることもあるようであるが、非言語的コミュニケーション能力も多いに高めながら、外国語を用いてコミュニケーションをとる喜びを実感している。彼らが学校で学んだことを最も実践する場が、実は夕食の食卓であったという感想が多く聞かれる。研修地を都会のパリではなくアンボワーズに選んだのは、アンボワーズのファミリーの方が学生の相手をしてくれる時間の余裕があるからである。語学力を高める観点からすると、ホテルや寮滞在と比較してホームステイの方が格段に有効であると思われる。また実際のフランス人の生活・異文化に直接触れることができるという意味においてもホームステイを選ぶべきであろう。

学生たちは帰国後、選択外国語関連科目を積極的に履修し、検定試験に関心を示し、スピーチコンテストに参加するなど、フランス語に対する学習意欲が飛躍的に向上する。語学力向上のみならず様々な困難を乗り越えた達成感・充実感は、彼らを人間的にも大きく成長させている。

ひとつ、残念な点は経済的に負担が大きいということである。不況も影響しフランス語研修の場合、参加人数は減少傾向である。

7. 学内スピーチコンテスト

1990年から始められた学内スピーチコンテストは、毎年12月第1週頃に実施している。英語、日本語、中国語、ドイツ語、フランス語、スペイン語の6言語合同で開催されている。所要時間は約3時間。参加学生は全言語の発表を聞くこ

とになる。他の言語を学習している学生の発表を聞くことで、学内に熱心に言語を学んでいる学生がいることを認識し、学生は刺激を受け視野を広げることになる。また同時に、学生自身が学んでいる言語の発表を聞くことによって、学生はさらに学習意欲を高めることになる。

当日の出場学生は英語が 10 名、その他の言語は各 6 名。参加希望者が多い言語では予選が行われている。入賞者には本学外国語センターから賞品として図書券、出場者全員に参加記念品が贈られる。

発表形式は、英語がスピーチ 4 分以内、初習外国語と日本語はレシテーションあるいはスピーチ 3 分以内である。レシテーションは課題 2〜3 種を教員が用意し、その中から学生自身が選択している。初習外国語の場合、出場希望の学生が満足なスピーチの原稿を自分で作るのは困難であり、作文指導が必要である場合が多い。

出場者の指導は、ほぼ 2 か月前から専任語学教員とともに本学非常勤講師が行っている。学内スピーチコンテストの利点としては、海外研修の成果を発表する場として機能しうる点。普段の授業では教えにくい文レベルでのイントネーション・発音・発声・身振り等の個別指導ができること。個別指導をすることで、学生と教員の密接なコミュニケーションをとることができることが挙げられる。

しかし、出場を希望する学生がどうしても海外研修に参加した学生に偏ってしまうことが多い。特定の学生への個別指導は教育の平等性という観点からすると問題ではあるだろう。また、参加学生が出場者とその友人、教員程度で全学的な催しになりにくいことも問題である。

改善案として、例えば、授業内にレシテーション・スピーチを取り入れ、トーナメント方式でクラス内代表者を選出し、全学レベルで競い合うということも考えられよう。

8. おわりに

以上、流通科学大学における外国語教育を紹介してきた。新たに導入された「目的別科目群」というコース制が、学生の外国語学習意欲への外的な刺激として、おおいに機能していると言えよう。学生を啓蒙する意味で、「外国語オリエンテーション」と「世界のことばと文化」が存在し、学生を刺激する装置として「海外語学研修」と「スピーチコンテスト」が機能している。まだ、他にも本学

外国語センターが主催して、外国語あるいは外国文化に関する講演会、セミナーハウスにおける短期夏季合宿、外国料理講習会など多くの刺激を考案し学生に与え続けている。啓蒙的な授業とともに学生に知的刺激を与える授業以外の教育的支援そしてカリキュラムの工夫は、学生の学習意欲を向上させる上で貢献しうると言える。まだまだ改善すべき点は多々あると思うが、参考となれば幸いである。

参考資料
　流通科学大学設立準備財団（1986）:『大学設置認可申請書』
　流通科学大学（1995）:『飛翔する流通科学大学』「流通科学大学の現状と課題」
　流通科学大学（1999）:『流通科学大学白書』「流通科学大学の現状と課題」
　流通科学大学教務部（2004）『2004年度　目的別科目群ガイドブック』
　田村弘行編集責任（2004）『第4回フランス語学研修』（研修報告集）　流通科学大学
　田村弘行（2001）:「初習外国語学習意欲向上のために－流通科学大学の場合」（口頭発表）
　　配布資料 LET 関西支部・大学授業研究部会・第2回研究会

共通テキストの編纂、導入とペア授業の実践

板山眞由美

> 言語運用能力／参加型授業／海外語学研修／ペア作業／グループ作業／インタビュー／インターアクション／共通テキスト／ペア授業／授業記録／共通シラバス

1. はじめに

　流通科学大学における外国語教育はその目標を一貫して、実践的な言語運用能力の習得に置いてきた。本学が目指す教育の目標や外国語教育の位置づけ、その特色については別の場で述べたので（板山 b 55-56 参照）、ここでは「生きた外国語教育を中心とした専門に役立つ実践教育を行う」（大学設置認可申請書 2）を引用するにとどめる。このような大学の要請にこたえるために、ドイツ語基礎教育では、初級段階から言語運用能力の養成に重点を置く授業を行っている。また学習者である学生が主体的に学習活動を行い、積極的に授業に参加することを促すために、教師と学生とのインターアクション、とりわけ学生同士のインターアクションを重視した授業形態を心がけている。

　2001 年度の新カリキュラム導入以降、ドイツ語・英語の併修クラスではすべて、1 年次・週 2 コマ（各 90 分）の授業を二人の教員がペアを組み、連携して担当している。共通テキストとして使っている教科書 *Farbkasten Deutsch neu 1*『自己表現のためのドイツ語 1（改訂版）』は、専任教員の筆者と、流通科学大学でドイツ語授業を担当している非常勤講師 3 名とが協力して、流通科学大学生を念頭に置いて編んだものである。本稿では、このテキストを編纂するに至った経緯と、共通テキストとして使うにあたっての工夫、ペア授業の実践、今後の課題と展望について述べる。

　流通科学大学の学生は実践的で、参加型の授業により関心を持つ。講義形式の授業、つまり知識伝達型の授業では、クラスの規模にもよるが、消極的な態度が

目立つ。筆者は2002年度前期、1年次の学生を対象とした基礎演習を担当したが、履修者21名の少人数クラスであったにもかかわらず、この傾向が顕著に見られた。彼らが関心を持って取り組んだ授業の形態は、例えば「10年後のケータイ」についてのグループでのブレーンストーミング、レポート発表や学生相互の評価など、参加型の授業であった。

　ドイツ語・英語の併修クラスを選択する学生には、英語が苦手だ、嫌いだからという理由を挙げる者が多い。そのために英語専修クラスではなく、英語を週1回、初修外国語を週2回学習する併修クラスの方がいいと考えている。英語への苦手意識から、外国語学習そのものに対して不得意感、コンプレックスを持っている様子もうかがえる。ドイツ語を積極的に選ぶ学生は、残念ながら少数派である。したがって、ドイツ語を履修しているからといって、学生たちがドイツ語圏の文化やドイツ語に対して、大なり小なり関心を持っているとは限らない。つまり流通科学大学でのドイツ語教育は、ドイツ語学習そのものへの関心を掘り起こす、喚起するところから始まる。したがって、教科書もそのような条件を満たすものでなければならなかった。

2. 教科書編纂の経緯

2.1 既存教科書の問題点

　これまで日本で作られた初級者用教科書は、言語の体系的知識、文法規則の習得に重点を置くものが多い。ドイツ語を使って実際に「ドイツ語を話す人々と交流をはかる」ことを想定した内容や状況を扱ったもの、脈絡の中で文を理解し、表現を使うという言語行動を意識した教科書は少ない。その結果、文法規則をある程度理解しても、それをどのような場面や状況で、どのような相手に対して使うのかはほとんどわからないまま、学習が進むことになる。また扱う学習項目が多過ぎて、練習や応用に十分な時間を取ることができないために、消化不良の学生が増え、それは結果としてモティベーションの低下につながる。つまりドイツ語嫌いの学生をたくさん作り出す可能性が高い。

　一方、ドイツで作られた教科書には生き生きとした臨場感があり、学生の興味を惹きつける。しかし、扱われているテーマや状況設定、そして使われる語彙は、日本の生活環境の中で学習する学生たちにとっては、馴染みが薄く、すぐには理

解しにくい。その距離を縮めるためには、導入にかなりの時間がかかる。筆者は流通科学大学の開学当初から約10年間、ドイツで刊行された „*Themen neu 1*" を選んでいたが、週2コマで2年間・8単位の授業回数を当てても、最後の課を終了できないことが往々にしてあった。1996年のカリキュラム改訂によって必修単位数が6単位となってからは、この教科書を続けて選択することがいよいよ難しくなり、流通科学大学の学生を念頭に置いた教科書の編纂が必要であると痛感するに至った。ちょうどこの時期に、学習雑誌「基礎ドイツ語」(三修社)に1996年5月号から1997年4月号まで12回にわたって、共著で会話コーナーを担当した。この連載執筆に際しては、読者に身近な登場人物を設定し、なるべく自然なドイツ語の会話で物語を展開させること、文法規則学習のためのテクストや会話を作らないことを心がけた。この会話コーナーを基にして *Farbkasten Deutsch* 初版を編纂し1999年春に刊行したのである。

2.2　Farbkasten Deutsch の概要

　流通科学大学では国際交流活動の一環として、海外語学研修を実施している。ドイツ語、フランス語、スペイン語については、1997年以降隔年で海外研修が実施されている。この教科書 *Farbkasten Deutsch* の舞台は、私たちが毎回研修で訪ねる町ケルン、そしてユーロセンター・ケルン校である。登場人物は、ケルンで1年間ドイツ語を勉強する神戸出身の学生聖子と、彼女のホームステイ先の家族、研修学校の仲間たちである。聖子の部屋や一週間のスケジュール、学校生活、クリスマスなどのテーマは、学生たちがひょっとしたら本当に体験するかもしれないものばかりである。つまり彼らが同一視しやすい主人公と、身近な舞台を設定することで、自分たちが当事者であるという意識を持って学習に取り組んでほしいと考えた。このテキストの主眼は、日本語タイトルが示すように「自己表現のためのドイツ語」を学ぶための教材をまとめ、学習者がドイツ語を自ら体験する中で学ぶための、手がかりと手順を提供することにある。

2.3　Farbkasten Deutsch の構成

　以下に *Farbkasten Deutsch* 初版の構成を示す。練習形態としては Dialog の役割練習を初めとして、ペア作業やクラス全員でのインタビューなど、全体にグループ作業を多く取り入れ、学生同士の活発なインターアクションを促すよう工夫している。

扉のページ（Titelseite）	その課のテーマや重要表現、キーワードの導入
対話（Dialog）	テーマを中心に展開する主人公とホストファミリーや、研修学校の仲間たちとの対話
文法（Grammatik）	Dialogや練習問題に取り組む際に必要な文法項目
練習問題（Übungen）	その課の重要表現や発話パターンを口頭や筆記で練習し応用するための問題、ペア作業が中心
聴き取り問題（Hörübungen）	学習した表現をまとまりのある音として聴き分ける、もしくは聴き取るための練習

　3年後の2002年2月には、流通科学大学でドイツ語授業を担当している講師2名が加わり、4名の共著で *Farbkasten Deutsch neu 1*『自己表現のためのドイツ語1（改訂版）』を編纂した。改訂版では、各課の終わりに学習項目をまとめた「積み木コーナー」(Bausteine)を、また巻末には本文で取り上げなかったテーマ（大学生の時間割、時刻、四季と月など）に関する重要表現を「インフォメーション・コーナー」(Information)として置いた。

3. 共通テキストの導入とペア授業の実践、その影響

　共通テキストの導入には、ペア授業が必要条件である。非常勤講師の出講が基本的に週一度という状況では、連携式のティームティーチングが必要となる。

3.1　ペア授業の実践

　連携して授業を行うためには、ペアを組んでいる教師間の十分な情報交換と意志の疎通が欠かせない。そのために授業後、必ず連絡帳に授業記録を記入しファックスやEメールで交換している。筆者が担当した2003年度1年生、情報学部クラス（29名）で、後期最後の課となった7課の3日目と4日目の授業について以下に授業記録を紹介する。1日目は筆者が6課の復習と小テストを実施した後、プリント教材で絵に合う過去分詞を見つける練習をして現在完了形を導入した。2日目はペアの講師が7課、扉のページの絵と文を組み合わせ、過去分詞から不定詞を導き出す練習をした後、パート1のDialogを導入した。

3日目（日程の都合で、2日目に引き続きペアを組む講師が担当）

1. 練習問題2：規則動詞の過去分詞の確認、 ge.....t の形、口調上の [e]、外来語(-ieren)の場合、不規則動詞の過去分詞 ge.....en 、分離動詞の場合（前つづりをつけて一語として書く）の確認。
2. 練習問題3：（聴き取り問題、Oliver は昨晩何をしたか）Oliver の答えの内容を読んで確認してから、テープを聴いてすぐに解答する。
3. 練習問題4：具体的な食べ物の他に italienisch, koreanisch, französisch などを追加、クラスでインタビュー。回答を箇条書きで提出する。
4. 宿題：練習問題4で用いた gegessen, getrunken, im Fernsehen [...] gesehen を使って2文ずつ書く。

4日目（板山担当）

1. 練習問題4の復習（宿題を参考にして）：gegessen, getrunken, im Fernsehen [...] gesehen を使った Minidialog をペアで練習の後、数組が発表する。
2. パート2、Dialog の導入：
   1) 扉のページのカットと、パート1に出てきたカットの拡大コピーを白板に貼り Dialog を聴いた後で内容に合うカットとその順番を見つける。
   2) Dialog を聴いて内容を確認した後で日本語バージョンの作成：ペアで作成し、クラス全体の前で数組が発表する。
   3) Dialog の復唱：テープを聴かせ、一文ごとに数人ずつ当てて後について繰り返し発音練習する。ペアで練習しクラスの前で発表する。
   4) ペアで応用会話の作成：chinesisch essen の代わりに japanisch, deutsch, italienisch, koreanisch, griechisch essen など、in die Disko gehen の代わりに ins Café, in den Karaokeladen gehen など。
   5) 宿題：上の応用会話を2〜3つ書いてくる。
3. 練習問題5の導入：[sein＋過去分詞] タイプの導入（移動を表す動詞のとき）、カットを見てクラス全体で口頭練習 „Seiko(Sie) ist ..... gegangen."
   ・時間切れで口頭のみです。„in den Supermarkt gegangen"（T君 gut!）

筆者は各授業を必ず復習で始め、新しい課題は、まず導入をしてから練習によって定着と応用をはかり、さらに発展課題に取り組む。応用会話や発展課題の中から毎回宿題を出すようにしている。(板山 b 60-67、本河 82-84 参照)

　ペア授業では、単独で授業を担当する場合よりも、実際の仕事量は増えるかもしれない。特に初めて組む教師同士の場合には、互いの授業方法についてある程度の了解が得られるまで、確かに時間がかかる。また短い授業記録だけでは十分に意が尽くせないために、誤解や問題が生じることもある。しかし二人でクラスを担当することの利点は、想像する以上に大きい。筆者の経験に基づいて主な点を挙げると、1) 学生の性格や特徴をより多面的に捉えることができるために、違った接し方や対応が可能になる。2) 授業記録を通して、相手から授業の進め方について多くのことが学べる。3) 自分が意識・無意識に抱いているドイツ語圏やドイツ人像について検証ができる。など、授業の透明性(Transparenz)が進む。この点については別の機会に改めて論じてみたい。

　既に 2001 年以前に、ペア授業はいくつかのクラスで実施していたが、全クラスでの共通テキスト及びペア授業の導入について、筆者と共に流通科学大学でドイツ語教育を担っている非常勤講師は大変積極的であった。「基礎ドイツ語教育に共通の基盤ができることは望ましいことだ。」と多数が賛同してくれた。この後押しのお陰で 2001 年度の全面的導入が実現した。このチームワークが共通テキストによるペア授業を支えている、最も大きな柱であると考える。

3.2　共通テキストを支える共通認識・コンセンサスの形成

　共通テキスト・ペア授業には共通シラバスが欠かせない。また、クラスを超えた情報交換を可能にするさまざまな工夫や打合会、勉強会が必要である。

①共通シラバス

　参考までに 2003 年度初級ドイツ語Ⅰ (1 年次前期履修) のシラバスを資料として添付する。基本的に全クラス、共通シラバスで授業をしている。

②教材収集箱

　出講日が異なる教師間での情報交換は難しい。それを補うために、それぞれが作成した補助教材・自作教材は、教材収集箱にコピーの形で保管し、共有している。収集箱に集まったプリント教材は、年度が代わる度に整理してファイルにまとめている。これも私たちの「絵の具箱」(Farbkasten)である。

③打合会、勉強会の開催

年度末に開催される外国語担当教員の打合会に、学外から講師を迎えて勉強会を開いたことから、1998年3月「ドイツ語教授法ワークショップ」が生まれた。学内でも2000年度、打合会の折りにスペイン語・ドイツ語教師の合同勉強会が実現し、2002年度からはフランス語教師も加わった多言語参加の勉強会となっている。これらの活動を通して教師間の共通認識・コンセンサスの形成が進み、またその成果がこの論文集に結実した。

3.3 課外活動の活性化

2001年に共通テキストを導入して以来、課外活動がより活発になった。特に2001年度第3回ドイツ語研修に参加した学生たちの健闘が目立つ。

①学内スピーチコンテスト

従来、苦労して集めていたコンテストへの応募者が確実に増えた。毎年本選に出場できる6名を超える応募者があり、予選を行っている。

②短期合宿研修

大学の研修施設・藤原台セミナーハウスを使って、2001年度、並びに2003年度ドイツ語研修参加学生を対象として夏期休暇中に短期の合宿研修を実施した。2003年度には、学生有志からの要望に応えて6月にも実施した。

③ドイツ料理実習

研修参加学生と選択科目「ドイツ文化研究」の履修生が参加して2002年度前期に一回目を実施し、二回目はサークル「ドイツ・フォーラム」メンバーと2003年度末に実施した。ドイツ、オーストリア各地のホテルレストランで修行したシェフが指導してくれる。

④ホームページ

2002年、研修参加学生の協力で、念願の「板山研究室ホームページ」を立ち上げた。「海外ドイツ語研修」、「授業サポート」や「スピーチコンテスト」などのページがあり、その後も学生有志の応援を得て新展開を見せている。

今後は、できるだけ学生たち自身が企画・実施するという形を目指したい。このテキストは、学生間の距離だけでなく、学生と教師の間の距離をも縮めた気がする。彼らの元気と好奇心、応援が筆者に力と発想をたくさん与えてくれる。

4. 今後の課題と展望

　これまでの授業改善アンケート結果では、学生たちの授業への満足度は全学平均レベルより一貫して高い。自由記述欄には「たくさん友だちができた」、「インタビュー、発表がとても楽しかったです」など、ペア作業やインタビュー、グループ作業を支持する意見が多い。（板山 b 68-70 参照）しかし、自由記述欄に書かれた「ビデオの授業も入れてほしい」、「ドイツの文化や風習や人々のことについてもっと聞きたかった」などの要望に、このテキストは十分にこたえられてはいない。8課（クリスマス）と9課（大晦日の晩）以外では、ドイツ事情はむしろ背景をなし、副次的な役割を果たす。これを補う方策として、現在副教材を作成中である。このテキストに登場するテーマやキーワードに関する情報や歴史を、短いエッセーにまとめて小冊子とする。また新たな「ジャーマン・スタディー」構築に取り組もうと考えている。流通科学大学を構成する商学部、情報学部、サービス産業学部には、日独企業文化比較、欧州通貨統合と欧州中央銀行、人的資源開発の日独比較など、ヨーロッパやドイツ語圏に関する経済学・政治学研究を専門とする教員がいる。小さな大学の長所を生かし、専門分野の枠を超えたティームティーチング態勢を組み、分野横断的な発信に向けて協力することは決して夢ではない。

　学生たちの関心は益々多様化している。ドイツ語というコトバだけで彼らの関心を惹きつけることは難しい。かといって 2006 年のサッカー・ワールドカップ開催地・ドイツへの関心だけに頼る訳にはいかない。コトバの学習をする中で学生たちは、ドイツ語を支える文化を、多かれ少なかれきっと体験する。（堀 130-131 参照）教師には、彼らがその体験をきっかけにして、自分たちで動き出すことを支援する態勢が必要である。

　テキストが授業をすべての面で支えてくれるものではないが、授業設計、授業実践を教材として支援し、方向づける「道しるべ」Wegweiser の役割を果たしていることは間違いない。この意味でも、新たな問題提起に答えるべく *Farbkasten Deutsch* を共著者たちと、そして本当の主人公である学生たちと一緒にさらに成長させ、育てていきたいと考えている。

参考資料

大学設置認可申請書　流通科学大学設立準備財団　1986年7月
「基礎演習レポート」編集責任者　板山眞由美　流通科学大学　2002年7月
「第4回ドイツ語学研修」（研修報告集）　編集責任者　板山眞由美　流通科学大学 2003年11月
板山研究室ホームページ　http://www2.umds.ac.jp/sem/SemMItayama/index.html

参考文献

板山眞由美 a（1999）:「海外研修とドイツ語教育―研修報告と今後の課題―」『流通科学大学論集　人文・自然編』第11巻第2号
板山眞由美 b（2003）:「ドイツ語初級テキスト *Farbkasten Deutsch* の編集過程とその授業例」阪神ドイツ語学研究会　『会誌』15号
本河裕子（2002）:「学習者の特性を考慮したコミュニカティブなドイツ語授業」『流通科学大学論集　人文・社会・自然編』第15巻第1号
堀茂樹（2003）:「ツールとしての外国語からトランスカルチャーとしての外国語へ―フランス語教育の場合」日本独文学会2001年秋期研究発表会、ドイツ語教育部会企画シンポジウム「外国語教授能力の多様性―多言語化の進展とドイツ語教育の活性化を求めて」（承前）　日本独文学会ドイツ語教育部会　『ドイツ語教育』8（ドイツ語教育部会会報56）

Slivensky, Susanna（2002）: *Am Fuße des Leuchtturms ist es dunkel: Widersprüche zwischen theoretischen Einsichten und praktischer Erfahrung.* Handout bei dem 5. Didaktikworkshop für DaF an der Ryutsukagaku-Daigaku; (unveröffentlicht)　第5回流通科学大学ドイツ語教授法ワークショップ（「日本のドイツ語教科書を考える」配付資料，2002年2月2日）

教科書

Aufderstraße, Hartmut/Bock, Heiko/Gerdes, Mechthild/Müller, Jutta/Müller, Helmut（1995）: *Themen neu 1.* Max Hueber Verlag. Ismaning.
板山眞由美／大澤たか子（1999）:『*Farbkasten Deutsch* 自己表現のためのドイツ語』三修社
板山眞由美／塩路ウルズラ／本河裕子／吉満たか子（2002）:『*Farbkasten Deutsch neu 1* 自己表現のためのドイツ語1（改訂版）』三修社

科目名	初級ドイツ語Ⅰ	クラス		単位	1	担当	板山　眞由美

主題と目標

　この授業ではドイツ語による基礎的なコミュニケーション能力を習得する事が目標です。ライン河畔の町ケルンでホームスティをしながらドイツ語を勉強する大学生、小川聖子が主人公の教科書を使います。ドイツ語研修校の友達との会話や、ケルンの町での買い物、ピクニックの計画などを一緒に体験しましょう。
　クラスの友達にドイツ語でインタビューをしたり、ゲームをしたり、自然なドイツ語に触れる機会をなるべくたくさん作ります。時にはビデオなどを通して、ドイツと日本の文化や生活の違いについても、一緒に考える機会を持ちたいと思います。

　はじめてのドイツ語をよりインテンシブに学習したい学生のために、選択科目で前期には「初級ドイツ語入門」、後期には「初級ドイツ語オーラルコミュニケーション」が開講されています。

提出課題

　授業で学習したことを応用したり、復習するための宿題や小レポートなどの課題を出します。次の授業への「橋渡し」と考えて取り組んでください。

評価の基準

　出席や発表態度、宿題の提出など授業への取り組みを25%、各課終了時、もしくは2課をまとめて実施する筆記テストを50%、期末試験（場合によってはインタビューテスト）を25%の割合として総合的に評価します。授業場面での活発で積極的な参加が重要です。
1/3以上欠席した場合は評価の対象外となります。

履修にあたっての注意・助言他

　楽しい雰囲気づくりを目指しますので、遠慮せずに発表や質問をしてください。ペアでの会話練習やグループ作業を多く取り入れますので、クラスメートと互いに助け合い、協力して取り組んでください。
　大学で初めて学ぶコトバです。欠席や、遅刻をしないで、着実に学習することが大切です。

教材

<テキスト>
　Farbkasten Deutsch neu 1 『自己表現のための
　　ドイツ語 1（改訂版）』
　板山眞由美・塩路ウルズラ・本河裕子・吉満たか子
　共著　三修社

<辞書>
『アクセス独和辞典』三修社
『エクセル独和辞典』郁文堂
　いずれか一冊は必ず購入してください。

<参考書>
『インデックス式ドイツ文法表』
　浜崎長寿・野入逸彦・板山眞由美　共著　白水社

回数	授　業　計　画
3	Lektion 1　ドイツへ 　聖子の自己紹介、ドイツへのフライト、隣の乗客との会話、飲み物の注文 　（互いに自己紹介をする）
3	Lektion 2　ホストファミリーでの第一日目 　家族や友だちの紹介、クラスメートとのインタビュー、「この人は誰ですか？」 　（写真を見ながら、名前や住所、職業、年令、好きなスポーツや趣味を尋ねる）
3	Lektion 3　新しい環境 　部屋にあるもの、家具の名前、「～は持っていますか？」（自分の部屋の説明をする） 　町にあるもの、「～へ行って～を買う」（方向の表現）
3	Lektion 4　勉強と余暇 　「アイスクリームを食べに行かない？」ホームスティ先での苦労 　（～したいと思う、～しなければならない、～してもよい、～できる、などの助動詞を使った表現）
1	まとめ・試験の準備

	研究室番号	研究棟Ⅰ(102)
曜　日	時　間　帯	
水	13:00～14:30	
金	11:00～12:10	

コミュニケーション能力を育成する教室活動

辻本千栄子

> アクティビティ／学習環境／クラスの雰囲気作り／グローバル教育／コニュニカティブな言語教育／コミュニケーション能力／参加型学習／授業の活性化／双方向／フィードバック

1. はじめに

　流通科学大学のスペイン語の授業では、実践的な言語運用能力およびコミュニケーション能力の育成に重点を置いて授業を行っている。1996年度、2001年度のカリキュラム改訂を経て、スペイン語の授業もそれまでの文法・訳読中心、あるいはオーディオリンガル・メソッドからコミュニカティブな言語教育へと変化をしてきている。この変化に呼応して、教師から学生への一方的な知識の伝達という授業形態から、双方向、そして学生間相互の意思伝達を促す教室活動（主にアクティビティと呼ばれる活動）中心へと変化してきた。

　筆者の場合は、1995年にイギリスのヨークで開催された「グローバル教育夏期講座」への参加が契機となり、ペア作業やグループ作業を多く取り入れて学生たちに様々な活動を体験させることによって自ら学習させる参加・体験型の授業を実践するようになった。グローバル教育は、「グローバル」という言葉が示すように、学生に地球規模の問題について学習させることを目指している。それは単なる世界的な問題に関する知識以上のものを包含しており、他の人たちと協力してその問題に対処するための技能、問題解決に向けて積極的に行動しようとする態度が養成されるものでなければならない。グローバル教育はこれらの技能、態度を具体的な行動、自己の体験を通して身につけていくことを重視している。国籍、民族、言語、文化などの違いを超えて様々な人々とコミュニケーションができる能力を学生間の競争によってではなく、彼らがグループの一員として一緒

に協力し学び合うという環境の中で養成していこうという教育である。

　スペイン語の授業では、コミュニケーション能力の育成という最終目標に到達するプロセスとして、グローバル教育の理念に基づく学生参加型の授業を実践している。まずは、学生たちが交流しやすい環境、彼らが教室でのグループ作業に積極的に参加し、お互いに協調的な交友関係を築いていけるような学習環境の整備に力を注いできた。その上で初めて成立する活発なコミュニケーションを促すアクティビティを考案し、さらに工夫を凝らしてきた。本稿では流通科学大学におけるスペイン語教育の基礎を成しているコミュニケーション能力についての考え方を述べた後、この能力を向上させるのに効果的な参加型授業に適した環境はどのようなものかについて考え、教室での実践例を紹介し、今後の課題と展望について述べる。

2. コミュニケーション能力について

　流通科学大学の外国語教育は、実践的な言語運用能力の育成を目標としている。だが、初習外国語の学習には、基礎から始めることや授業時間数が少ないことなど、いくつかの制約がある。そこで、筆者は、学生たちに授業を通して、外国語の4技能（話す、聴く、読む、書く）の基礎の習得以外に、次のような能力を身につけて欲しいと考えている。それは、「話したり書いたりする力が十分でなくても類似の表現やジェスチャーなどを使って自分なりに意思や情報を伝えたり、対話において互いの意思疎通ができているかどうかを見届けたりする能力や、相手の言い分を柔軟に受け入れようとする態度」（長瀬 32）である。言語運用能力を補うことのできる、広い意味でのコミュニケーション能力である。

　現実のコミュニケーションの場面では、人は何らかの目的を持って言葉を使い、他の人と関わりあっている。お互いに交渉をしながら意思を通じさせようとしている。コミュニケーションができる能力は、言語を用いて皆で「なにかをする」ことを通して身につけていくべき社会的な能力である。教室の中でも、「なにか」をするために外国語を使うという場面を作る必要がある。そのために教師は常に授業中のアクティビティに工夫を凝らし、ペア作業やグループ作業を通して学生同士が関わり合う仕掛けを用意しなければならないと考える。しかし、教室には多様な学生がおり、関心や意欲もそれぞれ異なるので、すべての学生が積極的にグループ作業に参加するとは限らない。そこで、次に学生の授業への参加を促す

学習環境について述べる。

3. 参加型学習に適した学習環境

3.1 学習環境の整備

　学生の潜在的な、あるいは母語で既に活用しているコミュニケーション能力を引き出し、授業を活性化するのに、学生参加型のアクティビティは有効な手段の一つである。そして、アクティビティを成功に導くためには、それ自体が楽しく、その中に学生同士の対話を引き出すような工夫が含まれていることが望ましい。また教室内の机の位置、グループの作り方など学習環境の整備も学生間のコミュニケーション行動を促進する基盤作りの一つとして考慮に入れる必要がある。

　流通科学大学にはＬＬ教室やＣＡＬＬ教室も多くあるが、筆者は机が動かせる教室を好んで利用している。ＬＬ教室の場合、机が固定されて教師中心の構造になっていて、学生たちが教室内を移動して協力し合い学習することはあまり想定されていない。もちろん、机が固定されているとコミュニケーションがとれないという訳ではない。しかしながら、できるだけ教師主体の知識伝達型授業の時間を減らし、学生同士の相互交流の時間を増やしたいと考えるならば、机の配置、ペアやグループの作り方にも配慮をした方がよい。

3.2 ペア、およびグループの作り方

　アクティビティの中の対話には、もちろん教師と学生間のやり取りも含まれる。しかしながら、ペアやグループを組んで学生が主体となって行動してこそ意義があるので、ペア作業の相手やグループメンバーとの意見の相違、調整も体験させ、自分たちで問題を解決させる。グループ作業のメリットとしては、①少人数で作業することで不安感を軽減できる、②未知のことへの挑戦意欲が湧く、③自己表現を通して学習項目を、知識およびスキルとして身につけることができる、④他の学生たちと意見を交換することで理解が深まる、などが挙げられる。学生間でスムーズに話し合いをさせるためには、日頃からペアやグループで作業させる習慣をつけておくとよい。グループ作業をする時、すぐに立ち上がって移動し、グループを組めるように訓練をしておくのである。以下に、具体的なペアおよびグループの作り方について述べる。

3.2.1 ペアの作り方
(1) 座席が固定していない：
　　名前カードなどを利用して毎回座席を変える
(2) 座席が固定している：
　・座席の隣同士でペアになる。
　・座席の前後でペアになる。
　・座席が斜めの人とペアになる。
(3) 座席に関係なくペアを作る：
　　座席の移動を伴う
　・例えば、ペアワークを2回する場合は、
　　前もってペア1、ペア2という風に学生の組み合わせを決めておく。
　・カードを使う：反対語などを組み合わせてカードを作り、学生に配り、反対語になるカードを持つ学生同士でペアを組ませる。

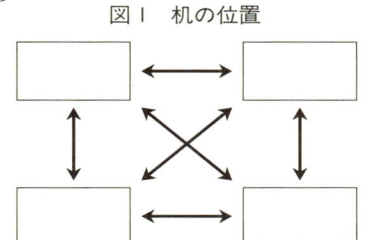

図1　机の位置

3.2.2 グループの作り方
(1) 教師がグループを指定
　　目的によっては、学生の性別や能力を考えてグループを作る。
　　能力を考慮に入れる場合、習熟度の違う学生を組み合わせる。
(2) 友人同士のグループ
　　グループ内では問題が少ないが、他者との葛藤の体験、あるいは交渉能力の向上という意味では問題があるかもしれない。
(3) アットランダムに作るグループ
　　より広い交友関係を築くことができる。さらには、グループ作りの過程にも言語活動を組み入れることで、既習事項を復習させることもできる。
　・数字を割り当てる：数字を教える授業と組み合わせる。
　　学生に1、2、3、4、1、2、3、4…というふうに順に数字を割り当てる。1を割り当てられた学生は集まってグループ1を作る。グループ2、グループ3、グループ4も同様に集まる。
　・身長順に学生を並ばせる：数字、身長の訊き方などを学習後に行う
　・誕生月でグループを作る：誕生日の訊き方を学習後に行う
　・カードを入れた封筒を配る（クラスの人数分を用意する）：
　　色、食べ物、飲み物、服、人の特徴、曜日、職業、乗り物…などの語彙の復

習を学習後に行う。例えば、色の名前を復習する時には、同じ色のカードをグループの人数分用意する。学生は同じ色のカードを持っている人とグループになる。「何色ですか」という質問をスペイン語でさせる。
- 写真やカードを4〜6等分する（グループおよびクラスの人数に合わせる）：ジグソーパズルのように組み合わせて写真やカードを完成させる。同じ写真の一部を持っている学生たちがグループを作る。グループのメンバーを探す際に、自分の写真から得た情報を描写して、持っている写真が同じものの一部かどうかをスペイン語で確認させる。

以上に述べた項目以外にも様々なグループの作り方があると思われる。また、学期単位で完成させるプロジェクトのように、グループを固定にする方がよい場合もあるだろう。いずれにせよ、大学の初習外国語共通の問題として、外国語に関心を持って積極的に学んでいる学生は少ないということがある。したがって、ペア作業やグループ作業に参加しない学生が必ず出てくる。そうした場合は、学生全員に作業の内容や参加の様子を報告させる、授業報告を教師・学生間の連絡ノートなどに書かせてフィードバックする、グループの役割分担を決めて、一人一人に発表・発言の機会を設けるといった工夫をして、コミュニケーションやグループ作業に必然性を持たせたい。

4. 授業の実践例

大学の初習外国語の授業では、1年次の指導が非常に重要である。筆者は、特に新学期の最初の授業がとても大切だと考えている。大学生となって初めて英語以外の外国語を、中学校、高等学校とは異なる教授法で学ぶ、「どんな言葉だろう」という期待に満ちた新鮮な気持ちでいる時期に、教師と学生との間の信頼関係を築く第一歩を踏み出せるかどうかでその後の学習にも影響が出る。また、学生間の対話や交流を授業の一部として習慣づけるという意味でも、最初が肝心である。意思を通じ合わせるという練習を学習の最初から積極的に取り入れるのである。以下では、学年の初めに行っている教室の雰囲気を和らげるためのアクティビティを紹介したい。

4.1 クラスの雰囲気作りのためのアクティビティ

新学期の最初の授業では、自己と他者を尊重する態度を身につけてもらうため

に次のような活動をしている。学生一人一人が自分の良さに気付き、自己を尊重するということから、他者との違いにも気付き相手の良さを認め尊重することへと広がっていくことが重要なので、最初に、各自に珍しい特技（長所）を三つ選んでもらい、決められた時間内にできるだけ多くの学生とペアになって、相互に名前と特技を紹介していくという活動をさせている。活動の中で新たな自分を発見し、また自分とは異なる多様な個性があることを知るのに有効であると同時に、級友を自分の学びの仲間だと認識するのに役立っている。

　もう一つの活動は、皆で仲良く一緒に 2 年間スペイン語を学んでいくという和気藹々としたクラスの雰囲気を言語学習の初期の段階から醸成したいと考えて行っている。「共通の数字探し」と名付けている活動である。学生たちに、自分の記憶に残る日（誕生日、親友と出会った日、初めて～ができるようになった日など）の一桁の数字を 3 つ選んで紙に書いてもらう。好きな数字やラッキーな数字でもよい。教室内を移動して、できるだけ多くの級友に共通の数字があるかどうかを訊く。共通の数字があれば、その数字について選んだ理由をお互いに説明する。共通の数字を通じて、級友たちにとって大切な日や数字につながる思い出について知ることができる。単なる自己紹介とは異なり、級友をより身近な人として共感できるようになる。

4.2　授業を活性化するためのアクティビティ

　新学期最初の授業の実践例を紹介したが、通常の授業の中でも、学習者中心の参加型授業を目指し、クラス全員が立ち上がって教室の中を歩き回ってインタビューする形式や四～五人程度で一緒に練習をするグループ作業などをなるべく多く取り入れている。互いに協力し、助け合うことで学生間の交流も深まり、学習意欲も高まるようである。学生の興味・関心に焦点を当て、楽しく達成感のあるアクティビティを取り入れた授業を展開していくことが、実践的な言語運用能力育成やスペイン留学・研修への道にもつながっている。

　アクティビティの考案に関しては、長澤（22-34 参照）がコミュニカティブ・アプローチの特徴として挙げている次の 7 項目を参考にしている。①実際場面での言語使用、②談話の持続、③意味の重視、④発話の欲求・必然性、⑤インフォメーション・ギャップ、⑥言語機能の重視、⑦ことばの「適切さ」、である。これらの特徴すべてを授業の中に取り入れるには困難を伴うが、文法事項を学ぶために作られた会話ではなく、少しでも自然な対話を学生に体験させるためには欠

かせない項目である。

　アクティビティの準備・作成については、それぞれのクラスの学生たちの興味・関心、レベル、学習態度などを知っているのは担当している教員であるので、担当教員がアクティビティを作る、あるいは教科書や市販の教材に手を加えることが必要である。そして、アクティビティを取り入れて、授業を活性化するには、①絵や写真、実物の利用、小道具を用意する、②活動や課題の内容を明確にする：「何を」、「どう」するのかを具体的に示す、③協力し合いながら行う活動を選ぶ、④伝えたい、共有したいメッセージがある、⑤必要な表現を学んでいる、⑥課題は少し背伸びする必要がある方がよいが難しすぎるものは避ける、などを考慮して副教材を作成すると共に、授業を展開する上でも学生に活動目的が明確になるように留意する。

5.　今後の課題と展望

　これまで流通科学大学のスペイン語の授業におけるコミュニケーション能力についての考えやその能力を育成する過程での教室活動・アクティビティについて述べてきた。筆者は、スペイン語の授業の中で、多くのアクティビティを取り入れてきたが、アクティビティを通して学生たちの間で相互に対話が始まり交流が深まるだけでなく、明るく楽しい雰囲気が教室に広がっていくのが実感できた。またアクティビティ中心の授業は、外国語としてスペイン語を学ぶ学生たちに、目標言語を使って活動をし、級友たちと意思伝達を図るという機会を与えることで彼らの言語運用能力の向上という目的を充分果たしていると思われる。だが他方では、言語を意思伝達の単なる道具ではなく、人と人との関わり合いを含めた社会的行為そのものであると見た場合、実際に言語を使用する時に言い換えをしたり、ジェスチャーを加えて自分の意思を伝えたり、相手の意見に耳を傾けたりする態度が身についていなければならないだろう。2003年9月から7か月間在外研修で滞在したバルセロナでは、公立の語学学校で授業観察をする機会に恵まれた。学習者が現地に住んでいるという条件はあるが、初級の段階から自分の意思を伝達するために言語以外の様々な手段を使っていた。こう考えてみると、広い意味でのコミュニケーション能力の育成は、授業の中での体験だけでは、それ程必要性が感じられない所為か、やはりまだ不十分であると言わざるを得ない。しかしながら、授業の中で言語構造中心の練習や言語活動を実践するだけではな

く、人と人との関わり合いを大切にした、自然でなおかつ意味のある対話が成立するようなアクティビティを中心にして指導することでコミュニケーション能力を育成することは可能だと信じている。コミュニカティブな言語教育を構成する要素はカリキュラム、シラバス、教科書、学生の学習態度など多岐にわたり、アクティビティだけに限らない。ただ上で述べてきたようにアクティビティが外国語習得に効果的であるという考えは変わらない。今後も学生の可能性を信じ、常に新しいアクティビティを模索しながら、新鮮で楽しい授業に取り組んでいきたいと思っている。

参考文献

井上和子監修、フランシス・ジョンソン（平田為代子訳）(2000):『コミュニカティブな英語授業のデザイン』大修館書店

ジョンソン、D.W.／ジョンソン、R.T.／スミス、K.A.(2001):『学生参加型の大学授業』玉川大学出版部

辻本千栄子(1996):「スペイン語教育におけるグローバルな視野の育成」『流通科学大学論集―人文・自然編』第8巻第2号、pp.99-108

辻本千栄子(1996):「グローバル教育とスペイン語教育―参加型学習のための授業計画―」『流通科学大学論集―人文・自然編』第9巻第1号、pp.71-80.

辻本千栄子(2002):「外国語教育におけるアクティビティ」『流通科学大学論集―人間・社会・自然編―』第15巻第1号、pp.95-99.

長澤邦紘(1988):『コミュニカティヴ・アプローチとは何か』三友社

長瀬荘一(1994):『コミュニケーション能力を育てる英語の授業改造』明治図書

松本茂編著(1999):『生徒を変えるコミュニケーション活動』教育出版

Johnson, K. E. (1995): *Understanding Communication in Second Language Classroom*. Cambridge: Cambridge University Press.

Llobera, M. (ed.) (1995): *Competencia Comunicativa*. Madrid: Edelsa.

Steiner, M. (1993): *Learning from experience*. Stoke on Trent: Trentham Books.

第1章　言語習得の理論的基盤

脳の神経回路システム知見に基づいた学習と教授法
― 一つの事例：語彙習得 ―

発音の段階的習得プログラム

脳の神経回路システム知見に基づいた学習と教授法
―一つの事例：語彙習得―

塩路ウルズラ
訳 塩路憲一
　　塩路小倫

> 脳科学の知見に基づいた学習方法／学習の器官／適応性／身体行動に即応した構造／複数脳領域の同時的働き／平行して同時に活性化／学習過程／脳領域活性化の変化／「共働」記憶モデル／エピソード記憶／意味記憶／語彙習得／メンタル・レキシコン／意味のネットワーク／語彙分類／語彙表作り／マインドマップ／学習過程の時間／神経細胞間の結合の変化の時間

1. はじめに

　私がドイツ語の授業でよく経験する状況から説明したい。それは、かなり集中的に、ある特定のテーマに関連して語彙の練習や表現パターンの訓練を何時間も繰り返した後であるにもかかわらず、よく出会う光景である。
　さて、上に述べたように、何時間もの訓練の後、「では、これまで習い覚えた語彙や文法の知識を目一杯用いて、自由に自分の意見を互いに述べあいなさい」とコミュニケーションの場を与える。何時間もの習練の後であるし、ある程度満足のゆく成績も取っているのだから、それほど難しくない課題のはずである。しかしながら、事情は逆のようだ。言語習得の訓練では満足のゆく成績を取っていても、学生たちは、「自由に話しなさい」と言われると、突然頭の中が真っ白になって、口を開けることもできない、身動きもできない奈落に落ち込んでしまうようである。習い覚えたはずの語彙も表現パターンも文法構造も何も思い浮かんでは来ない。一言もしゃべらないでひたすら沈黙を守る学生、一言二言断片的に何かを口にする学生、日本語で間に合わせようとする学生。ほとんどの学生が決まってやることは、教科書の頁を繰る、ノートを見直す、そしてお定まりのように、辞書を開いてあっちこっちのぞき込む。何か言おうとするが、ドイツ語は浮

かんでこない。しかし、必要な単語や表現が教科書のどこに載っていたかだけは、何とか思い出せる。

　教科書のあの箇所から、そしてまた別の箇所から、自分が言いたいと思っている事柄を表現するために必要なドイツ語と表現を拾い集め、これを組み合わせて何とか文章を作り出し、それを紙切れの端に書き出し、それを声に出して読み上げる。これを聞いたコミュニケーションパートナーである別の学生が、同じように、ドイツ語の文章を「作る」作業にはいる。これでは、円滑な、本来のコミュニケーションは、まったくできていないと言わざるを得ない。

　では、このコミュニケーション失敗の原因はどこにあるのだろうか。学生たちは、何かを表現するために必要な手続きをほとんどすべて取っているのである。ただし、一つ一つ、順番に。ある思いを言葉として表現するためには、話し手は、少なくともかなり自由にメンタル・レキシコンが利用でき、相当数の表現パターンを持っており、ドイツ語でこれらを発音するに際してあまり問題がないことが必要である。コミュニケーションを成功させるためには、更に、抑揚、アクセント、調子、また、社会的知識等も重要な要素ではあるのだが、今は、詳しくふれない。しかし何がコミュニケーションに必要な要素であれ、コミュニケーションが成功するために絶対に欠けてはならないことは、これらコミュニケーションに必要な要素を一つ一つ順番に積み上げてゆき、文章を組み立てるのではなく、すべての手続きを同時に遂行することなのである。

　なぜ多くの学生たちは、語彙を記憶し、正しい文の構造を即座に用いることができないのだろうか。なぜ、ある表現を言葉として発するに至るプロセスを一つ一つのステップを追って、直線的に順番にしか遂行できないのだろうか。

　私の推測では、その原因の一端は、学生たちがこれまでどのように外国語を学んできたかにあると思われる。私がこれまで日本の外国語教育の場で見聞きしたことに誤りがないとすれば、中学校や高等学校での外国語学習は多くの場合受け身的な授業が中心で、生徒にとっては、学習内容が重要なのは、それがテストや入学試験に出るからのようである。学習の内容は、当然ながら、テストや入学試験が実施される直前まで、ノートに記録され、残されているにすぎない。しかしこれでは、学習内容そのものがいつまで経っても、生徒にとっては、自分たちとは縁のないもの、自分たちとはかけ離れたものにとどまり続けることとなる。

　さて、日本社会の教育システムのことは措いて、一人の語学教師として、教室の中でどのようにすれば学生たちに本当のコミュニケーション能力を持った語学

力を習得させることができるかを考えるとき、脳科学の知見に基づいた学習方法を発見することが重要であるように思われる。というのも、すべての学習プロセスは、「学習の器官」（Spitzer b XV）と呼ばれる脳において行われるからである。

2章では、今日の脳科学が脳の働きをどのように理解しているのかを次の3点に特に着目して概観する。すなわち、脳の構造が脳の活動に応じて変化すること、個々の脳領域が平行して同時に活動すること、記憶の仕組みについての3点である。

3章では、語彙学習について述べる。というのも語彙学習は、コミュニケーション能力の習得を目標とする外国語教育において重要な位置を占めているからである。その際、学習成果が期待されるいくつかの授業方法を紹介する。これらの方法は「学習の神経生物学的基礎」（Spitzer b XV）に基づいて開発された方法なのである。

2. 脳の働き

2.1 人間の行動に即応した脳の構造

人間の脳は多くの神経細胞（ニューロン）によって構成されている。3か月の胎児の脳内には、これら3種類の神経細胞の殆どが既に存在することは分かっている。しかしこのすべての神経細胞がそのまま脳内に残るのではなく、他の神経細胞とつながりを持つことができたものだけが残る（Breidbach a 10-11）。子供の成長の過程において作られた神経細胞間のつながりは、特定の働きを持つ脳の領域を形成する。

とはいえ、脳の機能は特定の領域に固定されたものではない。ある脳部位が外傷によりその機能を失った場合、脳はこの機能を別の部位に作り出すことができる。左脳半球の外傷により言語調音機能を失った、ある患者の場合、この機能はトレーニングによって右脳で再構築された。ところがその後、自動車事故により右脳が傷つき、折角トレーニングにより再構築された脳機能領域が失われてしまった。そこで、失われた機能を取り戻すため、改めて訓練が実施されたが、その結果、患者は再び言語調音機能を取り戻すことができたのである。自動車事故により失った機能は、今度は左脳に再構築されたのであるが、再構築された場所が、最初に外傷により破壊された左脳領域のすぐ手前であることが明らかになったの

である (Breidbach a 9-10 参照)。脳はこの例からも明らかなように、変化に対して非常に柔軟に適応できるのである。

　人間の脳はこのように適応性に優れ、人間の身体行動に即応した構造を取る。点字を読む人にあっては、右人差し指の先端の感覚をつかさどる感覚領域は、〈通常〉の文字を読む人より大きい (Spitzer a 11-12 参照)。点字を読む人のこの脳領域のニューロンが、点字に触れるという身体行動に即応して、より複雑なネットワークを形成しているためである。

2.2　複数脳領域の同時的働き

　最近の脳研究から、人間の行為、それも特に複雑な行為には、一つの脳領域だけが関係しているのではなく、複数の、しかも脳全体に点在する脳領域が関係していることが明らかとなってきた (Pöppel 44 参照)。更に驚くべきことには、ある脳領域が脳のどのあたりに位置するかは一律に同じではなく、個人によって違いがあり、しかも、個人においても固定したものではなく、必要に応じて違った場所に再構築されることもあることが、Georg Ojemann の実験によって証明されたのである(Breidbach 12-13 参照)。

　ところで、Ojemann の実験においてはまた、母語と外国語とでは、対象物を名前で呼ぶ場合活性化される脳領域が違っていることも明らかとなった。外国語で対象物の名前を呼ぶ場合、活性化される脳領域は、母語で呼ぶ場合より脳全体により広く分散していることが分かったのである (Breidbach b 102 参照)。Breidbach は Ojemann の実験結果について次のように述べている。「言語能力は、脳の中で平行して活性化される、多くの部分的機能に分割点在しているように思われる。この部分的機能がすべて、同時に、活性化されて始めて、人間は言語を認知し、使用することができる (Breidbach a 102)」

　上の Breidbach からの引用に見られる〈平行して〉という表現が、脳の機能のあり方を理解するための重要なキーワードである。脳が正常に機能するためには、関係のあるすべての脳領域が相互に連繋しながら、〈平行して〉同時に活性化されなければならない。脳においては、これまでのコンピュータのように次から次へと直列的に、順番に活性化されるのではなく、互いに離れた複数の脳領域が平行して、同時に活性化されるのである (Pöppel 75 参照)。関係する脳領域全てが同時に並行して活性化されることが、支障のない通常の行為にとって必要であることは、逆に、脳のある領域が傷つけられた場合に明瞭となる。ある脳領域が

損傷を受けると、その領域内の神経作用プロセスは速度が遅くなるため、この傷ついた脳領域は、同じ機能に関わる、異常のない、他の脳領域と共に同時に並行して活動することが困難となる。すると、個々の感覚領域に、一時的な不調和が生じ、情報を効果的に集め、処理することができなくなる（Pöppel 130 参照）。直列的に順番に感覚印象が処理されることがどれほど能率的でないかは、次のような実験をして見れば容易に想像できる。片目を閉じ、もう片方の目に管をあて、この管から対象物をのぞき見る。この場合、対象全体が一挙に見えず、感覚印象が同時に処理されないで、手探りの場合のように、少しずつ順番に対象の全体像が組み立てられることになる（Pöppel 125; Spitzer a 28 参照）。

このように、人間の脳においては個々の神経細胞（ニューロン）が、人間の身体行動に適応して発達したネットワークを形成しているが、支障のない身体活動が遂行されるためには、その活動に関係する全ての脳領域が同時に活性化され、機能しなければならないのである。

2.3　記憶

今日の脳科学では、学習過程とは、「神経細胞（ニューロン）間の連結の変化によって引き起こされる、活性脳領域の変化」（Breidbach b 182）と捉えられている。神経細胞間の連結変化によって引き起こされるニューロンネットワークの変化は、人間の行為パターンの変化として立ち現れてくる。さて、記憶は学習過程と密接な関係を持っている。というのも、既習の行動パターンを記憶することなしには、人間は、環境への適応プロセスを最良なものとすることができないからである。学習したものを必要なときに記憶から引き出すことができなければ、人間は、動物としての生存さえも危うくなる。

これまで、学習したものは別々の、分割された記憶装置に保存されると考えられてきた。つまり、記憶は短期記憶、長期記憶、そしてワーキングメモリーを備えた、直列的な情報処理プロセスを有する「複数記憶モデル」（Wolff 544）で説明されてきたのである。しかしながら今日では、「ニューロンネットワーク内の観念連合記憶能力の基礎」（Spitzer a 47）は、いわゆる長期記憶能力であることが分かっている。そしてこの能力は、多くの神経細胞が同時に活性化されるときにのみ働くことも分かってきた。多くの神経細胞が同時に活性化されるとき、細胞間の連結はより強くなり、結合の持続力が強まるというのである。このことは、現実の学習に際しては、教師はできるだけ学習者に刺激に富んだ学習環境を提供

するように努めることが必要だということを示唆している。具体的には、教師は学習者が、たとえば視覚刺激と聴覚刺激を結びつける、というように、すべての感覚を通して学習することが可能になるよう工夫する必要がある。したがって、ビデオや映画など、画像と音が備わっているメディアはカセットテープやCDより好ましいといえる。いわゆる4技能〈聞く、話す、書く、読む〉は、個々それぞれ異なる感覚領域を活性化しているのであるが、やはり別々にではなく、総合的に教えられるべきなのである。

　最新の脳科学では、脳において情報は、単に平行に処理されるだけではなく、遡及的につまり逆方向にも処理されることが分かってきた。そこで今日では記憶モデルとして「共働」（Wolff 544）記憶モデルが提唱されている。「共働」とは、入力される刺激と既に学習したものとの相互作用により、個々人独自の仕方で情報処理がなされることを指す（Wolff 545）。既に獲得された知識は、どの刺激を受け入れ、その刺激をどのように解釈するかにも影響を与えるのである。Breidbachが強調するように、刺激を受け入れることは、「既に解釈の最初のステップ」（Breidbach b 21）なのである。

　既に蓄積されている記憶内容が次の新しい記憶を保存しようとするとき、どれほど重要な意味をもつかは、次の例で明らかである。フランスの言語療法士Annie Dumontはその著書『記憶と言語』の中で、新たな記憶内容の構成とその統合（ある程度の時間が経った後で記憶内容が記憶として固定されること）の段階においては、いわゆるエピソード記憶と意味記憶が重要な役割を果たしており、また、この2つの記憶が互いに依存的であることを指摘している。エピソード記憶とは個人の生活上の出来事についての記憶であり、この記憶は感情に強く影響されている（Dumont 14参照）。意味記憶とは、事実や考え、知見、情報、つまり外界からの情報、言語的情報、意味的情報、概念的知識、一言で言うと私たちが知っていることについての記憶である（Dumont 14-15参照）。Dumontは、エピソード記憶つまり体験記憶が多ければ多いほどある概念の意味記憶の固定がより強くなることを指摘している（Dumont 15参照）。彼女は上の知見を利用し、患者の自伝的体験をリハビリテーションに取り入れている。外国語教育においても、教室内での外国語の訓練が学習者にとって個人的な出来事となり、エピソード記憶として保存されることになれば、外国語の概念の意味記憶をエピソード記憶と結びつけることが可能になる。教師はこうして学習者の記憶作業を手助けすることができる。

3. ニューロンネットワークと学習過程

この章では、特に語彙習得の学習過程を取り扱う。語彙習得は、コミュニケーション能力の獲得にとって特に重要である。豊富な語彙を持ち、決定的瞬間に自分のメンタル・レキシコンにアクセスできる者のみが、コミュニケーションにうまく参加することができる。この章ではメンタル・レキシコンのネットワーク構造とこの構造に即した語彙学習法について述べる。

3.1 メンタル・レキシコンの構造

既に古代ギリシャ時代から、人間が特定の対象物を、特定の性質と結び付けること、複数の対象物の類似点、もしくは相違点を認識していること、「語彙を意味的類似、もしくは対照により結びつけ、記憶に保存している」ことはよく知られている（Spitzer a 234）。例をいくつかあげる。たとえば、私たちは〈チョコレート〉が〈甘い〉、〈おいしい〉、〈カロリーが高い〉などと言う。また、あるデザートを〈カロリーが高い〉と説明するとき、〈カロリーが低い〉デザートも存在するという事も知っている。〈飛行機〉と〈熱気球〉は空中での移動、〈自動車〉と〈馬車〉は地上での移動に使われる。このように、私たちのメンタル・レキシコンはアルファベット順の語彙リストを持たないばかりではなく、むしろ全く無秩序のようにみえるが、ネットワーク構造をもっている（Spitzer a 234 参照）。

かつては経験知にすぎなかったことが、20世紀の終わりには科学的な調査で確証されることとなった。AM. Collins、EF. Loftus と JH. Neely は 70 年代に行った調査に基づき、彼らが自己拡張活性モデル（spreading activation model）と呼ぶモデルを用いて心的意味記憶について解明しようとした（Collins/Loftus 407-428; Neely 226-254）。神経細胞のネットワークに基づくこの自己拡張活性モデルは、今日では一般的に受け入れられている（Spitzer a 245 参照）。

意味のネットワークでは、ある言葉の意味はネットワーク上の点で、また他の語彙との結びつきは線で表現される（Spitzer a 243-244 参照）。発話の際にはネットワーク上の特定の点が活性化される。例えば「夜 Nacht」という言葉を使うとき、意味記憶中の点「夜」が活性化される。しかしながら、心理言語学的研究により、特定の点のみが活性化されるのではなく、その周辺にある点も活性化さ

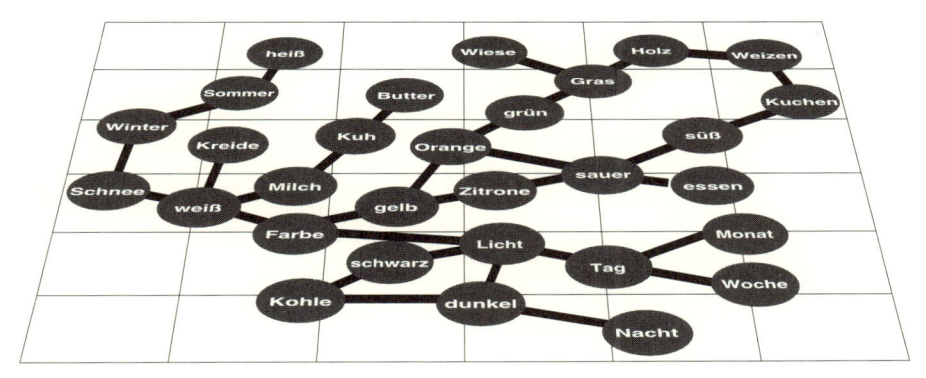

図1　意味のネットワーク

れることがわかっている。活性化が拡張されるにしたがって、意味的に関係があり、線で結ばれている語彙も活性化される。つまり、「夜」という言葉を聞くと、たとえば点「暗い dunkel」や「黒い schwarz」も活性化されることになる。このように前もって活性化が行われると、その後の発話の中で「暗い」や「黒い」などの語彙が実際に用いられたとき、それらがより認識しやすくなる。

　ネットワーク保存システムを理解するために重要な点は、私たちが新しい語彙を学習するとき、それは、ただ音声的特徴や書体上の特徴とのみ結びつくのではなく、すでに学習した他の語彙にも結びつくということである。Spitzer は「まず、いくつかの語彙が獲得されると、その語彙がみずから更なる学習のためのコンテクストを作り上げる（Spitzer a 251）」と述べている。このことから、より豊富な語彙を持つことが、読む、聞く、書く、話すことを容易にするだけでなく、外国語学習自体をも簡単にすることがわかる。つまり、学習者が語彙を習得できなければ更なる学習の進歩は困難、あるいは不可能となる。

3.2　外国語学習における語彙のネットワーク形成

　どのような語彙習得訓練が、意味記憶のネットワーク構造に適しており、意味関連をもった語彙習得をより一層効果的なものとするのであろうか。
　Lutz Götze（Götze 72-73 参照）と Axel Polleti（Polleti 5）は、メンタル・レキシコン形成に向けた語彙学習にとって有効な語彙分類、あるいは語彙ネットワークについての提言を行い、語彙同士の関連を次のようなカテゴリーに従って学習者に提示するべきであると主張している。

―概念領域（階層的構成：大学―教授―学生）
―語彙領域（大きい―小さい、足のある家具：椅子、ソファ、ベンチ等）
―連辞的領域（犬―ほえる）
―事例領域（サッカー：フォワード、キーパー、ゴール、競技場等）
―同義語（美しい、かわいい、きれい、魅力的等）
―反義語（美しい―醜い）
―語親族（働く、労働、労働者、勤労等）
―音韻領域（Haus と Hof、treu と redlich）
―コノテーション及び情緒的領域（政治家：有力、有能、社会に貢献する―無能、高すぎる給料、買収可能等）
―外来語と語形変化の領域（レストラン、ristorante、restaurant、Restaurant）

　新たに文章を解釈しようとするとき、また新たな語彙を導入しようとするとき、あるいは、まさに語彙学習の最中において、上のような語彙分類や語彙ネットワークは有効に活用できる。たとえば学習者に、事例領域、同義語、反義語、語親族等に注目させ、文章中の語彙にそれぞれ異なった色で印を付けさせることも、また、それぞれの単語の脇に、同義語や語親族を書かせることもできる。また、教師が新しい語彙を導入する際には、導入される単語が、「徐々にコンテクスト化される」（Aßbeck 35）ように提示するべきである。言い換えれば、教師は、新しい単語を、学習者が既に知っている語彙と結びつけて導入するべきである。「秘書」という言葉を導入するなら、その人物は事務所で働いており、手紙を書いたり、電話したり、コンピューターで仕事をしたり、コピーをしたり、そしてときどきお茶やコーヒーを入れたりもすることなどを説明するべきである。

　図や語彙練習もこの語彙のネットワーク化を明確にするものでなければならない。従来の練習は、メンタル・レキシコンのネットワークを顧慮しないことが多かった。母語や外国語で語彙を列挙し、例文を付け加えるだけでは、ただ単に目標言語での連辞的な関係を示しただけにすぎない。反義語を示した場合は、反義語関係のみを示しただけに過ぎない。ある語彙と他の語彙との複雑なつながりを可能な限り同時に活性化し、できるだけ細かい目の〈網〉の中で〈結接点〉を形成するよう努めることにより、メンタル・レキシコン内の語彙のネットワークをより綿密なものとすることができる。これに最適と思われる練習法を2つ紹介する。ひとつは語彙表作りであり、もうひとつはマインドマップと呼ばれている方法である。

第1章　言語習得の理論的基盤　　　47

ドイツ語	味覚	色	量	例文（最低2つ）	複合語	日本語
Schoko-lade (die)	süß bitter	braun (weiß)	ein Stück Schoko-lade eine Tafel Schoko-lade	1. Ich mag Schokolade! 2. Eine Tafel Schokolade kostet 1,50 Euro.	Schokola-denkuchen Schokola-dentorte Nussschoko-lade	チョコレート

図2　語彙表

　語彙表作りでは、ひとつの単語を書き込む欄とその単語が表示するものの特徴が書き込めるようになったカテゴリー欄を複数用意する。このとき重要なことは、新たに学ぶ語彙をすでに学習した語彙と結びつける手助けとなるようなカテゴリーを選ぶということである。
　今、新しく学習する語彙が「チョコレート」であるとしよう。色、味覚に関する語彙、量に関係する語彙は既習とする。この場合、語彙表は次のように構成される。
　このような語彙表は、必要に応じて大きくすることができるし、また、全ての語彙領域について作成することができる。上の例のような語彙表作りを通して、学習者は新しい語彙を様々な関連において学習することとなり、より強くメンタル・レキシコンに定着させることができる。このような語彙表作りは、外国語とその母語訳からなる単語リストを作成するよりも長い時間を要するが、脳科学によって明らかにされているように、神経細胞間の結合の変化には時間がかかる。つまり、学習過程には本来時間が多く必要なのである（Spitzer a 54 参照）。
　語彙表は教師によって準備されることが多いが、この場合教師がネットワーク形成プロセスをコントロールすることができるという長所がある。しかしながら、よりクリエイティブな語彙練習を目指すとき、教師は、ある語彙を中心とした意味連関が個人によって異なること、また、意味連関が個人的であるからこそ、エピソード記憶が語彙の意味記憶と結びつけば、学習にとって非常に効果的であるという点を考慮に入れておかねばならない。エピソード記憶は、語彙を記憶にとどめておく際、非常に大きな働きをするのである。Axel Polleti もまた、「学習者による個人的な情報処理プロセスは、語彙記憶に影響を与え、語彙がより長期にわたって記憶されるよう働く（Polleti 5）」と指摘している。クリエイティブな語彙練習の例として、Tony Buzan によって、脳の機能を考慮に入れ考案された

[マインドマップ図：中心に "die Schokolade"、枝として Farbe (schwarz, braun, weiß), Geschmack (süß, bitter, schmeckt nach Vanille, mit Vanillegeschmack, mit Bittermandelgeschmack), Sorten (Nuss=schokolade, Nougat=schokolade, Schokolade mit Marzipan), Speisen mit Schokolade (Schokoladen=pudding, Schokoladen=eis, Schokoladen=torte, Schokoladen=kuchen), Menge (eine Tafel, ein Stück, ein Riegel)]

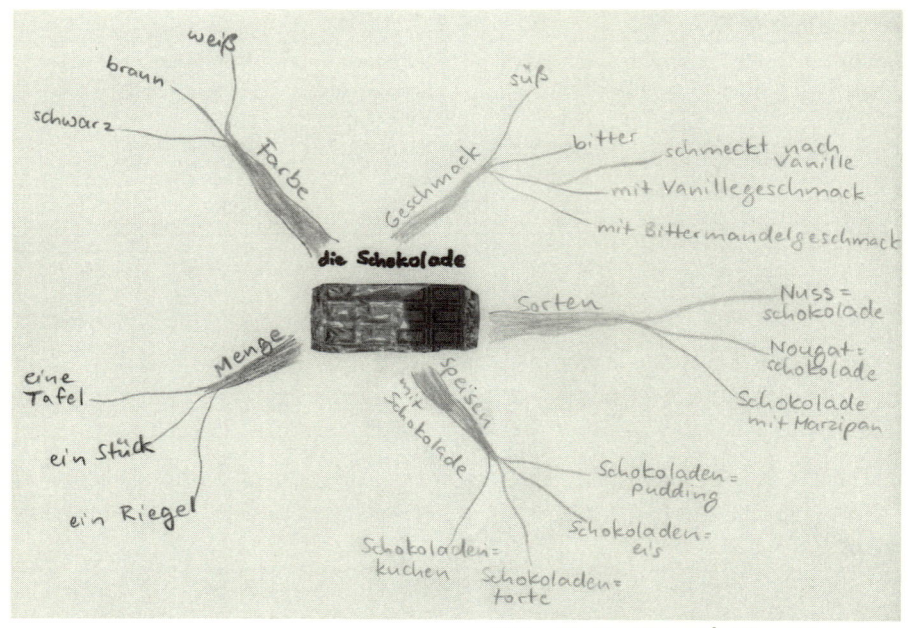

図3　マインドマップ〈チョコレート〉

マインドマップ（Mind Map）のテクニックがある。Wolfgang Maxlmoser はその著『授業におけるマインドマッピング』（Mindmapping）において、授業でこのテクニックを使う方法を紹介している。次にマインドマップの語彙習得過程とその長所について説明したい。

　マインドマップは「視覚化された思考過程（Maxlmoser 21）」である。まず大きめの紙（A4 かもっと大きいサイズのもの）と色鉛筆か蛍光ペンを用いる。紙は横長にむけ、中央に核となる概念を文字か絵で描く。その概念もしくは絵から複数の太い枝を伸ばし、それぞれの枝にキーワードを書く。この複数の太い枝から細い線を伸ばし、枝分かれさせ、この細い枝にも同じようにキーワードを書く。このとき、様々な色や書体、記号や絵によって、言葉や言葉同士の関係をより明確化させることができる（Maxlmoser　23-24 参照）。たとえば〈チョコレート〉という核概念をもつマインドマップでは、〈色〉、〈味〉、〈量〉、〈複合語〉のようなカテゴリーがキーワードとして記された太い枝が、〈チョコレート〉から伸び出し、それぞれの太い枝から更に枝分かれした細い枝には〈甘い〉や〈苦い〉の

ようなキーワードが書かれている。語彙表に比べて、マインドマップではスケッチ、新聞や広告からの切り抜き、茶色や白といった色等、視覚的刺激によって語彙のネットワークを補足することができる。マインドマップは更に個人的な連想を伸ばしてゆく余地を与える。先に述べたように、個人的連想は、学習および記憶プロセスにとって重要な意味をもっている。マインドマップの中にこのような個人的な連想毎に太い枝を付け加え、これを枝分かれさせることもできる。

　マインドマップはペアやグループで作ることもできるが、基本的には個人用である。というのも、学習者は一人一人自分自身のために意味レキシコンを構築しなければならないからである。しかし一旦マインドマップが完成すれば、次にペアやグループによるインターアクティブな段階に入る。ある一つの中央概念について話し合うためにはその概念についての明確な説明が対話者間で必要であり、マインドマップの訂正と補足が始まることとなる（Maxlmoser 27 参照）。話し手が自分のマインドマップについて話している間、聞き手は聞いたものをまた自分のマインドマップに変換し、そのことを通じて、自分のメンタル・レキシコンのネットワークを活性化し、場合によってはそのネットワークを再構築しなければならないのである。

　直列的表示に対してマインドマップは、事柄の本質的部分を一挙に同時に理解することを可能にするのみならず、ニューロンネットワークそのものを描き出しているので、学習過程や教授過程を改善するための効果的な道具でもある。また、マインドマップは、脳科学の知見がいかに実際の授業にとって有用であるかを示すよい例でもある。

　さて、最後にもう一度強調しておきたいことは、脳科学は我々教師に「学習の器官を理解するための基盤」（Spitzer b 398）を提供してくれるという点である。効果的な学習方法は、脳科学の知見に基づいて構築されてこそ可能である。というのも、人間の、生物としての制約と能力を知り、その上で学習方法を模索することによってはじめて、学習者を無理なく所定の学習目標に到達させ得るような学習方法を見いだすことができるのである。学習者に達成感を持たせることは、学ぶことへの喜びや意欲をより一層高めるために重要である。

参考文献

　　Aßbeck, Johann (2000): Der Lehrer sollte öfter abfragen... Vokabellernen zu Hause und im Unterricht. In: *Der Fremdsprachliche Unterricht Französisch 3*, pp.33-37.

Breidbach, Olaf a (1993): *Expeditionen ins Innere des Kopfes. Von Nervenzellen, Geist und Seele.* Stuttgart: Georg Thieme Verlag.

Breidbach, Olaf b (1996): Konturen einer Neurosemantik. In: Rusch et al. (1996), p.9-38.

Breidbach, Olaf c (1996): Vorwort. Was geht in unserem Kopf vor? In: Rusch et al. (1996), pp.7-8.

Collins, AM/Loftus EF (1975): A spreading activation theory of semantic processing. In: *Psychological Review 82*, pp.407-428.

Dumont, Annie (1998): *Mémoire et langage. Surdité, dysphasie, dyslexie.* Paris-Mailand-Barcelona: Masson.

Götze, Lutz (1995): Das Lesen in der Fremdsprache. Neuere Erkenntnisse der Hirnforschung. In: *Jahrbuch Deutsch als Fremdsprache 21*, pp.61-74.

Lightbown, Patsy M./Spada, Nina (1999): *How Languages are Learned.* 2. Auflage, Oxford: Oxford UP.

Maxlmoser, Wolfgang (1998): *Mindmapping im Unterricht. Vom Gedankenfluss zum Wissensnetz.* Wien: Verlag Hoelder-Pichler-Tempsky.

Pöppel, Ernst (1993): *Lust und Schmerz. Vom Ursprung der Welt im Gehirn.* Leicht überarbeitete Neuauflage (1. Auflage 1982), Berlin: Sammlung Sieder.

Neely, JH (1977): Semantic priming and limited capacity attention. In: *Journal of Experimental Psychology, General 106*, pp.226-254.

Polleti, Axel (2000): Vokabeln – zentrales Problem des Französischunterrichts? In: *Der fremdsprachliche Unterricht Französisch 3*, pp.4-10.

Rusch, Gebhard/Schmidt, Siegfried J./Breidbach, Olaf (ed.) (1996): *Interne Repräsentationen. Neue Konzepte der Hirnforschung.* DELFIN. Frankfurt: Suhrkamp.

Spitzer, Manfred a (2000): *Geist im Netz. Modelle für Lernen, Denken und Handeln.* Heidelberg-Berlin: Spektrum Akademischer Verlag.

Spitzer, Manfred b (2002): *Lernen. Gehirnforschung und die Schule des Lebens.* Heidelberg-Berlin: Spektrum Akademischer Verlag.

Wolff, Dieter (1996): Kognitionspsychologische Grundlagen neuer Ansätze in der Fremdsprachendidaktik. In: *Info DaF 23.5*, pp.541-560.

発音の段階的習得プログラム

新倉真矢子

> 発音教育／音声習得／母語干渉／音韻体系／日独対照／臨界期／音素／シラブル／モーラ／語アクセント／フレーズアクセント／文アクセント／文末メロディー／イントネーション／運動説／調音運動／協調

1. はじめに

　90年代以降のドイツで出版された外国人用のドイツ語教科書のほとんどには発音練習が組み込まれており（Hirschfeld 他）、ドイツ語の授業をする上で発音教育の重要性はドイツで広く認識されていることが推測できる。80年代から本格化したコミュニカティブ・アプローチに基づく授業では発音はまだ「話す」という技能の一部としてしか捉えられていない向きもあったが（Helbig, G. et al. (eds.) 872 参照）、90年代以降に発音教育に力を入れるようになったのは、ドイツ統一により旧東独ライプツィヒ大学付属の Herder-Institut の影響があったと考えられる。詳しい発音解説や発音練習にかなりのページ数を充てている教科書もあるが、残念ながらこのような量的改善は、効果的な発音教育の質的改善に必ずしもつながっているとは言いきれない（Kelz 131 参照）。実際には練習方法・形態を踏襲しているケースが多い。
　日本で出版されている初級用ドイツ語教科書の場合、最初の数ページしか発音に関する記載がないものが大半である。内容も「綴り字と音」の関係に限定しているため、授業では通常最初の数回を「ドイツ語文字の読み方」に充て、その後も「正しくドイツ語文字が読めているか」という確認に徹しているようである。イントネーション、語アクセント、文アクセントはコミュニケーション上重要な役割を担っているが、時間的制約からあまり授業で説明や練習がされていないのが現状である。もっとも最近では運用能力を重視した授業形態に移行しつつある

ため、以前よりも発音に関心がもたれるようになった。何を相手に伝えたいかにより文アクセント位置が移動することは、個々の音を正確に発音することと同様に練習する必要があろう。しかし、概して発音教育に対する関心は依然として低く、授業に毎回発音練習を組み入れることを考える必要があろう。

効果的な発音教育が日本でもドイツでも定着していない要因の一つに、臨界期を過ぎた人が外国語の発音を身に付けることは、個人差はあるものの、かなりの努力が必要であるということが挙げられる（小池 b 26 参照）。発音は母語干渉が強く、年齢が高ければ高いほど発音が完全に習得できる可能性は低くなる[1]。また、教師側の音声教育に対する知識不足も一因である。調音器官の制御の仕方を説明するには日独両言語の音韻体系を理解している必要があろう。

本稿では臨界期を過ぎた人たちでも年齢に関係なく個々の習得段階を経て発音を身に付けることを可能とする Gehrmann の「運動説」を用いて発音習得の段階的な習得プログラムを提案する。その前提となるのが日独音韻体系の比較であるので、まず母語干渉について説明し、その後日独の音韻体系について述べる。

2. 音韻習得と母語干渉

学習者が母語（L1）の音韻体系の影響を受けると、母語の特徴をそのまま目標言語（L2）に当てはめた発音になる[2]。母語による干渉は音韻面で顕著に見られるが、L1 と L2 の音構造を比較・対照し、類似点と相違点を明らかにすることで学習上の障害が予測できる。Flege や Wode らの研究により言語間に見られ

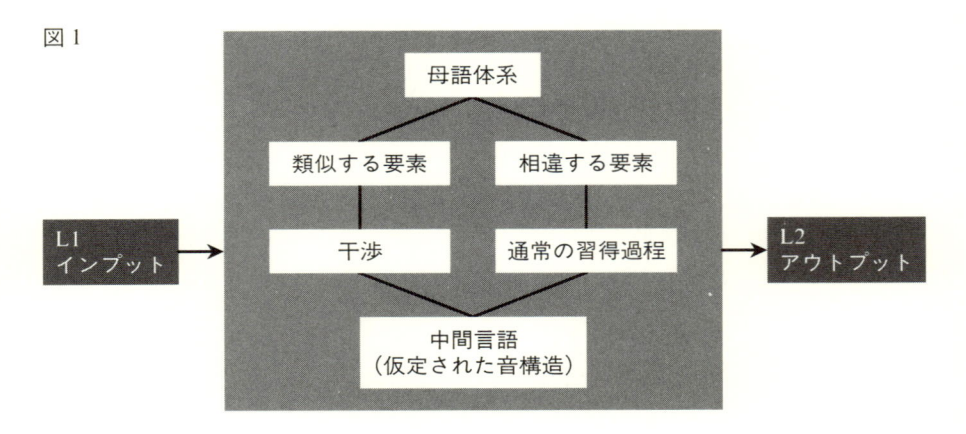

図1

L1インプット → [母語体系／類似する要素／相違する要素／干渉／通常の習得過程／中間言語（仮定された音構造）] → L2アウトプット

る音声特徴の差異が目標言語の発音に影響を与えることがわかっている。実際の発音は、L1 と L2 の間の音声的な距離を学習者がどう捉えるかにより決まる。学習者が L2 の音構造を母語と類似している、または等しいと認識すれば、同じ音として知覚され、生成される。音声的に類似性がないと感じられた場合は、第一言語習得と同じ過程をたどっていく。つまり学習者が自分で「厳正な類似基準」(kritisches Ähnlichkeitsmaß) を満たしていると感じれば（Wode a, b）そこに干渉が生じるが、そうでなければ干渉は生じない。L1 と L2 の音韻体系や音声面での実際の隔たりが重要ではなく、学習者が感じる隔たりにより決まる。図1のように、学習者は、インプットとしての音情報が自分の持っている母語体系と照らし合わせて似ているかどうかによって仮定的な音構造を作る。類似していれば母語干渉を受け、類似していないと認識すれば通常の L1 習得過程に入る。学習者は、中間言語を目標言語に向かって絶えず修正、拡大しながら音声を習得するのである。

3. 日独音韻体系の対照研究

まずは両言語の音韻比較をし、どこに干渉が生じうるのかを調べる。学習者が「厳正な類似基準」を当てはめるのは、両言語の相違点が学習者に正しく認識されているかどうかによるところが大きいと思われる。次に対照研究のために音声を音レベル、シラブルレベル、語レベル、フレーズレベル、文レベルといった5つの韻律レベルに分けて論じたい。

3.1 音レベル

ドイツ語と日本語の音韻体系を比較すると、子音は日本語で 19、ドイツ語では 22、母音は日本語で 5、ドイツ語で 16 ある。

詳しく見ると、以下のような相違が見られる。

a) 日本語には摩擦音がドイツ語に比して少ない。唇歯音/f/, /v/や軟口蓋音/x/、口蓋垂音/ʁ/が日本語にはない。また、/s/, /z/, /ʃ/, /ʒ/は両言語にあるものの、日本語では相補分布[3]の関係にある。つまり、/s/と/z/は/a/, /ɯ/, /ɛ/, /ɔ/としか組み合わされない。続く母音が/i/であれば/ʃ/, /ʒ/に変わる。

b) ドイツ語の母音は緊張音・長音、弛緩音・短音のペアを作る: /iː/-/ɪ/, /eː/-/ɛ/, /oː/-/ɔ/, /uː/-/ʊ/, /øː/-/œ/, /yː/-/ʏ/ など（例外は/ɛː/）。日本語にはそ

	両唇	唇歯	歯茎	後部歯茎	後口蓋	軟口蓋	口蓋垂	声門
破裂音	p b		t d			k g		[ʔ]
摩擦音	(φ)	[f] [v]	s z	ʃ ʒ	ç	[x]	[ʁ]	h
鼻音	m		n			ŋ		
側音			[l]					
弾音			[r]	(r)			[R]	
半母音					j	(w)		

表1　□=ドイツ語のみ　（　）=日本語のみ　［　］=ドイツ語/r/の異音[4]

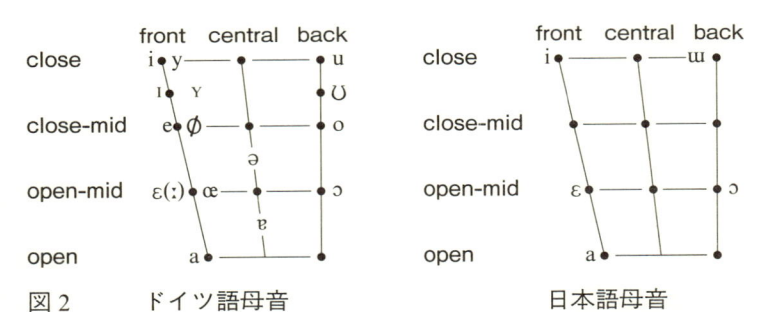

図2　ドイツ語母音　　　　　　　　　日本語母音

(Maddieson, I. 1984. *Patterns of Sounds*. Cambridge: Cambridge University Press.をもとに加筆修正)

の区別はなく、5母音のみである。また、日本語の/ε/音は一つであるため、ドイツ語の/e/, /ɛ(:)/, /ə/, /œ/, /ø:/の代わりに使われる傾向がある。

c) 日本語には円唇性がない。子音の/ʃ/, /ʒ/, /tʃ/, /dʒ/はドイツ語では唇音だが、日本語では唇を丸めたり前方に突き出して発音しない。ドイツ語母音〈o〉, 〈u〉や変母音〈ö〉, 〈ü〉にも円唇性がある。

d) その他側音 /l/、弾音/ r /, /R/、声門破裂音/ʔ/は日本語にはない。

3.2　シラブルレベル

ドイツ語では子音(C)-母音(V)-子音(C)の閉音節構造が主であるのに対して、日本語では90％がC-Vの開音節構造である（窪薗b 66参照）。音韻論的観点から最も単純な形で世界的にも広く分布しているCV構造は、音韻習得上の基本形

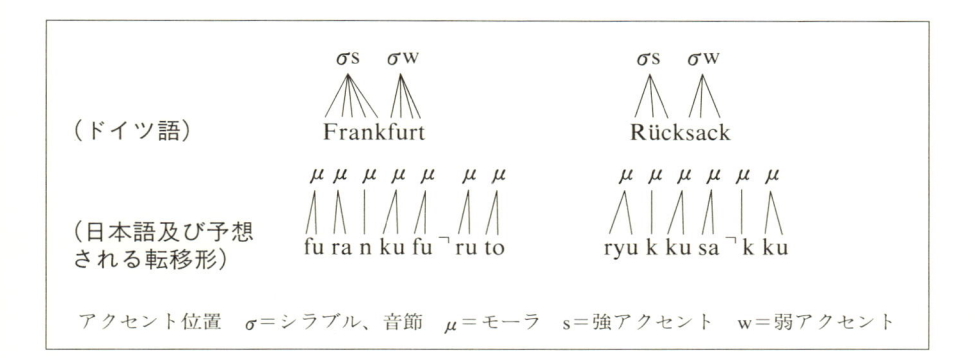

```
                              σs    σw                    σs    σw
                              /|\   /|\                   /|\   /|\
(ドイツ語)                   Frankfurt                   Rücksack

                        μ  μ  μ  μ  μ  μ         μ  μ  μ  μ  μ  μ
                        |  |\ | /|  |\ |         |\ | /| /|\ | |
(日本語及び予想          fu ra n ku fu ⌐ru to     ryu k ku sa ⌐k ku
 される転移形)

アクセント位置   σ=シラブル、音節   μ=モーラ   s=強アクセント   w=弱アクセント
```

であるため干渉しやすい。日本語の CV 構造保持のために子音連続の間に母音が挿入されるといった干渉が起こる傾向が見られる。

ドイツ語では母音の直前に 3 連続子音が、母音の直後に 4 連続子音が許容される。母音直後の 5 連続子音も存在するが、これは特別配置の子音である（2 格語尾の „s" など：Herbts）。

日本語では母音の直前には子音は 1 つしか取れず、母音の直後には撥音、促音など特殊モーラを形成する子音しか現れない：「カン」[ka*n*]、「勝った」[kat:a] など。撥音、促音の長さはドイツ語の /n/ 音や重子音よりも長く、母音直後のモーラ音の長さは、ドイツ語の子音の長さと異なると考えられる[5]。

日本語のシラブルタイプ：(C)(j)V(V)(N/Q)
ドイツ語のシラブルタイプ：(C)(C)(C)V(V)(C)(C)(C)(C)
　　C=子音　V=母音　j=拗音　N=モーラを形成する鼻音　Q=モーラを形成する阻害音

3.3 語レベル

アクセントとは、ある音韻単位につけられるプロミネンスをいい、アクセントのあるシラブルは、他のシラブルよりも卓越している[6]。ドイツ語の語アクセントは音の高さ、強さ、長さ、音質という複数の音響要素のうち主に強さと結びつく。語アクセントのつくシラブルは主に強いが、同時に高く、長く、緊張を伴う。アクセントのつかないシラブルは、相対的に弱く、短く、あいまいな音となる。

日本語では主に高さの変化（高－低）を使ってアクセントを示す。ドイツ語ではアクセントの置かれたシラブルのみを高くし、その他のシラブルは低いが、日本語ではアクセント位置まで高さが維持され、アクセント位置以降の音節は低く

なる（例：コ̄ンピュ̄ータ。語頭にアクセントがなければ、ここで低－高の音変化を伴う。）日本語の外来語アクセントは、後ろから3シラブル目におかれるが、このアクセント形がドイツ語に転移されやすい（例：ハイデルベ̄ルグ、アルバ̄イト）。

3.4　フレーズレベル

日本語では語彙レベルで決められたアクセント形がそのままフレーズ・文レベルでも維持される。アクセントの音響的要素は、語アクセントでもフレーズアクセントでも高さの変化である。ドイツ語では語彙レベルで決められた語アクセントは、フレーズレベルでアクセント位置を変化させるが、この位置は構文上決められている。

　　語レベル：　　　　**alte/Bibliothek**　　　　　ふる̄い／としょかん
　　フレーズレベル：in der alten **Bibliothek**　　ふる̄い　としょかんで

前後の文脈から特定の語にアクセントを置く対比アクセントになると、さらに日独で違いを見せる。ドイツ語ではどの語に相対的な意味を強めるかによりアクセント位置が決まるので、文脈によって通常はアクセントがつかない語にもアクセントが付与される[7]。日本語では助詞の高さを上げることで対比を示すことも可能だが、通常は変化させない。

Wer? **Wir** fahren nach Berlin.　　　　　　watashi⌐tachi-(**wa**) berurin-e iku.
Wohin? Wir fahren nach **Berlin**.　　　　　watashi⌐tachi-wa berurin-(**e**) iku.
Wirklich? Ja, wir **fahren** nach Berlin.　　　so⌐-desu.watashi⌐tachi-wa berurin-e iku.
Fahren Sie über Berlin?　　　　　　　　　watashi⌐tachi-wa berurin-(**e**) iku.
　Nein, wir fahren **nach** Berlin.

3.5　文レベル

イントネーションでは特定の文末ピッチパターンがメッセージを伝達する役割を担う[8]。両言語ともに文末メロディーが上がったり、下がったり、高さを保ったりする点は同じだが、その実現形は異なる。ドイツ語の下降メロディーはアクセント位置を頂点として文末に向かってピッチが次第に下がるが、日本語はアクセントのあるシラブルと次のシラブルで急激な高さの変動があるのみである。以下に音声分析ソフト Praat でピッチを分析した結果を示す。

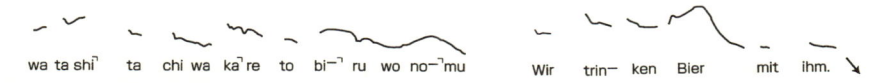

wa ta shi' ta chi wa ka're to bi-¯ ru wo no-¯ mu　　Wir trin- ken Bier mit ihm.

　疑問文では両言語で文末メロディーは上がるが、ドイツ語ではアクセントの置かれたシラブルを起点として文末に向かって徐々に上昇する。日本語では文中の語アクセント形を保ったまま、文末最後のシラブルのみを上げる。

wa ta-shi' tachi to bi-¯ ru wo no mi ma'su ka?　　Trin- ken Sie Bier mit mir?

以下に各音韻レベルと予想される日本語による母語干渉をまとめる。

レベル	予想される日本語からの干渉
音	音素性の転移
シラブル	母音挿入
語	高さアクセントの保持、外来語アクセント形の転移
フレーズ	文脈を考慮に入れず、高さアクセントや外来語アクセント形の保持
文	文中での急激な高－低の変化。疑問文では、最後のシラブルのみを上昇

4. 運動説

　Gehrmannは運動説[9]に基づいた練習をすれば臨界期を過ぎた人でも外国語の正しい発音を身に付けることができると主張する。つまり化石化（不完全な習得形の固定化）の現象はただの習得段階の一ステップに過ぎず、過渡的現象であるため、運動プログラムの訓練によって調音運動が自動化されればこの現象は解消されるとする。人はさまざまな発声器官の調音運動を制御して発音する。発音を学ぶということは、感覚性と運動性の情報を協調させることを身に付けることであり、感覚性情報（視覚、聴覚など）と運動性情報（筋運動など）の結びつけ方を学ぶことで目標言語の正しい調音が身に付く。

5. 音声習得の各段階

　Gehrmannは、発音習得過程には3段階必要であるとする。発音の習得は感覚

性・運動性の情報の習得と密接に結びついているので、学習者は感覚性の情報をもとに自分の調音運動の制御の仕方を段階的に学び、目標言語の正しい発音を身に付ける。一つの処理能力が高まれば次の段階へ進むことができる。ここでは各段階について述べる。

5.1 第1段階: 基本的な協調

5.1.1. 調音器官の協調

L2 にある新しい音の調音運動を試すことから始め、目標言語の調音運動の基本パターンなど L2 の基本的な調音運動を大まかに獲得して第1段階は終わる。学習者の調音運動はまだ完全に L2 のものとはいえないし、母語の干渉は残っていて、調音運動の動きが L2 のものと異なっていたり、過剰・過少適応が起こる可能性がある。

新しい情報の受容・処理能力はまだ未発達なため、感覚運動ではまず視覚器官、加えて聴覚器官の受容を強化する必要がある。つまり十分に視覚的・聴覚的イメージを作り上げてから、L2 の練習を行う。他の感覚器官は情報処理や受容にはまだ十分対応できていないので、この段階で教師側の指摘や修正指示は理解されないし、学習者の自信をなくすことにつながりかねない。

L1 の調音習慣をそのまま受け継いでいるために L1 と L2 の調音点・調音様式が類似する場合に干渉が現れる。したがって干渉が行われやすい音素や L1 にない音やアクセントについて学ぶ。またシラブルレベル以上の音韻レベルで母語と目標言語の両方にあるが、実現形が異なっているものに関しては第2段階で扱う。

5.1.2. 音韻習得

第1段階では、調音器官及びその動かし方を視覚的・聴覚的に提示することが重要である。ビデオ教材（例えば "*Sim sala bim*"）や教科書の中の調音器官の図で調音の動きを見たり、自習用 CD-R 教材（*Phonetik interaktiv* など）を利用すると効果的である。音声習得の第2段階で使われる PC パッケージソフト "*Tell me more*" では調音器官の動きが画面上で見られるので、この部分を見せるのも良い方法である。

なるべく早い段階で個々の調音器官の名称を導入することが不可欠である。音声学の専門書には必ず記載されているし、ネットワーク上でも公開されている調音器官の断面図を利用することも可能であろう（図3参照）。 鏡を使って自分の調音器官の動きの確認や、時には教師自らが唇を丸めるなどしてデモンストレー

図3

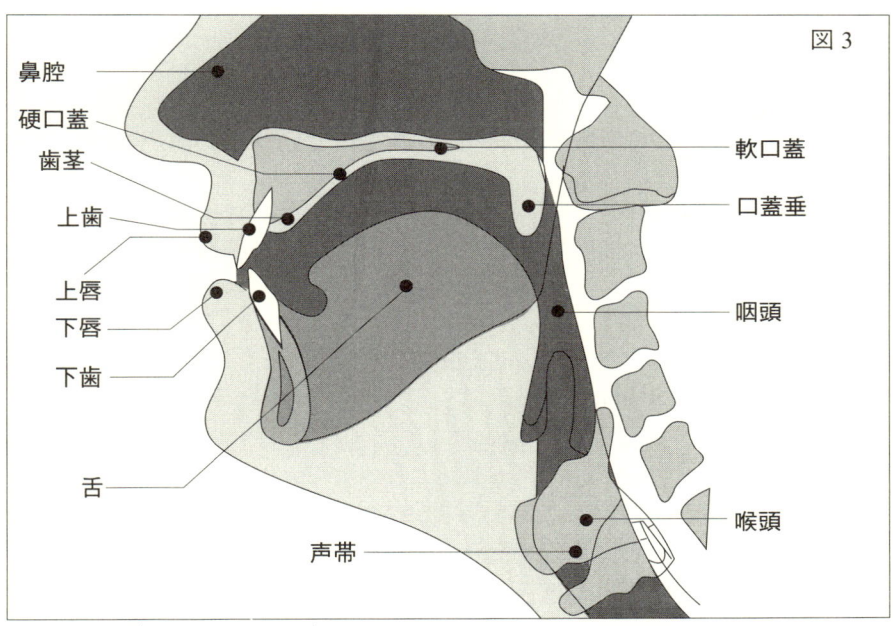

（図中ラベル：鼻腔、硬口蓋、歯茎、上歯、上唇、下唇、下歯、舌、声帯、軟口蓋、口蓋垂、咽頭、喉頭）

ションを行うことも大切である。

L1にない新しい調音運動を獲得することは極めて困難なことであり、以下に挙げる点に注意する必要がある。

a）円唇性

日本語では唇や口をドイツ語のようには動かさないので、後歯茎音 /ʃ/, /ʒ/ や破擦音 /tʃ/, /dʒ/、後母音 ⟨o⟩, ⟨u⟩、変母音 ⟨ö⟩, ⟨ü⟩ の円唇性に注意を喚起することが重要である。

練習例：

非円唇：円唇	/s/-/ʃ/：	Sohn-schon	sein-Schein
	/e:/-/ø:/：	lesen-lösen	Hefe-Höfe
	/i:/-/y:/：	liegen-lügen	Kiel-kühl
変母音（舌の調音位置の移動）	/o/-/œ/：	Gott-Göttin	Tochter-Töchter
	/u:/-/y:/：	Hut-Hüte	Bruder-Brüder
	/o:/-/u:/：	Mond-Mut	Ohr-Uhr

b）帯気性

日本語の破裂音 /p/, /t/, /k/ は気息を伴わない。ドイツ語では英語ほどではな

いにしても語頭で気息を伴う。
　練習例：
　帯気：無気　/p/:/b/, /t/:/d/, /k/:/g/
　　　　　　　Pein-Bein　tanken-danken　Kasse-Gasse

c）摩擦音

　日本語には摩擦音がドイツ語に比して少ないため、唇歯音/f/、/v/は/b/との比較で練習する。また、日本語の両唇音/ɸ/は母音/u/との組み合わせで発音され、それ以外の母音は/h/との組み合わせになるので、/ɸu/と/fu/、〈a-ha〉と〈ach〉の区別は注意を要する。

　練習例：/f/-/v/-/b/：fein-Wein-Bein
　　　　　/f/-/h/：Fund-Hund
　　　　　/x/-/h/：nach her　　hoch

　日本語の/z/は、破擦音/dʒ/に置き換えられる場合が多い。これは、/i/と/z/が組み合わされると/dʒi/となるためであるが、この置き換えはドイツ語話者にとって、日本人の/z/は聴覚的に強いという印象を与える。

　練習例：/z/-/dʒ/：Sinn-Gin　sehr-Manager

d）口蓋音

　日本語には口蓋音/R/, /ʁ/音と軟口蓋音/x/音がない。/x/音は日常会話で口蓋音/x/音になることが多い。/x/, /χ/音を強い息の音だと説明してから、声帯を震わせて有声音の/R/音に移行するとうまくいく場合が多い。

　練習例：ach, ach, ach ⇒ ch, ch, ch ⇒ r, r, r
　　　　　nach Rom　Nachricht

e）〈e〉音

　日本語の〈e〉音はドイツ語の5母音 /e/, /ɛ(ː)/, /œ/, /ə/, /øː/に転移される傾向がある。変母音〈ö〉の〈e〉への置き換えは、辞書のカタカナ表記にも見られる現象であり、日本人にとって〈ö〉は/o/よりも/ɛ/に近いと感じられることがわかる。〈ö〉を/ɛ/のカテゴリーと知覚することは、〈ö〉と/ɛ/の調音点の近似性からも推測できる。前母音の開口度を [iː] から段階的に広げていく練習も有効である。

　練習例：（変母音なし）　　［iː］→［ɪ］→［eː］→［ɛ］→［aː］
　　　　　（変母音含む）　　［iː］→［ɪ］→［eː］→［øː］→［ɛ］→［œ］→［aː］
　　　　　［piː］→［pɪ］→［peː］→［pøː］→［pɛ］→［pœ］→［paː］

[eː] – [ɛ] : B<u>ee</u>t-B<u>e</u>tt W<u>e</u>g-w<u>e</u>g

f) 声門閉鎖音

　語頭の母音には声門閉鎖が起こる。/h/と比較しながら声門閉鎖の感覚を身に付けると良いだろう。

　　練習例：/ʔ/:/h/　<u>au</u>s-<u>H</u>aus　<u>u</u>nd:<u>H</u>und

g) アクセント

　日本語のアクセントは高低のみで表されるため、ドイツ語アクセントの強さ・長さ・音質の変化や、アクセントのつかないシラブルの弱化を学習する必要がある。視覚的にはアクセントのつく母音を太字や下線、点などで際立たせると良いだろう。

　　練習例：Fr<u>a</u>ge　　f<u>a</u>ngen

5.2　第2段階: 正確な協調

5.2.1. 調音器官の協調

　第1段階で習得したドイツ語特有の調音運動が滑らかにできることを目指す。この段階で学習者は個々の調音器官や調音運動が知覚でき、意識的な調整が可能となり、運動性の処理能力がつく。言葉による情報の受容と処理能力が段階的に発達するので、教師による調音運動の訂正や指摘は受け入れやすくなり、音声獲得に重要な役割を果たす。

　この段階では学習が停滞することがあるが、停滞期はあまり長く続かず、学習者が感覚性・運動性プロセスを十分行い、処理能力がつくようになれば次のステップに移ることになる。

5.2.2. 音韻獲得

　個々の音レベルを超えてシラブル、語、フレーズ、文レベルの正確な調整を扱い、両言語に共通な要素ではあるが、実際には異なった形として現れるものを練習する。

　学習者が第1段階で語彙と視覚・聴覚情報を十分に受容した後、自習用PCソフト "Tell me more"[10] での学習を開始すると効果的であろう。最初に教師は簡単な使い方を説明し、学習者は自分のペースで学習する。この教材で視覚的・聴覚的な情報を受け、より正確に調音運動を獲得することを目指す。時々教師側からも指示を個別に出して個人的な弱点の克服に努める。

5.2.2.1. シラブルレベル

　ドイツ語のシラブルは日本語と比べて多様な音節構造を持つが、子音連続は日本語にない構造なので日本語の開音節（CV）保持のための子音間母音挿入をさせないように練習する。子音連続は語中におこる組み合せa）と同時調音が起きた際にできる組み合せb）を区別する。

a） 母音の直前の子音連続は、多くは摩擦音-破裂音の組み合わせである。調音点は前から後ろへ移行する場合が多く、/r/, /l/ との組み合わせが最も多い（Kaunzner118-120）：〈pr, fr, tr, dr, kr, schr, pl, fl, schl, kl, gl〉など。子音3連続では〈sch/s〉＋破裂音＋〈r/l〉もしくは破裂音＋摩擦音＋〈r/l〉の組み合わせが多い：〈spr spl str skr ; pfr pfl〉。

　母音直後の子音群の順列は、母音直前の子音群とは反対の組み合わせである。つまり、後ろから前へ調音点が移動する場合が多い。/r/, /l/ との組み合わせが多いが、/m/, /n/ もそれに続く：〈rks, rtsch, rkt, rft, lft, rst, lst, rscht, rcht, mps, nts, ntsch, mpt, nkt, nft, nst, rps, lps, rts, lts〉など。

b） 子音連続の形成は他に、子音または母音の脱落、連結、同化などの同時調音の際に起こる。

・語末または形態素末では弱母音が脱落することが多い。弱母音が脱落すると /l/, /n/, /m/ などは音節主音の（母音の役割を担う）子音となり、子音連続ながら独立した音節を作る。

　　reden ［reːdən］ → ［reːdn̩］　　Adel ［aːdəl］ → ［aːdl̩］

・子音連続中の t 音は脱落する。

　　Ent͟schuldigung　　has͟t du Zeit?　　Fes͟tsaal

・同化には進行同化と逆行同化があるが、いずれも子音連続を引き起こす。

　　ha͟ben ［bn̩］ → ［bm̩］　　dasselbe ［sz］ → ［ss］
　　an͟ beide ［nb］ → ［mb］　　das Schiff ［sʃ］ → ［ʃʃ］

・弱化の程度により上記の現象が順次現れる。

　　leben ［leːbən］ → ［leːbn̩］ → ［leːbm̩］ → ［leːm̩］

5.2.2.2. 語レベル、フレーズレベル

　アクセントグループ中にアクセントが1つしかないという点は両言語に共通するが、日本人学習者のアクセントは外来語アクセントに固定しがちである。また、アクセントグループをどう捉えるかは、学習者の習得レベルにより異なる。初心者のアクセントグループのシラブル数は少なく、1アクセントグループを1単語

と捉えるが、習得段階が上がるにつれアクセントグループを2単語、3単語と増やしていく。アクセントグループの捉え方を練習することが重要であろう。
習得段階
低い　　　| Ich | habe | eine | Frage. |
↕　　　　| Ich habe　| eine Frage. |
高い　　　| Ich　habe　eine　Frage. |
練習例：
　　　　　| ein　　　　　　　　　Buch |
　　　　　| ein　interessantes　　Buch |
　　　　　| ein schönes interessantes Buch |

5.2.2.3. 文レベル

　文のイントネーションは、語アクセントやフレーズアクセントに重ねる形で表す。文アクセント位置は文構造と結びついているので、文構造を説明しながらピッチカーブを練習することが重要である。平叙文の文末メロディーは、ドイツ語、日本語とも下降調である。

　　練習例：Er leiht ihr seinen Computer. ↘
　　　　　　Er leiht sie ihr. ↘
　　　　　　Computer hat er ihr geliehen. ↘

　日本語の疑問文ではアクセントは保持しながら文末メロディーを最後のシラブルにつける。ドイツ語では、アクセントがつく音はいったん下がり、徐々に上がる。以下にPraatで分析したピッチを示す。

　　ドイツ語の上昇メロディー形：　Ha- ben Sie Piz- za ge- kauft?

　　転移されたメロディー形：　Ha- ben Sie Piz- za ge- kauf t(o)?

　アクセントの転移形を直す練習は、アクセント位置をまずは最後のシラブルに、そして段々と前の方へと移動させると良いであろう。アクセント位置を矢印で文中に示すこともアクセント形を意識させるうえで効果的である。また、日本語のようにアクセント位置まで高さを保持させないことも重要である。

　　練習例：

アクセント音が最後のシラブル：Sind Sie Student?
最後から2番目のシラブル：Haben Sie Pizza?
3番目のシラブル：Haben Sie Bleistifte?
4番目のシラブル：Haben Sie Pizza gekauft?

5.3　第3段階：正確な協調の安定化とさまざまな場面に対応できる能力

　第2段階で習得した調音運動の動きを使って、どのような場面でも調音器官を動かせることを目指す。学習者は特に意識して発音しなくても個々の調音運動が自動的に制御される。調音運動はさまざまに変化する環境においても安定した発話ができる。

　この段階の到達目標は調音運動の安定化と自動化である。したがって学習者にとって自分の発音の適切な評価と調音運動の細部にわたる指摘が必要である。会話、演説、小説朗読などのように異なった表現スタイルにおいても調音運動が対応できるようにする。

5.3.1.　音韻獲得と練習材料

　最後の段階は、第1・第2段階の応用である。日独対照により得られた音韻体系の違いなどはすでに習得されているので、個々の状況で個別的に指導することが必要である。学習者は、日常会話に限らず、口頭発表、朗読、親しい人との会話、よく知らない人との会話など異なった表現形式でのさまざまな状況に見合った発話スタイルを習得する。それぞれの具体的な状況下でどの発音が適切なのかを学ぶことになる。この場合はパートナー練習、グループワークを取り入れた練習も重要になる。

6.　最後に

　外国語を用いてコミュニケーションを行うということは、その前提として良い発音、理解されやすい発音を獲得していることにある。発音が良いとコミュニケーションがうまくいくだけではなく、その人のドイツ語運用能力が高いと評価され、社会の中での発言力が増すと言われる。本稿では、母語干渉による体系的な音韻構造上の違いを提示することからはじめた。発音は母語干渉の知識がないと説明することも理解されることも困難である。発音教育を行うには教師側と学習者側の理論的な理解が前提となっている。目標言語の音声を獲得するためには、

視覚的・聴覚的な情報から入り、新しい音や音構造を受容して処理し、運動刺激へと変える。この一連の協調運動を訓練することが発音教育であるとする「運動説」は、従来からの発音教育の手法や順番と大きく異なる理論といえよう。今後は、段階的な練習問題を提示していきたい。

注
1) 臨界期仮説によると、2歳から始まった言語獲得能力は、12歳で完了するとされる（Lenneberg 参照）。
2) 学習者が母語にある音に置き換えて発音することを「負の転移」または「干渉」という。
3) 相補分布とは、同じ音環境に現れない分布をいい、例えば/ɸ/は「ふ」の場合しか現れず、その他の母音では/h/との組み合わせになる（「は、ひ、へ、ほ」）。
4) 近年では、南部ドイツで/r/が、北部ドイツでは/R/及び/ʁ/が使われる（Grassegger 48 参照）。
5) 日本語のコーダ子音（母音の後の子音）はドイツ語と違い、一定の長さをもつ単位である。この子音は、日本語の母音とほぼ同じ長さであり、日本語の等時性を保つための基本的単位である（窪薗 18）。たとえば „Amerika" では日本語でもドイツ語でも同じ分け方であるが、それはコーダ子音がないからである。„Bonn" や „Lotto" を例にとると „Bonn" ではドイツ語のように1シラブルとはみなされず、"bo"と"n"の2モーラと捉えられ、同じく „Lotto" の場合では „tt" を1モーラ分の長さで発音する。この重子音は長音記号つきで表記される：［t:］。
6) 日本語のアクセントタイプは「高さアクセント」であり、ドイツ語は「強さアクセント」である。アクセント、イントネーション、文末メロディーなどを超分節音素といい、語や文が持つ意味を正しく伝えたり、感情を加えるなど理解の助けになるので、コミュニケーション上重要な要素である。
7) ドイツ語ではアクセントはアクセントグループの中の一つに付与される。中立的なフレーズ・文のアクセントでは、自立語（名詞、形容詞、動詞など）にしかつかない。一つのフレーズ・文に自立語がいくつもある場合は、最後の自立語にアクセントが置かれる。日本語では語アクセントはフレーズや文レベルでも保たれる。ドイツ語では中立的なアクセントと対比アクセントを区別する。中立的なアクセントは、文構造に依存し、対比アクセントは通常アクセントが置かれない語やシラブルにもつけられる。フレーズ・文アクセントは、ドイツ語では語アクセントと違い、高低の音響的要素を用いる。日本語では語アクセントレベルで決められた高低アクセントを変えない。つまり、ドイツ語では文脈や状況によりフレーズ・文中の語にアクセントの移動があるが、日本語では状況その他によるアクセントの移動は見られない。
8) イントネーションの働きとしては平叙文と疑問文を区別する文法的機能、話し手の気

持ちを表す心的態度機能、談話における情報構造や新・旧情報を示す談話機能がある。
9) 運動説（motor theory）は、Liberman & Mattingly(1985)が「人は、発話するときには自分の調音器官の動きをもとに音声知覚を行っているので、自分で発音できないものは聞き取ることもできない」と唱えた。Gehrmann(1999)は、Meinel/Schnabel(1987)が提案した運動生理学をもとにこの理論を導き出した。あるスポーツをマスターするためには筋肉の制御の仕方を学ぶように、発音習得でも運動性協調を学ぶことが重要であるとする。それにはまず感覚性情報の取り込み方を学び、その後で感覚性・運動性過程を学習すると効果的だとする。
10) "Tell me more"は自習用のソフトである。学習用パッケージになっており、発音のみならず書き言葉や話し言葉の言語能力、文法、語彙、聞き取りを開発するために作られている。発音練習にも適しており、手本となるモデルが吹き込まれているが、学習者が自分の声を吹き込むことで自動的にどこが違っているかのチェックをするとともに評価をしてくれる。音声分析ソフトであるオッシログラムやピッチカーブなども同時に表示される。

参考文献

窪薗晴夫 a（1995）：『語形成と音韻構造』柴谷他編集「日英語対照研究シリーズ（3）」くろしお出版

窪薗晴夫 b（1998）：『音声学・音韻論』「日英語対照による英語学演習シリーズ1」くろしお出版

窪薗晴夫/本間猛（2002）：『音節とモーラ』研究社

小池生夫編集主幹 a（2003）：『応用言語学事典』研究社

小池生夫監修 b（1998）：『第二言語習得研究に基づく最新の英語教育』大修館書店

白畑知彦他（1999）：『英語教育用語辞典』大修館書店

西光義弘編集（1997）：『日英語対照による英語学概論』くろしお出版

Breitung, H/Eichheim, H.（1995）: Erklärung zur Stellung der Phonetik im Bereich Deutsch als Fremdsprache. In: *Fremdsprache Deutsch* 12, 5.

Dieling, H./Hirschfeld, U. a（1995）: *Phonetik lehren und lernen. Fernstudienangebot*: Erprobungsfassung 2/95. Langenscheidt.

Dieling, H./Hirschfeld, U. b（2000）: *Phonetik lehren und lernen.* Fernstudieneinheit 21. Goethe-Institut. München: Langenscheidt.

Flege, J. E. a（1991）: A critical period for learning to production: The relevance of phonetic input to L2 phonological learning. In: T. Hueber & C.A. Ferguson（eds.）*Crosscurrents in Second Language Acquisition and Linguistic Theories*. Amsterdam. pp.249-289

Flege, J. E. b（1992）: Speech learning in a second language. In: C. A. Ferguson/L.Menn/C. Stoel-Gammon（eds.）. York Press.

Flege, J. E. c (1995): Second language speech learning: Theory, findings, and problems. In: W. Strange (ed.). *Speech perception and linguistic experience*: Issues in cross-language research. York Press.
Gehrmann, S. (1999): *Sprechen als Tätigkeit*, Universitätsverlag C. Winter.
Grassegger, H. (2001): *Phonetik Phonologie*. Idstein. Schulz-Kirchner Verlag.
Helbig, G./Götze, L./Henrici, G. (eds.) (2001): *Deutsch als Fremdsprache. Handbücher zur Sprache- und Kommunikationswissenschaft* Bd. 19. 2.
Hirschfeld, U. (1997): Welche Aussprache lehren wir? In: *Jahrbuch Deutsch als Fremdsprache 23*, pp.175-188.
Hirschfeld, U./Reinke, K. (1998): *Sim, Sala & Bim. Übungsbuch zur deutschen Phonetik*. München: Langenscheidt. (Video).
Hirschfeld, U./Stock, E. (eds.) (2000): *Phonetik interaktiv*. CD-Rom. Langenscheidt.
Kaunzner, U. A. (1997): *Aussprachekurs Deutsch*. Julius Groos Verlag.
Kelz, H. P. (1999): Phonetische Übung und sprachliche Kreativität – Übungsformen im Aussprachetraining. In: *DaF Heft 3, Y.36*, pp.131-134
Kohler, K. J. (1995): *Einführung in die Phonetik des Deutschen*. Berlin: Schmidt.
Lenneberg, H. (1967): *Biological foundations of Language*. John Wiley & Sons.
Liberman, A. M/Mattingly, I. G. (1985): *The motor theory of speech perception revised*. Cognition, 21, pp.1-36.
Meinel, K./Schnabel, G. (1987): *Bewegungslehre – Sportmotorik: Abriß einer Theorie der sportlichen Motorik unter pädagogischem Aspekt*. Berlin: Sportverlag.
Ramers, K. H. (1998): *Einführung in die Phonologie*. München: Fink.
Wiese, H. (1994): Integration des Transfers in eine Theorie des Zweitsprachenerwerbs. In: *Info DaF 21, 4*, pp.397-408.
Wode, H. a (1974): Natürliche Zweisprachigkeit: Probleme, Aufgaben, Perspektiven. In: *Linguistische Berichte 32*. pp.15-36.
Wode, H. b (1985): Zweitsprachenerwerbsforschung im Rückblick. In: Eppeneder, R. (eds.): *Lernersprache: Thesen zum Erwerb einer Fremdsprache*. München: Goethe-Institut. pp. 7-66.

第2章　学習者中心の外国語授業をめざして
　　　――カリキュラム、教科書、教授法――

『スツェーネン　場面で学ぶドイツ語』のコンセプトと教授法

外国語授業の構造的問題と効果的授業構築
　― 使いやすい教科書と E-メールを利用した授業経営 ―

コミュニカティブ・アプローチに基づくドイツ語授業
　― 教材、教授方法と学習者の意識 ―

学習者自身による『授業の記録』導入の試み

外国語教育における文化社会学習
　― 知識伝達型から学習プロセス重視型へ ―

『スツェーネン 場面で学ぶドイツ語』のコンセプトと教授法

佐藤修子

> 学習者中心／到達目標／コミュニケーション能力の養成／四技能／授業時間数／イラスト／テーマと場面／文法／発音／語彙／ランデスクンデ／授業形態

1. はじめに

　最初に本稿で取り上げる『スツェーネン 場面で学ぶドイツ語』出版の経緯について、簡単に述べたい。1994 年 3 月、北星学園大学言語教育センターで、外国語の教育目標と各言語の到達目標が設定された。「積極的に異文化理解を深め、他民族とコミュニケーションを図ろうとする態度を養うとともに、総合的な言語運用能力を身につける」ことを教育目標とし、この教育目標に沿って、現実の条件下で具体的に到達可能な各言語の目標を定め、94 年度以降新しい授業を展開することになった。ドイツ語教育では、言語の体系的知識の習得を目標とする従来の教師主導の授業から、言語をコミュニケーションの手段と意識し、伝達能力の養成を目標とする学習者中心のコミュニカティブ・アプローチによる授業への転換を試みた。

　教科書は教授法と密接に関わる。学習者の言語活動を中心に置く教科書を使って、教師が説明し知識を与えるスタイルの授業をしても、うまく機能せず、教える側と学ぶ側双方に不満が生じるだろう。他方、文法シラバスによる従来の練習形式の教科書は、学習者中心のコミュカティブな授業の展開には不向きで、教師主導の授業になりやすい。日本の教科書は、会話を目的としたものでも、文法シラバスによる構成で、文法の進度が速く語彙や練習が限られ、学習者同士の練習を積み重ねていく授業展開が難しい。ドイツ語圏で出版されている教科書はコミュカティブな授業を前提としているが、日本の学習者にはあまり必要のない語彙や情報が多く、文法の進度が遅い。

このような日本とドイツ語圏の教科書を使用した経験を基に、本学の教育条件と学習者のニーズに合わせて自主教材を作成し、その使用経験を活かしてこれを書き改め、1年次に使用する統一教材として1998年に『スツェーネン 場面で学ぶドイツ語』を出版した。初版刊行後にドイツ語の正書法の改定や通貨のユーロへの移行等があったので、ドイツ語圏の実情に合わせた改訂を行い、2001年『スツェーネン1 場面で学ぶドイツ語〈新訂版〉』を刊行した[1]。

北星学園大学での外国語履修は選択必修2年間8単位であるため、初級後半向け教科書『スツェーネン2』を2000年に出版した。扱う文法が次第に高度になり、テーマによって内容にも広がりが出てくるため、10課構成となっている。その後、授業のテンポや学習者の動機づけを考慮して構成を12課に変更し、文法項目を減らし、また練習を多様化するなどして、2004年に『CD付き スツェーネン2 ニューバージョン』を出版した。

本稿では、『スツェーネン1』（CD付き）及び『スツェーネン2』（オリジナル版及びニューバージョン）の目標と対象、構成、授業形態、内容等について、具体例を紹介しながら論ずる。

2.『スツェーネン1』と『スツェーネン2』の目標と対象

包括的な目標は、ドイツ語コミュニケーション能力の養成であり、「聴き、話し、読み、書く」という四技能の習得である。他方、具体的な到達目標は、一般に学習者のニーズと学習時間によって決まる。例えば、ドイツ語圏で出版されている教科書は、現地で生活することを前提とし、成人を対象とした基礎段階では、Zertifikat Deutsch を目標に360〜420時間（45分授業を1時間に換算）の学習時間を想定している。形式的な文法学習に限って言えば、日本の大学で教えている文法項目が出揃うまで360〜420時間必要ということになる[2]。

日本の大学での初習外国語の授業時間数は、多くても週2回2年間8単位の約200時間（90分授業を2時間に換算、1学期25回とした場合で、実質的には150時間程度）だが、8単位履修は減少傾向にあり（近藤7、16参照）、週2回1年半の6単位履修あるいは1年間の4単位履修の大学が多く、授業時間数は150時間ないし100時間となる。ドイツ語圏の教科書が前提としている20名以下の少人数クラスの授業[3]を基準に考えると、平均30〜50人（近藤7-9参照）の日本の大学の外国語授業では、学習者一人当たりの実質的授業時間数はかなり少なく

なるだろう。

　このような状況を踏まえ、『スツェーネン1』は、日本でドイツ語を学ぶ文法知識のない初心者を対象とし、90分授業週2回1年間（4単位）の時間数で習得可能な範囲のドイツ語運用能力を到達目標とし、学習者が身近な日常生活に関わることをドイツ語で理解し、簡単なドイツ語を使って表現できるようになることを目指している。それに対して、『スツェーネン2』は、『スツェーネン1』で扱っている語彙や表現及び文法を学習した者を対象とし、『スツェーネン1』と同様90分授業週2回で1年間の学習時間を想定している。日本人学習者が興味を持ち、ドイツ語圏に旅行した時やドイツ語圏の人々と話す機会に役立つようなテーマや場面を軸に、より広い文脈で語彙や表現を学ぶようになっている。また、文法に関しては、日本の大学のドイツ語学習で必須とされている項目を扱い、文法構造が持つ機能に相応しい場面や文脈の中で、実際に使用可能な文型を通して習得していくことを目指している。

3.　各課の構成

　まず、『スツェーネン』各巻全体の構成だが、『スツェーネン1』及び『スツェーネン2 ニューバージョン』は12課から成り、各課は6〜8頁で90分授業4回（45分授業8回）を想定している[4]。『スツェーネン2 オリジナル版』は、各課8頁の10課構成で、90分5回の授業を想定している。

　次に各課の構成の概略を述べる。各課の最初の扉頁には、その課のテーマに関連し、練習に繰り返し使う語彙をイラストと共に提示している。イラストは日本語を介さずに語彙や表現を学習させるために利用しているが、その課で何を学ぶかが一目で分かるという効果が期待できると同時に、文字による圧迫感を抑える心理的効果もある。イラストによって必要な語彙や表現を見つけることを容易にすることで、教科書に参考書としての役割も付加することが可能となる。

　本文の見開き4〜6頁には、対話を中心に、聴き取り、読解、作文の課題等、四技能を養うための練習をさまざまな形で配置した。各練習には、キーセンテンスによる見出しがつけてあり、テクストの内容、あるいは場面や状況がわかるようになっている。『スツェーネン1』の対話部分の見出しが本文と異なり、"Sie"を使った文となっているのは、対話が学生同士による"du"を使うものが大半なので、見出しで"Sie"の形のキーセンテンスを提示したためである。

本文頁でも可能な限りイラストを挿入している。対話では発話者の関係を、また聴き取りや読解では場面や状況を言語による説明なしに把握できるための工夫である。場面や状況を適切に表現したイラストがあれば、本文を理解する助けとなり、説明の時間を省くことができ、言語習得のための練習がより充実されると考える。また、学習者が目標言語を使ってイラストを描写するという練習も可能である。語彙関連のイラストでは、練習の際、学習した語彙をイラストで提示することで、語彙を覚えることを促し、繰り返し使うことによって定着を図ることができる。

本文頁の紙面に余裕のある場合は、テーマに関連したドイツ語圏情報を日本と対比して掲載し、それまで学習した知識を使って情報を読み取り、またその情報を使って発話する練習を設けている。

見開きページ両端に設けた側注欄には、初出の単語や文法事項を本文の横に並べて提示し、意味や簡単な文法説明を付している。練習に必要な関連語彙やドイツ語圏事情の補足的説明等も載せ、学生が教師の説明がなくても、ある程度自分で学習できるようになっている。

最終頁では、その課の中心的文法項目をまとめ、例文付きで簡潔に説明している。練習を通して学習した文法を整理し、知識として体系的に理解できるよう、項目の一部しか学習しない場合でも全体を提示している。例えば、人称代名詞は1課では1・2人称しか練習しないが、1課の文法頁には、全ての人称代名詞をまとめて掲載している。頁に余裕のある場合には、テーマと関連させた文法問題や、ゲーム、ドイツ語圏情報等を載せ、本文では扱えなかった形態での練習を導入している。

4. 授業形態

「学習者が授業の中心であり、教師は学習の援助者」というのが、この教科書の教授法の基本的考え方である。すなわち、練習の中心は学生同士の言語活動であり、いろいろな相手と様々な形で互いに話したり聴いたりする練習を通して言語を習得するという方法で、ペア作業、グループ作業、インタビュー、クラスでの発表等で言語を使用しながら習得して行くことを目指す。

例えば、ペアでの対話練習では、例にならって語彙を入れ替えながら対話を繰り返し、語彙と文型の定着を図る。また、タスクシートを使った練習では、相手

が持つ情報を聞き出し、自分の情報を相手に伝えるという言語活動を通して、言語の使い方を習得していく。他方、グループ作業は、単調になりがちなペアでの対話練習をグループにすることで活発化でき、ペア以外の相手とも話す機会を作る。シートを使ってクラスを歩き回り、できるだけ多くの人から情報を集めるインタビューは、さらに多くの人と言語活動を行う機会となる。対話やインタビュー結果をクラスで発表させることも、1対1の対話から多くの聴衆を前にした発話練習、聞く側には聴き取り練習となる。

このような学生同士の作業形態の他に、教師と学生との対話や個人作業などを加え、授業全体にバランスよく組み入れることで、学習者の言語活動を中心とし、変化に富んだ授業を展開することができる。

5. 内容

5.1 全体の枠組み

学習者が個人を中心に、教室、学校、家族、日本、ドイツ語圏の国、世界というふうに社会文化的場面を移動しながら、それぞれの場面で、伝達目的に応じた言語機能を繰り返し使い、段階的に言語を習得していくという考えに立って、『スツェーネン』は構成されている。例えば、『スツェーネン1』の1課では、ドイツ語圏の国での教室あるいは学校という社会文化的場面で、人間関係を築くために必要な挨拶や、互いに知り合うといった言語機能に相応しい語彙や文型を学習する。教科書全体では、文法の持つ伝達機能（例えば、関係文は事柄を説明する機能を持つ）に合わせてテーマと場面を選び、文法の難易度や使用頻度及びテーマを扱うに相応しい時期等を考えて、既習の語彙や文型を繰り返し使用しながら段階的に言語が習得できるように配列した。

『スツェーネン1』と『スツェーネン2』の文法の扱い方に違いがあることに触れておきたい。『スツェーネン1』では、前に学習した語彙や文法が、後の課の前提となっているが、『スツェーネン2』では『スツェーネン1』で学習した語彙や文法が前提となっている[5]ものの、必ずしも前の課の言語知識が前提となっていない。『スツェーネン2』では、授業時間が少ない場合、学習者の興味によってテーマを選ぶことができるので、時間数に応じた授業展開が可能である。

5.2　テーマと場面及びテクストの舞台

　テーマや場面として、『スツェーネン1』では学習者が授業中に目標言語を使って容易に活動できるよう、伝達目的や内容を見つけやすい学習者に身近な日常生活を選んだ。学習者に身近といっても、対話や聴き取り、また読み物のテクストの舞台を日本にしてしまうと、ドイツ語圏事情を自然に取り入れて行くことが難しくなる。ドイツ語学習を容易で自然なものにするために、テクストの舞台はドイツ語圏に設定している。言語習得には、できるだけ多く目標言語に触れること、母語による解説ではなく、言語習得の過程を通して目標言語の文化や習慣を知ること、そして、目標言語で日本のことを表現できるようになるためにも、日本語の発想から離れることが必要といえる。

　『スツェーネン1』の対話の舞台[6]はドイツのフライブルクが中心である。しかしながら、授業中の練習では、ドイツが舞台であることはあまり意識されず、学生同士が日本にいる自分達のことをドイツ語で表現するようになっている。また、場面によっては、自然な発話を促すため、ごくまれではあるが、日本が舞台となる場合もある。他方『スツェーネン2』では、日本人学生が興味を持ち、練習で学習者に言語活動を行う動機を起こさせ、ドイツ語圏に滞在した時に実際に役立つようなテーマや場面を選んでいる。フライブルクが背景にはあるが、場所が必ずしも特定されないドイツ語圏が舞台で、言語習得に必要な日常レベルでの文化や事情を学べるようになっている。

5.3　文法

　コミュニケーション能力の養成が目標であれば、文法知識自体は授業の目的や到達目標ではなく、言語習得の補助手段と考えられる。目標言語が自在に運用できるようになれば、文法そのものは意識されなくなるだろう。文法は母語話者が言語運用に際して無意識に使いこなす、隠れた言語能力といえる。『スツェーネン1』の前半、1～6課までの文法の中心は、動詞の現在人称変化である。動詞が中心とはいえ、かなりの名詞や前置詞も学習する。名詞の性と定冠詞については2課で学習し、1格や4格を少し使うことはあるが、冠詞の格変化（1・4格）を体系的に学習するのは7課になってからである。6課までは、動詞と共に冠詞を必要としない名詞の使い方を主に学ぶ。専攻科目、学習言語、趣味、食事、家族などのテーマで、基本的な規則及び不規則動詞を繰り返し使う。ここで扱う動

詞句だけでもかなりのことが表現できるようになることを目指している。また、自然な言語運用では文法が複雑に組み込まれているため、『スツェーネン 1、2』共に、課毎に練習する文法や文型をいくつかに絞り、他の文法項目は説明せずに表現として使わせ、後の文法が持つ機能に相応しい場面やテーマで、集中的に練習するようにしている。

　語彙を学習する際、単語、即ち単なる動詞だけではなく、動詞が必要とする名詞や前置詞句を動詞と一緒に扱い、動詞句として提示し練習させる。名詞、前置詞、動詞を個々ばらばらに学習し、文法規則に従って作文しても、組み合わせが間違っていれば、道具として機能しないからである[7]。例えば、図1は4課の例である。1課で「自己紹介」をテーマに1、2人称単数の動詞変化を学び、2課で3人称単数及び複数の動詞変化を、3課で「専攻や言語」をテーマに1、2人称複数の動詞変化を加えて全ての人称について学んだ後、4課では「趣味」をテーマに集中的に動詞を学習する。Dialog 1 で動詞句を不定形で導入し、Dialog 2 とその後の練習対話で、この動詞句を使った文型と人称変化の練習をする。

　『スツェーネン 1、2』全体を通して、日本の大学の文法授業で学ぶべきとされる項目を網羅し、テーマ及び場面と言語の機能を関連づけ、難易度と使用頻度を考慮して配列している。『スツェーネン 1、2』の各巻末には、本文頁の文法事項を補足し、文法の概略を表にしてまとめているので、学習者は必要に応じて文法を確認できる。

5.4　発音

　最初の授業をアルファベットの導入から始めるかどうかは、学習者の関心や教師によるが、『スツェーネン 1』では、1課の Dialog 3 にスペルを言わなければならない場面が出てくるので、そこで導入するのが自然であり、学習者に対してアルファベットを覚えさせる動機づけができる。紙面の都合でアルファベットを本文頁に掲載していないが、目次の後にアルファベットと基本的な発音を記した「文字と発音」の頁がある。最初の授業でアルファベットと発音の基礎を教えることを意図しているのではなく、言わば参考書的に使えるようにした[8]。母音の唇の形と舌の位置については、わかり易く図示し模倣できるようにした。

　発音については、最初に個々の単語を提示して全体の音韻体系を講義し、その後で具体的に使う言語の学習に入るよりも、実際に学習している対話の中で、繰り返し出てくる音や間違いやすい発音に注意を向けさせ、場面やテーマ、また他

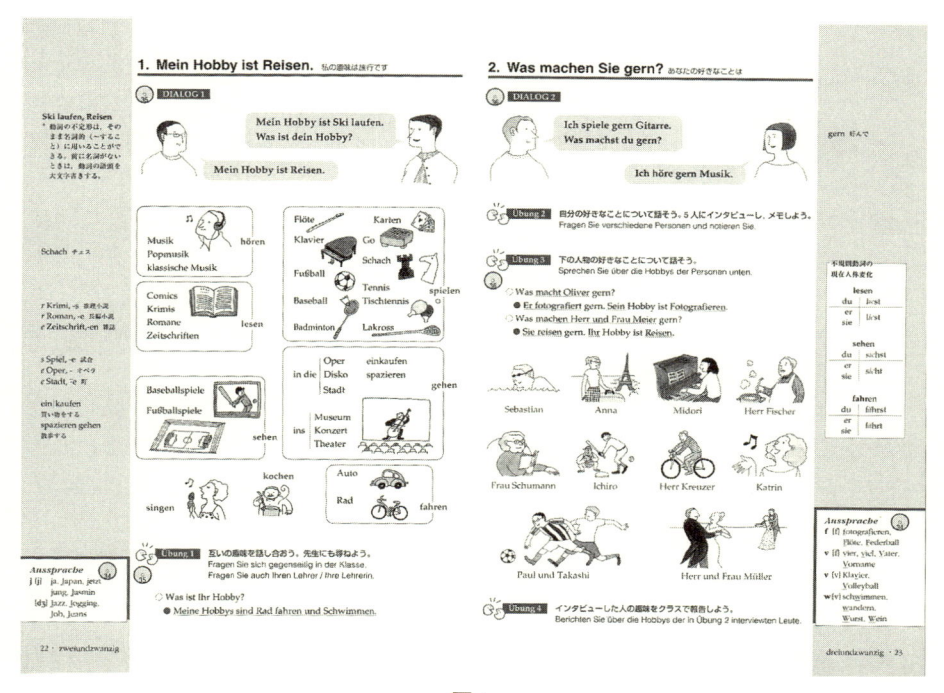

第2章　学習者中心の外国語授業をめざして—カリキュラム、教科書、教授法 ────77

図1

の語彙との関連で、覚えるべき語や文を使って練習する方が効果的である。『スツェーネン1』の1〜5課では、基本となる発音を学習語彙と関連づけ体系的に側注欄に記載し、CDに収録した（図1側注欄参照）。他にも、学習を始めてからできるだけ早い時期にアクセントとイントネーションに注意を向けさせるために、学習事項と直接関連するアクセントとイントネーションの問題を、聴き取り練習の形で『スツェーネン1』の1〜3課で採用している。

5.5　語彙

テーマの導入となり、練習でよく使う語彙は、各課の扉頁にイラストと共に掲載してある。この新しい語彙と既に学習した文型を使えば、表現を広げることができると同時に、文法事項の復習もできる。例えば3課の扉頁（図2）では、2課で学習した国名と文法（3人称単数）の復習をしながら（Woher kommt der Mann/die Frau?—Er/Sie kommt aus ...）、各国人を表す語彙と各言語の語彙の導

入ができる。次に11課の扉頁（図3）を見てみよう。この課のテーマは「休暇に何をしたいか」で、学習する文法が話法の助動詞であることは、本文頁冒頭タイトルのキーセンテンスから読み取ることができる。語彙を導入する際には、4課で学んだ趣味の言い方を復習し、本文で休暇の予定について話すときには、4課で学習した語彙を使って話題を広げることができる。

　扉頁のほかに、本文見開き頁には、対話練習に必要な語彙をグループごとにまとめて載せている（図1参照）。また、辞書で調べることに時間を割くのを避けるために、対話や読み物に初出の語がある場合には側注欄に和訳を付し、さらに、学生が練習問題や日本について作文するのに必要な未習の語彙は、関連語句または応用語句として練習の横の側注欄に載せてある。

　参考書として使うことも考えて、比較的多くの語彙を掲載しているが、全ての語彙を話せる、あるいは書けるようにする必要はなく、学習者が各自必要とする語彙を習得すればよいのであり、話したり書いたりできる語と、聴いたり読んだ

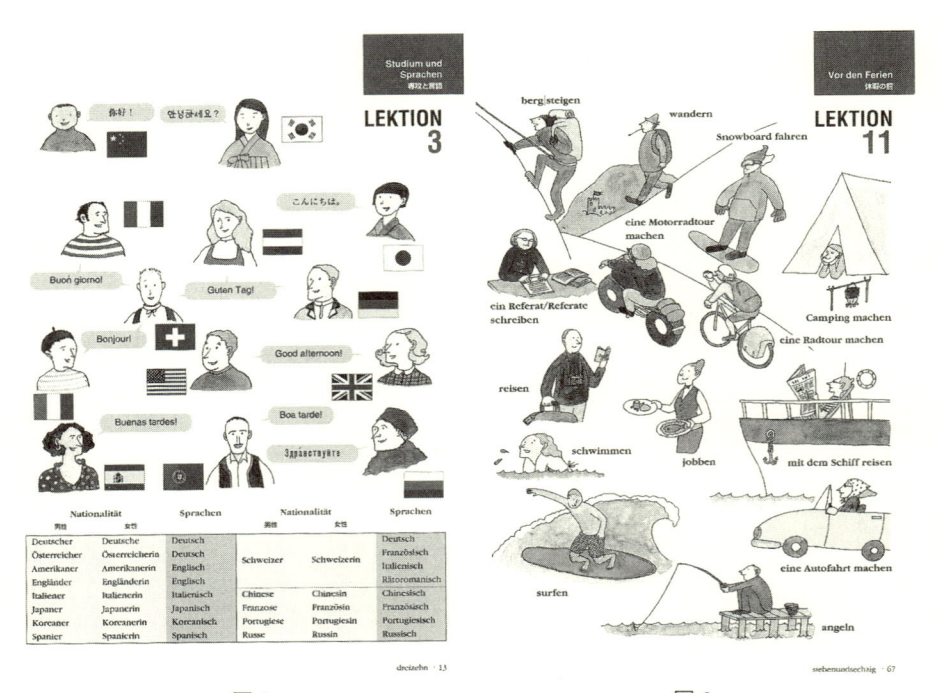

図2　　　　　　　　　　　図3

りして理解できる語とを区別すれば、学習の負担が軽くなる。学習動機を起こさせる授業では、学習者は伝達目的をもった言語活動（練習）に積極的に取り組み、各自が伝達に必要な、教科書には提示されていない語も知りたがる。ドイツ語学習が辞書引きに終わらないために、初級段階では語彙とその使い方を教師が教えたほうが効率的であると考える。和独辞典には、学習者が言いたいことをドイツ語で的確に表現する方法が分かるような記述がなく、日本語からドイツ語の単語を探し出し文法知識を駆使して作文しても、伝達機能を果たさない間違った文を生産してしまうという問題がある（Gellert 187 参照）。初歩の段階では教師が個人の必要に応じて、語彙や表現を教えるほうが効果的だろう。

『スツェーネン』には、ドイツ語圏で出版されている教科書に付属しているような語彙集は今のところ存在しない。理由は、ドイツ語圏の教科書ほど語彙数が多くないこと、テーマや場面とイラストを頼りに単語を見つけられると同時に、その語がどのような文脈や文型の中で使われるかが分かるからである。意欲のある学習者が、まだ学習していない先の課から、語彙や文を見つけ出して使うこともできる。しかしながら、学習者が必要としている実際に役立つ和独辞典のような機能を備えた語彙集は、今後の課題である。ただし、学習者の自律的な学習のためには、早い段階で辞書の引き方を教えておくことも重要なので、『スツェーネン1』の2課と4課の「文法のまとめ」の欄に、辞書の引き方を教える手がかりとして、辞書の一部分を載せた。

言語習得の要は語彙の習得であるが、重要な語彙は必然的に多くの場面で繰り返し使われるように配慮されているので、次第に定着する。

5.6　ランデスクンデ

日本の初級教科書では、ドイツ語圏事情を日本語で紹介している例が多いが、言語運用は文化と深く関わるので、目標言語でランデスクンデを扱う方が効果的と考え、『スツェーネン』では、日常文化レベルのランデスクンデが対話文や読み物等、練習そのものに含まれるようにしている。また、可能な限り写真を掲載した。『スツェーネン1、2』共、目次にはテーマに合わせたカラー写真を課毎に付け、内容を把握し易くした。『スツェーネン2』のオリジナル版では1課の前にカラーと白黒の写真頁を設けたが、ニューバージョンではカラー頁を活かす形で5課と6課の間に見開きの写真頁を設け、その後の頁には次の6課のテーマ「贈り物」と12課「年末年始」に関連する情報をイラスト付きで載せ、練習問題

と共に補助教材として使えるようにした。

『スツェーネン 1』では、語彙数や文法知識が少なくても利用できる情報源として統計を使い、対話、聴き取り、作文等の練習材料としている（佐藤 50-69 参照）。他方、『スツェーネン 2』のテーマの多くは、ランデスクンデを扱ったビデオと内容が重なっており、テーマの導入や聴き取り練習、また発話の契機等に補助教材としてビデオを使用すると、学習者の興味を引きつける授業が展開できる[9]。

5.7 四技能と練習課題

5.7.1. 聴く

学習開始から自然な速さとイントネーションの目標言語をできるだけ多く聴かせる必要があるが、あまり速すぎると、初めて学ぶ者には理解できないし、後をつけて発音することも難しい。音声を聴いて自主的に学ぶことができるように、不自然にならない程度のゆっくりした速度で収録された CD が添付されている。学習者の自律的学習に役立つよう、本文の対話や読み物や聴き取り問題だけでなく、可能な限り語彙や練習用の短い対話なども収録した[10]。

紙面の限られた教科書に、必要かつ十分な聴き取り練習を収めることは難しいので、話す練習のための CD 同様、聴き取り練習用の CD があることが望ましく、今後の課題である。

「聴く」訓練を補強するために『スツェーネン 2 ニューバージョン』では、解答の選択肢をイラストで提示する試み（図 4）や、ドイツ語圏のドイツ語能力検定試験を考慮して、短い対話の聴き取り問題を増やすなどの工夫をした（図 5）。

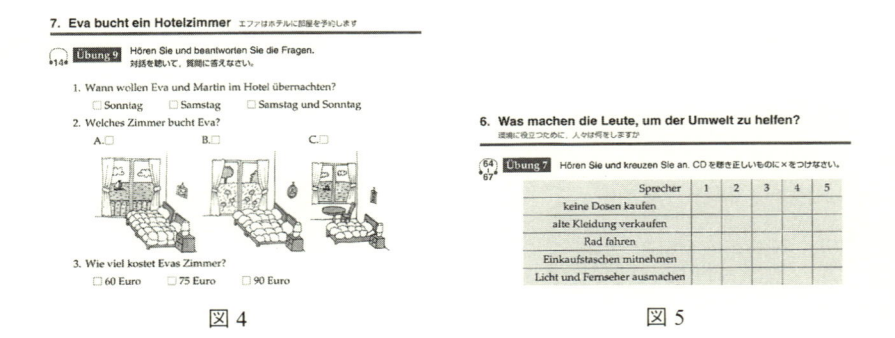

図 4

図 5

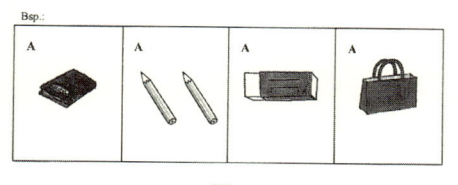

第2章　学習者中心の外国語授業をめざして―カリキュラム、教科書、教授法 ――― 81

5.7.2. 話す

コミュニケーション能力、特に「話す」という言語能力では、まず相手の話すことを聴いて理解することが前提であり、CDに収められた聴き取り練習だけではなく、教室で教師やクラスメートが話すドイツ語を理解することも、聴く能力に含まれる[11]。

話す練習の中心は、吹き出しに提示されている対話の一部の語を入れ換え、文型や文法を使いこなせるようにすることである[12]。『スツェーネン1』は短い対話なので、できるだけ教科書から離れ、書かれた文字に頼らずに話せるようになることを目指す（図1参照）。その他の練習として、タスクシートを使ったペア作業（図6）やカードを使ったグループ作業（図7）、教室でのインタビュー（図8）やその結果の発表など、さまざまな話す訓練の方法が考えられる。

図6

図7　　　　　　　　　　　　　　　図8

5.7.3. 読む

読む能力の養成では、書かれている内容、重要な情報を読み取ることが目標であり、正誤判断、文を正しい順に並べる、質問に答える、文と文を結ぶ等の練習を通して、内容を理解したかどうかを確認するだけで、文法解釈や訳読は課さない（図9〜12）。母語への翻訳には、目標言語の能力に加え、洗練された日本語能力が求められる。日本語で内容理解の確認をすることが必要な場合もあるが、

翻訳は学習言語の四技能の習得とは別の次元の能力であろう。

　テクストを読む練習は、基本的には個人作業の黙読であるが、各自が読み終わったあと、疑問があれば、教師に質問したり学生同士で話し合ったりして解決する。内容について学生に疑問文を作らせるなどの課題は、話したり書いたりするためのよい練習になる。

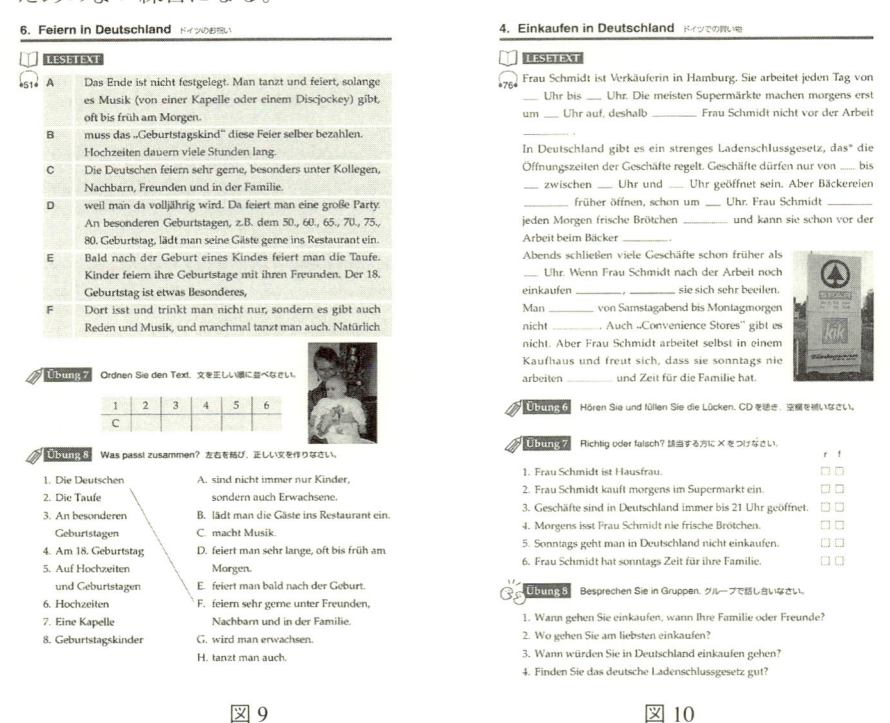

図9　　　　　　　　　　　　　　　　図10

5.7.4. 書く

　作文の課題は、授業のまとめとして、さまざまな形で宿題として課すことが可能で、添削によって学習者一人ひとりの理解の度合いを確認し、今後の授業展開の参考にすることができる。例えば、口頭練習した対話文をいくつか書かせる、インタビュー結果を作文にまとめる（図6、8）、読み物の例にならって自分のことあるいは日本について作文する（図11、12）、既習の語彙や文型を使って与えられたテーマで作文する等の課題は、学習者の四技能の到達度を確認する目安となる。

第2章　学習者中心の外国語授業をめざして—カリキュラム、教科書、教授法　　　83

5. Ein Brief aus Berlin ベルリンからの手紙

Berlin, 5. Mai 2004

Lieber Michael,
( ) Hast du auch Sachertorte gegessen
( ) Ich bin jetzt in Berlin.
( ) Dann bin ich auf den Flohmarkt gegangen.
(1) wie geht es dir?
(2) Wie war es in Wien?
( ) Liebe Grüße und bis bald!
( ) Gestern habe ich den Reichstag besichtigt.
( ) und Heurigen getrunken?
( ) Die Kuppel ist faszinierend! Es waren viele Menschen da.
( ) Und heute möchte ich ins Mauer-Museum gehen.
( ) Hattest du Sonne?

Dein Takashi!

Übung 7　Bringen Sie den Brief in die richtige Reihenfolge.
Schreiben Sie auch einen Brief von einer Reise.
手紙を正しい順に並べなさい。あなたも読者から手紙を出さなさい。

図 11

3. Restaurants in Deutschland ドイツのレストラン

LESETEXT

In Deutschland gibt es sehr viele China-Restaurants, aber man kann auch italienisch, griechisch, türkisch, japanisch oder indisch essen. Es gibt auch viele Eis-Cafés. Im Sommer sitzt man gerne draußen auf den Restaurantterrassen. Man zahlt am Tisch. Für Freundlichkeit und Bedienung gibt man meist noch Trinkgeld. (Zwischen 5 und 10 Prozent der Rechnungssumme.) Wenn man nicht viel Zeit hat, isst man eine Wurst oder einen Döner Kebab im Imbiss oder ein Brötchen auf der Straße.

Übung 4　Wie ist das in Japan?
Schreiben Sie.
日本のレストランについて書きなさい。

図 12

viel たくさんの
〔郊外語の語尾変化
→83ページ〕
griechisch ギリシャの
türkisch トルコの
indisch インドの
sitzen 座る
draußen 外に
e Freundlichkeit 親切
e Bedienung サービス
meist たいてい
s Trinkgeld チップ
e Rechnungssumme
合計金額
wenn もしーであれば
〔従属接続詞→26ページ〕
r Döner Kebab 羊肉の
スライスと野菜のトルコ風
サンドイッチ

応用語句
an der Kasse
レジで

6.　おわりに

　日本の大学のドイツ語教育では、文法学習の後、読解、作文または会話といった目標別の授業をすることが多い。しかしながら外国語の習得には時間が必要であり、限られた時間を有効に使うには、文法学習を目標とする授業をやめ、読解や会話などの言語運用能力の養成と関連づけて文法を教えたほうがよい。

　『スツェーネン』では、言語運用能力の四技能習得の中に文法を組み込んだが、90分授業週2回2年間（8単位）の時間数で、今まで求められてきた学校文法の全てを扱うには、かなり無理がある。言語運用能力を目標にすれば、平均的なドイツ語の授業時間数90分授業週2回1年（4単位）で学習可能な文法は、目的に応じて取捨選択されるべきであり、量的にも制限されるべきである。

　どのような授業をするかは、教育目標及び到達目標による。文法の体系的知識を学んだが、ドイツ語は運用できないままに終わるか、僅かの文法知識しかないが、日常生活レベルのことをごく簡単なドイツ語で表現できるようになるか、いずれを選ぶかの問題だろう。

注
1) 改訂に際しては、実際に授業で使用した経験を活かし、より使いやすい内容に編集し直すことはもとより、採用された先生方を対象にアンケートを実施し、その結果を参考にした。この改訂では、課数を減らし12課構成にし、イラストによる情報や練習を増やす、アクセントやイントネーションの聴き取り問題を加える、入門段階でも使用できる

統計を使ったランデスクンデを入れるなど、授業にバリエーションが加わる工夫をした。2002年からは、学生が音声教材を自習時にも使えるようCDを付けた。練習や印刷の不備等、細かいところでは常時改善しているが、基本的に内容は変わっていない。

2) Themen aktuell では、基礎段階が終るまで30課あり、1課に12〜14時間必要としている（Hueber社のカタログ Deutsch als Fremdsprache. Programm 2004, 23頁参照）。Themen neu を使った経験では、2年間8単位の授業時間数では Themen neu 2 の3分の1（全部で13課）程度まで学習可能（学習意欲のある学生で少人数、練習を減らした場合）だが、日本の学校文法で扱う非人称のes、過去、関係文、受動態、接続法、zu不定詞句等の文法項目などはまだ出てこない。

3) Tangram 1A, Lehrerbuch の IX 頁には、机と椅子の配置の仕方が図示されているが、学習者数は16人である。

4) 「一つの単元を終えるのにどれぐらいの授業時間を当てるかについては、最大限の時間枠を設定するにとどめ細かく規定しないほうがよい」（M.フィノキアーロ/C.ブラムフィット 96）。

5) 『スツェーネン2』では、目次の後に『スツェーネン1』で学習した語彙や文型を文脈のあるテクストの形で練習問題としてまとめてあり、学習者が自ら言語能力の一部を確認できるようになっている。

6) 『スツェーネン』では、本文全体を流れる登場人物を中心とした物語というものを放棄している。物語には内容を知る楽しさはあるが、テーマや場面が特殊なものに限定され、また、テクストに初めからある程度の長さが必要になる。長いテクストは、内容理解に時間を要し、文法説明や解釈の授業に陥りやすい。言語習得ための練習は、テクストの中から一部の文型を取り出し、テクストの文脈から離れて行うことが多くなる。第三者の物語の中に使われている文型を、場面や文脈と無関係に練習しても、どこで使えるかが学習者には分からず、学習動機を喚起しにくい。

7) 母語話者が使いこなす文法には、本来こういった語彙や語句の適切な組み合わせ規則や、場面に関連した適切な表現規則等も含まれる。ドイツ語圏の教科書では、このような広い意味での文法を多く学ぶため、学校文法で扱う形式的な規則を学び終えるまでに時間を要する。なお、本稿では「文法」という用語を学校文法を基本に用いている。

8) アルファベットには、手書きの文字を読んだり、学習者自身も筆記できるようにドイツ語の筆記体も付記してある。また、『スツェーネン1　ワークブック』には筆記体の練習を入れた（1頁）。特殊文字（特に「ß」）の正しい書き方は教える必要がある。

9) 補助教材として使用できるビデオ：*Alltagsleben in Deutschland*. Goethe-Institut. 1994; *Einblicke. Ein deutscher Sprachkurs*. Inter Nationes・Goethe-Institut. 1998; *Hallo aus Berlin*. BBC・Goethe-Institut・Max Hueber Verlag. 2000; *Hallo München*. Hakusuisha. 1993; *Was feiert der Deutsche?* Internationes.（Fronleichnam/Einschulung 1994, Alemanische Weihnachten in Gaggenau 1995, Abitur 1995, Fasnet/Ostern bei den Sorben 1996）等

10) トラック数が限られるため、いくつかの対話を頁毎に、数頁にわたる発音のまとめを

課毎に、1トラックにまとめざるを得なかった等、不便な点もある。発音練習用のCDを別に作成することも、現在の日本の教科書出版状況では難しい。
11) 教師は、できるだけドイツ語を使い、学習者がドイツ語を耳にする機会を多く与えることが望ましい。
12) 『スツェーネン1』は、ある場面ないしテーマでの一問一答またはその繰り返しによる短い対話を、語彙を入れ換えて発話練習し、学習した文型を積み重ねていくことによって、次第に長い対話や作文が可能になるよう構成されている。『スツェーネン2』でも、文法や語彙の「話す」能力の習得は、対話による入れ換え練習を基本としている。しかしながら、ここで提示される対話は5～12文の長文で、学習者がそれに倣って自由に対話を作文することにより、対話のやり取り（文と文との繋がり）を学んでいくことを目指している。

参考文献

Baldegger, M./Müller, M./Schneider, G. (1989): *Kontaktschwelle Deutsch als Fremdsprache*. Europarat. Berlin: Langenscheidt.

Bausch, Karl-Richard/Christ, Herbert/Krumm, Hans-Jürgen (ed.) (1991): *Handbuch Fremdsprachenunterricht*. Tübingen/Basel: Francke.

Gellert, Anne (2003): Wörterbucharbeit im Anfängerunterricht — Vorschläge für Übungen und Aufgaben zur Makrostruktur. In: Duppel-Takayama, M./Gellert, A./Hug, S./Weber, T.: *Deutschunterricht an japanischen Universitäten. Eine Standortbestimmung*. München: Iudicium.

Helbig, G./Götze, L./Henrici, G./Krumm, Hans-Jürgen (ed.) (2001): *Deutsch als Fremdsprache. Ein internationales Handbuch. 2. Halbband*. Berlin, New York:Walter de Gruyter.

Heyd, G. (1997): *Aufbauwissen für den Fremdsprachenunterricht (DaF). Ein Arbeitsbuch*. Tübingen: Gunter Narr.

Huneke, H-W./Steinig, W. (1997): *Deutsch als Fremdsprache. Eine Einführung*. Berlin: Erich Schmidt.

Kast, B./Neuner, G.(ed.) (1994): *Zur Analyse, Begutachtung und Entwicklung von Lehrwerken für den fremdsprachlichen Deutschunterricht*. Berlin, München, Wien, Zürich, New York: Langenscheidt.

Neuner, G./Krüger, M./Grewer, U.(1981): *Übungstypologie zum kommunikativen Deutschunterricht*. Berlin, München: Langenscheidt.

Storch, G. (1999): *Deutsch als Fremdsprache. - Eine Didaktik*. München: Wilhelm Fink.

Slivensky, S. (1996) *Regionale Lehrwerkforschung in Japan*. München: Iudicium.

近藤弘（研究代表者）(1999)：『ドイツ語教育の現状と課題　―アンケート結果から改善の道を探る―　「ドイツ語カリキュラム改善・開発のための基礎的研究」調査報告』

佐藤修子（2001)：「入門・初級授業とランデスクンデ」森田昌美編『ランデスクンデ再考、

総合的言語学習に向けて――学習目標、教材、教授法――』日本独文学会研究叢書006

M.フィノキアーロ/C.ブラムフィット（織田　稔/萬戸克憲訳）（1987）:『言語活動中心の英語教授法――F-N アプローチの理論と実際――』大修館書店

Alke, Ina/Dallapiazza, Rosa-Maria/von Jan, Eduard/Maenner, Dieter (1998): *Tangram 1A. Deutsch als Fremdsprache. Lehrerbuch*. Ismaning: Hueber.

Aufderstraße, H./Bock, H./Gerdes, M./Müller, H. (1983): *Themen 1. Lehrwerk für Deutsch als Fremdsprache*. Hueber.

Aufderstraße, H./Bock, H./Müller, H./Müller, J. (1984): *Themen 2. Lehrwerk für Deutsch als Fremdsprache*. Hueber.

佐藤修子/伊藤祐紀子（1998）:『スツェーネン　場面で学ぶドイツ語』三修社

佐藤修子/伊藤祐紀子（2001）:『スツェーネン1　場面で学ぶドイツ語〈新訂版〉』三修社

佐藤修子/伊藤祐紀子（2002）:『CD付きスツェーネン1　場面で学ぶドイツ語〈新訂版〉』三修社

佐藤修子/伊藤祐紀子/Heike Papenthin/Ute Perz（2000）:『スツェーネン2　場面で学ぶドイツ語』三修社

佐藤修子/伊藤祐紀子/Heike Papenthin/Ute Perz（2003）:『CD付きスツェーネン2　場面で学ぶドイツ語』三修社

佐藤修子/下田恭子/Heike Papenthin/Gesa Oldehaver（2004）:『CD付きスツェーネン2　場面で学ぶドイツ語　ニューバージョン』三修社

佐藤修子/下田恭子/Heike Papenthin/Gesa Oldehaver（2004）:『スツェーネン1　場面で学ぶドイツ語〈新訂版〉ワークブック』三修社

外国語授業の構造的問題と効果的授業構築
— 使いやすい教科書と E-メールを利用した授業経営 —

山本洋一

> 教科書／教材開発／学習体系／授業経営／モティベーション／学習不安／達成感／携帯電話／E-メール

1. はじめに

　外国語教育にたずさわる教師たちの多くは、これまでになく特殊かつ深刻な課題が多層的に入り組んだ今日の教育現場において、それぞれ種々の困難に対処しながら、常によりよい授業の構築を目指している。筆者は、現行の教育システムではそのほとんどが大学に入って初めて学ぶことになるドイツ語（新修外国語・初修外国語）の担当であるが、教える言語の種類にかかわらず、大学で教鞭を執る〈同業者〉の間でしばしばきまって話題に上るのは、大学大綱化の流れのなかで減少してしまった授業時間数についての悩みや、学生の基礎学力やモティベーションの問題などである。そうした状況にあっては、効果的な授業を成立させるための教材開発や授業経営上の戦略は、教育の現場にいるだれもがよりいっそう真摯に取り組むべき共通課題となっている。

　本稿では、これらの問題とそれに付随する関連現象をいくつかのポイントにしぼって整理した上で、効果的な授業構築へのアプローチを、教科書内容と授業経営戦略の観点から考察しようとするものである。ただし、その際に紹介される教科書作成における試みや授業経営上の工夫の事例に関しては、筆者の担当言語であるドイツ語に特化した記載内容となる場合があることを付記しておかなければならない。しかしながら、これから述べることは、英語を含めたどの外国語学習にも共通の問題性を内包しているだけでなく、ひいては外国語教育の枠を超えて、大学におけるいかなる授業にも少なからず関連するものであると考えている。

2. 大学の外国語授業が抱える構造的問題

　1991年に大学審議会から文部大臣に対してなされた一連の答申のうち「大学教育の改善について」と題された部分は、いわゆる〈大綱化〉の名の下にその後の大学教育における一大改革の端緒になったことは周知の事実である。そして、この改革のうねりがまず初めに顕在化したのは、恐らく国立大学の教養部解体であったろう。この答申には、「一般教育の理念・目標は、大学の教育が専門的な知識の習得だけにとどまることのないように、学生に学問を通じ、広い知識を身につけさせるとともに、ものを見る目や自主的・総合的に考える力を養うこと」と記されており、その内容は一見すれば、〈一般教育〉の重要性は〈専門教育〉に比べていささかも引けをとるものではないと読めなくもない。しかしながら、その一般教育を主に担う母胎であったはずの教養部は、現実には軒並み解体してしまうことになるのである。というのも、答申では一般教育の理念や目標を明示した一方で、実際の授業内容がそれとは乖離していることや、一般教育と専門教育との有機的関連性の欠如も問題視され、その結果〈専門教育〉と〈一般教育〉の垣根が取り払われたからであった。

　かつて教養課程と専門課程の間に、ある区切りが厳然として存在した時代には、外国語や一般教育科目の教師にとっては、自分の担当授業の存続もある程度保証されていたと言える。しかし、双方の授業内容を有機的に関連づけるということになって、例えば一般教育科目群の中に専門教育的内容を持つ授業が新たに加わったり、専門教育科目そのものを入学直後から履修できるシステムが導入されるなどの変化も生じた。その結果として、特に外国語科目に関しては、卒業に必要な取得単位数の枠が相対的に抑えられるという事態や、場合によっては英語以外の外国語を履修しなくとも卒業できるようなシステムさえ出現するに至った。また、かろうじて命脈を保つことができた新修外国語に対しても、専門科目担当者からは自分たちの科目分野に直結するような授業内容に変更するよう要求された現場もあったようである。こうして外国語科目は、授業時間数やコマ数での制約を受けた上に、授業内容構築の点でも、その担当教員の裁量権までが著しく阻害されることとなったのである。

　ひとつの独立組織として、一般教育のイニシアチブをとる教養部のようなセクションがもともと存在していた国立大学においてすら、こうした状況に至ったわ

けであるから、そもそもそのような組織が存在しなかった大学の場合、問題はもっと深刻であった。とりわけ地方の中小私立大学などでは、国立大学で行われている改革の方向性だけが導入され、カリキュラム改変の矛先がまず初めに手をつけやすい外国語に向いてしまったところも少なくない。

　日本独文学会ドイツ語教育部会は、1997年と1998年に全国のドイツ語履修者（有効標本数2831名105大学分）とドイツ語教師（回答数1330）そして大学・学部（回答数595：ただし329大学分で、同一大学の複数学部は別個算出）に対して、ドイツ語を中心として外国語教育の現状に関する詳細な調査を実施している。その調査報告『ドイツ語教育の現状と課題』によれば、大学設置基準改定以降1997年度までに新カリキュラム導入済みもしくはその後導入予定の大学は、回答のあった308大学中およそ93%という結果が出ている（近藤他11-12参照）。さらにそこでは、58%の現場で大綱化以前と比べて外国語の科目数に減少傾向が見られたというのである。また、ドイツ語の開講総コマ数についても同様で、わずかでも減少傾向が見られた現場は全体の半数以上あった。これは明らかに、学生たちが外国語を学ぶ機会が、制度的にも少なくなってしまったことを意味するものである。

3. 外国語学習者のモティベーション形成

　学習機会の減少してしまった外国語教育の現場で、次に問題になるのは、学ぶ側の目的意識であろう。というのも、学生のモティベーションは、効果的授業経営にとって、きわめて大きな影響を及ぼす要素のひとつだからである。もっとも、いつの時代も学生のモティベーション欠如を憂える教師の嘆きが途絶えたことが無いという事実からも、現在より授業時間に余裕があった時代でも、これが常に深刻な問題であり続けていたことがうかがえる。しかし、カリキュラム改変による授業時間の減少が現実のものとなった今、学生のやる気を喚起しながら授業をすすめていかなければならないという現状のもとでは、これは以前にも増して重視されるべき問題と言えよう。

　ところで、言語学習のモティベーションについては、他の言語コミュニティーとの相互交流やそこへの同化を目的とした言語学習欲求である〈統合的動機〉と、報酬や言語コミュニティー内での仕事の確保など功利的目的のための言語学習欲求である〈道具的動機〉の二つに分けて考えたGardnerとLambert（1972）の

分類法がよく知られるところである。しかし、英語とフランス語の二つの言語コミュニティーが共存するカナダをその研究対象とした彼らの定義は、日本人による外国語学習のコンテクストにそのまま当てはめることは難しい。多くの場合、必要に迫られてではなく、学校教育のひとつの科目として外国語を学び始めるわれわれ日本人の言語学習の問題に言及するには、自らの意思によって自分のために努力し、その行動自体から喜びや満足を得るような行動欲求としての〈内発的動機〉と、何らかの報酬を得たりもしくはそれが達成されなかった場合の罰を回避するなどの外発的な行動欲求としての〈外発的動機〉の存在（Deci）にも着目しなければならないだろう。その観点から言えば、ハンガリーの英語学習者を対象とした Dörnyei（1996）の研究が参考になる。彼は上記の言語学習モティベーション要素の他に、さらに〈ゴール設定〉〈自信〉〈達成の必要性〉〈コースへの興味〉〈教師への興味〉などを加え、実際の授業においていかにして学習者を動機づけるかという教育学的アプローチの必要性も重視し、われわれの学習様態により合致した考えを提供している。

　例えば、日本の中学生の英語学習を考えてみると、日常的に英語を使用するコミュニティーが身近に存在しないこの国では、彼らのなかに〈統合的動機〉が発生することはないし、将来、社内昇進の条件として英語力が必要になる可能性を知っていたとしても、英語を学び始める前の小学生や学び始めたばかりの中学生が、それを〈道具的動機〉にまで高めることも考えにくい。彼らの多くは、ただ単に必修であるという理由で新科目である英語を学ぶことになるだけで、英語必要論のような現在の社会的コンテクストを背景にした学習の有効性が理解されているということと、個人的レベルの現実問題としての学習の必要性は、教育現場におけるさまざまな努力にもかかわらず、未だ乖離したままなのではないだろうか。モティベーションが言語学習の成功をもたらすのか、言語学習がモティベーションを生み出すのかわからないという指摘（Ellis）もあるように、彼らの場合は、制度的に学び始めた英語という外国語の学習途上で、この言語自体またはそれを使用する人々やその生活文化圏などに対するさまざまな興味を抱きつつ、外国語を学ぶことのおもしろさや重要性を認識し、それをさらに学ぶためのモティベーションを新たに形成していくのだと考える方が、むしろより現状に即していると言えよう。英語が好きな中学生に関しての、「特に目的意識はないけれど、英語学習そのものへの興味が学習の動機づけとなっている場合がある」（垣田他21）との分析は、まさに日本の外国語学習シーンにおける初期段階の典型的状況

を示唆している。

　さて、日本の大学生が新修外国語を学び始める状況は、ある意味で中学生が英語学習を開始するときのそれとさほど異なるものではないと認識すべきである。そもそも新修外国語は、現状においては英語とは比べものにならないほど関連事前情報の少ない言語であるために、大学生ですらそれを話す国や地域そしてそこに暮らす人々に関する予備知識などほとんどないことが多い。それにもかかわらず、彼らは入学直後の履修登録に際して、また場合によっては既に入学手続きの際に、いくつかの選択肢のなかから半強制的に選択させられているからである。筆者がかつてドイツ語初級クラスにおいて、ドイツ（語圏）に関する簡単な知識やイメージをたずねるアンケート調査（経済学部・工学部　大学1年生4クラス200人対象 1992年）を実施したところ、例えば知っているドイツ人名を3人まであげさせる問題では54人（27%）が全くの無回答であったし、ドイツの通貨単位（当時はマルク）を質問した際の正答率は55%止まりだった上に、無回答者も74人（37%）にのぼった。また、ドイツに関して知っていること（もしくはイメージすること）を5つまであげてもらう設問では、5つ全て記入した者がわずかに15人（7.5%）だったのに加えて、全く無記入の学生が78人（39%）もいた。また、その後数回にわたって同様の調査をしてみたが、結果はほぼ同じままであった。質問内容が漠然としすぎて答えにくかったのだとしても、これでは学生たちがドイツ語やそれを話す地域や人々に対して、興味を持ちあわせているかどうか量りかねるだけでなく、ドイツ語を学ぶきっかけ自体が形成されていたのかどうかさえ不明である。

　こうした状況下では、〈統合的動機〉はもとより〈道具的動機〉や〈内発的動機〉の発生も考えにくい。実際にドイツ語を学び始めたとしても、せいぜい単位取得が進級や卒業の要件なので仕方なく勉強するという程度の非常に消極的な意味での〈外発的動機〉が、試験前になってようやく生じるくらいであろう。しかし、当該科目が必修でなくなれば、この〈外発的動機〉すら生まれるべくもないことは明白である。『ドイツ語教育の現状と課題』でも、ドイツ語履修の理由に関して、「ドイツ語圏に関心がある（25%）」「将来役に立つとおもう（18.5%）」「学習をした経験がある（2%）」などの積極的な動機を既に持っていると思われる学生（計45.5%）がいる一方で、「他の外国語より楽しそう（15.6%）」「勧める人がいた（13%）」といったモティベーションの有無が量りかねる者（計28.6%）と並んで、何より「履修が義務だから（13.9%）」「特に理由はない

（6％）」とモティベーションが形成されているとは思えない学生が全体の約2割を占めるという調査結果が報告されている（近藤他58参照）。

確かに積極的な動機を持つ学生数は、一見すればその対極にいる学生に比べて優位を保っているようでもあるが、これはそれほど楽観すべき結果とは言い難い。というのも、全体の約3割を占めるモティベーションの有無が不明な学生たちの動向を考慮に入れなければならないからである。他の外国語より何となく楽しそうだと期待して、また他人から勧められてドイツ語を勉強し始めた彼らが、例えば〈独文和訳だけの授業なんてつまらない〉、〈辞書をひかされてばかりで負担だ〉、〈何をやっているのか全くわからない〉などと感じたら、途端に彼らの学習意欲は減退し、初めからモティベーションを持ち合わせていなかった学生たちと同化してしまう可能性もある。その結果、モティベーションが希薄な学生の方が学習意欲を見せていた学生よりも多くなるという、きわめて深刻な事態をまねきかねないことを、教師たちは十分に認識しておく必要があろう。特に新修外国語の教師たちは、こうした実情をふまえた上で、常に学生のモティベーションを喚起し、それを持続させるような授業経営が求められていると考えるべきなのである。

4. モティベーション喪失の要因と教科書

現場の教師たちは、既に最初の学期途中で授業を放棄する学生の存在を知っている。学び続けようとする意欲が何らかの原因で消滅したということであろうが、昨今の履修システムのなかで単なる選択科目として設定される傾向にある新修外国語の授業では、初期段階でのモティベーション喪失は、そのまま授業欠席から学習放棄に直結する危険性を大いにはらんでいる。例えば、筆者が担当した1999年度から2002年度までの初級ドイツ語では、授業の途中放棄者は8クラス（計約300人）で合計25人だったが、彼らが授業を欠席し始めた時期は、そのほとんどが5、6月に集中していた。彼らを学習放棄に向かわせないためには、とりわけ授業開始から10回目くらいまでの初期段階に、彼らの期待に応えながら新たなモティベーション形成を促す授業戦略を、普段以上に心がけるべきだったのだろう。

『ドイツ語教育の現状と課題』でも、そのような学生たちに、学習意欲喪失の原因についてたずねている（近藤他62参照）。その結果、「教材」をあげた学生

が 22％と最も多く、ついで「授業内容」と「授業方法」とした者が共に 18％ずつ
いた。確かに、「教師に問題あり（15％）」を理由にあげる学生も少なくなかった
という事実には一考の余地があろうが、これには個人的な好みやその他の主観的
要素が影響していることも考えられなくはない。しかし、教師が提供する授業内
容やそしてなによりそこで使用される教材に対する不満は、それに比べれば相当
程度客観的判断がなされた結果であると考えてもよいのではないだろうか。

　垣田他が、「学習意欲、動機づけの問題は、教授過程においてのみならず、よ
り本質的には、教材のレベルにおいても検討されなければならないであろう。ど
の教材を選択するかで、学習意欲を喚起するか否かが決定されるといっても過言
ではないからである。」（垣田他 58）と指摘している通り、使用教材とモティベ
ーションは切っても切れない関係にある。ところで、教材と言っても、一般の教
科書に始まってプリントやマルチメディア系の副次的教材に至るまで、今日では
様々な形態が考えられる。しかし、「国内のドイツ語教科書」の使用率が 93％で
あるということと、全国の 9 割以上の教師がここで言う「教科書」を使用してお
きながら、この内の 8 割の人間が何らかの意味でそれに不満を抱いているという
事実（近藤他 30-31）に依拠して、ここでは〈日本語で書かれたドイツ語教科
書〉に焦点を当てることにする。

　さて、教科書に対する教師側からの不満は、本人の年齢やキャリア、現場の環
境などの影響からか、きわめて多岐にわたっているし、「網羅的で詳細に過ぎる
（6％）」という意見がある一方で「簡略化しすぎている（13％）」という不満もあ
って、内容面でもひとつの傾向を見出すのは難しい。しかし、教科書を簡単だと
考える教師が詳しすぎると考える教師の二倍も存在するという現実を、逆に授業
や教師に対する学生からの主だった要望である「授業はもっとゆっくりと
（37％）」や「授業内容をもっと簡単に（26％）」（近藤他 67）と突き合わせたとき
に、双方の認識に大きなずれを感じないわけにはいかない。無論、学生たちにも
〈甘え〉がないとは言えないし、そのような彼らに迎合することが得策であると
は思えない。しかしながら、現状認識を捨象したところに、好ましい教科書や効
果的な授業が存在するとも到底考えられない。

　ところで、よく言われるように、教科書というものは、実際に使ってみないと
その良し悪しがわからないことが多い。決して個人的な好みの問題などではなく、
実際の授業で使い始めてからその使い勝手の悪さに気づかされるような教科書も
少なくない。筆者が自分で教科書を作ろうと考えるに至った契機は、まさにこの

点にあった。そして特に、前述のような授業の時間的制約下では、より効率的な授業構築が求められるにもかかわらず、そこで使用される教科書には、その要請に逆行すると思われる以下のような問題点が見られるものも存在するのである。

　第一に、前述の通り詳細すぎる点である。もし一冊の教科書を一年間でやり終えるとしたら、わずか二十数回しかない授業で使うにしては、教えるべき事項が盛りだくさんな教科書が少なくないように思われる。「たとえば文法などの場合、1年間で『教科書1冊は！』とか『一通り終わらせたい』という教員の気持ちによって、無意識のうちに学生の理解の程度に配慮が不足する状況を生み出してはいないか、検討が必要だろう」（近藤他 67）とも言われるように、全てを教え終える使命感に駆りたてられて、学生の理解が追いつかないままに猛スピードで授業をこなす教師のもとでは、学生への負担は増大するばかりである。減少傾向にある授業時間を考慮すれば、初習者用の教科書に網羅すべき文法事項も、従来掲載されていた内容の取捨選択も含めて、学会レベルでの再検討が必要であろう。ただし、これは個々の文法説明を単に簡略化したり、教えるべき文法事項をむやみに削減するという短絡を意味するものではない。文法的知識を段階的に積み上げていく際の、必要最小限かつ最重要ポイントの設定や、学習に要する時間を一年に限定しないことも視野に入れた、教科書内容構築の再検討の必要性ということである。

　第二に、使用単語数とその種類にも問題がある。学生のモティベーション形成に重大な影響を及ぼすと思われる最初の学期で、教科書の半分程度までを学習すると仮定してみたとしても、その使用単語数は教科書によってまちまちである。例えば、最近の文法読本で実質総ページ数がほぼ同じ（約 50 ページ）ものを数冊比較してみたところ、半期中に学ぶであろう単語数は、延べ数でおよそ 1500 語程度のものから 3000 語をはるかに越えるものまで、実に大きな差が見られた。また、数だけの比較で問題の本質に言及できるわけではないが、単語数が多い教科書ほど、使用単語の選択の意図が不明確な傾向が強いようにも思える。もしその著者が、自らのドイツ体験などの際にたまたま出会った語を、自分の思い入れや好みだけで配したのだとしたら、はなはだ無計画と言わざるを得ない。例えば、新たな文法事項を教えるべき箇所に、それとの関連性が少ない新出単語を必要以上に使用してしまえば、単語の意味を調べることに時間を費やす学生は、それを負担に感じこそすれ、学習の喜びや達成感を味わうまでには至らないであろう。この意味においても、使用単語の選択は、授業経営上、教授法上の戦略の中で慎

重になされるべきなのである。

　そして三番目は、学ぶべき内容の配列が体系的でないという点、また四番目としてあげられるのは、学習テーマの不明確さである。これら二つの問題は、互いにきわめて密接な関係にあり、前述の問題と同様、授業経営上、教授法上の戦略との連関の中で十分に考慮されなければならない。しかし驚くべきことには、ひとつの課の中に複数のしかも関連性の薄い文法事項を無計画に詰め込んでいるとしか思えないような教科書や、既習事項と未習事項が整理されていない教科書が、意外に多いのである。ある教科書の「定冠詞類、不定冠詞類、人称代名詞の格変化」というタイトルがついた第4課で、「"möchte"の人称変化」という助動詞の変化形に関する文法説明が割って入ってきた例を目にしたことがある。それは、この教科書でもずっと後で学ぶことになる助動詞のそれも特殊な変化形で、学習体系の面からも合理的とも必然的とも思えない配置としか言いようがないものであった。恐らく〈読み物〉の中に当該助動詞を使用してしまった著者が、仕方なく挿入した文法事項であったと推測される。

　このように突然登場する未習文法事項の典型例は、特に前置詞にしばしば見られる。別なある教科書では、動詞の基本的な人称変化を初めて学ぶ第2課で、例文や練習問題に"Ich gehe ins Kino.（私は映画に行きます。）"や"Was macht er am Wochenende?（彼は週末に何をしますか？）"など、後で学ぶ「名詞の格変化（3課）」の概念や「前置詞（7課）」に関する複合的知識を必要とする文が突如として現れる。この場合、教師はこれら未習事項に、多少なりとも説明を加えなければならないであろう。それは、〈前置詞に関しては7課で詳しく説明しますから、今はとりあえずそのままおぼえて下さい〉などという但し書き的説明だけだったとしても、その瞬間、本来のテーマに沿った授業の円滑な流れは阻害され、学習者の中に形成されつつあったテーマへの指向性に混乱を生じさせる恐れすら想定される。近年よく見かける、日常的な会話文に慣れ親しむことから導入し、後に文法体系を発見的に学習させようとするコンセプトで編まれた教科書ならともかく、純粋な文法書や文法読本と呼ばれるカテゴリーの教科書では、こうした事例は使い勝手の悪さに直結する。その意味において、どのようなコンセプトの教科書を選択するかも、教師にとっての重要な課題と認識しなければならない。

　ところで、当該の例文に話を戻せば、動詞の基本的現在人称変化の学習をテーマとしたこの課においては、そもそも前置詞を伴った副詞句の利用を前提とする

ことが多い動詞〈gehen 行く〉を選択したこと自体が不適切であったし、もうひとつの例文でも、〈am Wochenende 週末に〉という副詞句ではなく、例えば〈heute 今日〉とか〈morgen 明日〉などの単純な副詞にすれば、あえて前置詞など使う必要はなかったはずである。また、未習文法事項としての前置詞を登場させるとしても、"Ich komme **aus** Deutschland.（私はドイツから来ました。）"や"Ich wohne **in** Japan.（私は日本に住んでいます。）"など、名詞の格（変化）の概念はひとまず考えずにすむ例に止めておくべきであったろう。こうした気配りが欠落した教科書は、教師にとっても使い勝手が悪いのは当然で、効率的な授業構築の障害になる可能性さえあると言えるのである。

5. 教科書作成上の試み

　モティベーション形成に悪影響を及ぼす学習者要因に、〈学習不安〉というものがある。これは教師の権威主義的な態度によって誘発されることもあれば、学習者本人が抱く自分の能力に対する不信感に起因することもある。しかし、授業の目標設定が曖昧で、教師と学習者が共に授業のテーマを見失ったような場合、それは簡単に浮上するものと言える。「学習不安を解消するには、自信を取り戻すことが必要」（中田 27）であるという意見はもっともだが、何を学んでいるかわからないままに授業が進み、理解できたという達成感を一度も味わうことがなければ、自信回復などおよびもつかないだけでなく、学習意欲自体の消滅さえも懸念される。まさに、「わかるという報酬がなければ学習は停止してしまう」（垣田他 19）ということである。そこで、この問題の解決のため試みを、拙著『ドイツ語はやさしい』（1998）での実践事例とともに検証してみることにする。無論、この文法読本の総合的評価は現場にゆだねるしかないが、段階的学習体系を考慮した上での効率的授業構築を目指したいくつかの試みのうち、以下の三点をあげてみることにする。

　第一に、授業経営の時間的効率と学習テーマの明確化を考慮して、各課のタイトル自体に当該課の学習内容提示と文法説明の機能を同時に担わせた。例えば、「動詞は主語によってかたちを変える（第 2 課）」「名詞には 4 つのかたちがある（第 4 課）」「前置詞を使えばいろんなことが言える（第 6 課）」「〈前つづり〉って何だろう？（第 8 課）」といった言い回しは、ただ単に文法用語を並べ立てただけの従来型のタイトル表示方法とは異なり、学習のプロセスを方向付けるととも

図1

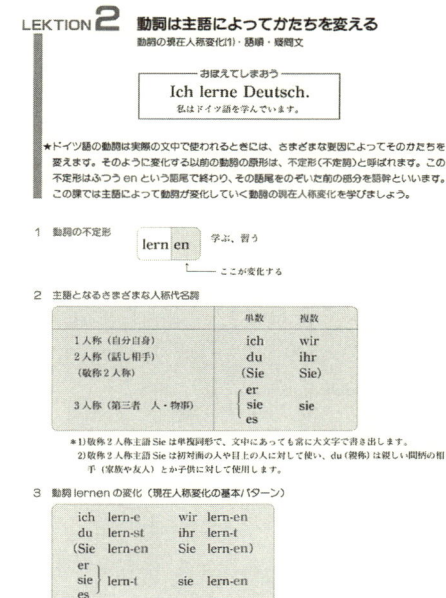

に、とかく硬くなりがちな文法学習に対するイメージを和らげることで〈学習不安〉の発生要因を、若干なりとも抑制する効果を期待したものである。この方法は、当該教科書の出版当時は斬新なものであったが、その後同様の方式を用いた教科書が散見されることから、ある程度の賛同を得られたと言うこともできるかもしれない。(図1参照)

　第二は、使用単語の数や配置に関する工夫である。学習開始学期に学ぶ可能性がある使用単語が、1500語から3000語を超えるものまで教科書によって大きな格差があることは既に触れた通りである。拙著ではそれを延べ1600、実質400語に抑えた。しかも、新しい文法事項を学ぶ箇所では、当該文法テーマと関連のない新出単語の登場は極力抑え、既出単語のみによる文法学習に重点を置けるよう意識した。前置詞と新出名詞及び新出動詞を例に、その登場頻度を比較したグラフ(図2)を見れば、例えば主に〈名詞の性〉を学習する第3課では、新たに登場するのは名詞だけで、まだ学んでいない前置詞はもちろんのこと、新出動詞の登場も皆無であることがわかるであろう。また、それぞれ〈名詞の格変化〉、〈動詞の人称変化〉がテーマの第4課と第5課で新出名詞や新出動詞があまり登場しないのは、既出単語を利用してその変化パターンを集中的に学習させようと

いう意図が反映したものである。さらに、第6課における前置詞の登場頻度の高さは、ここの学習テーマに即した結果であることは言うまでもない。既出単語を意識的に利用した例文や練習問題の作成は、それによって無意

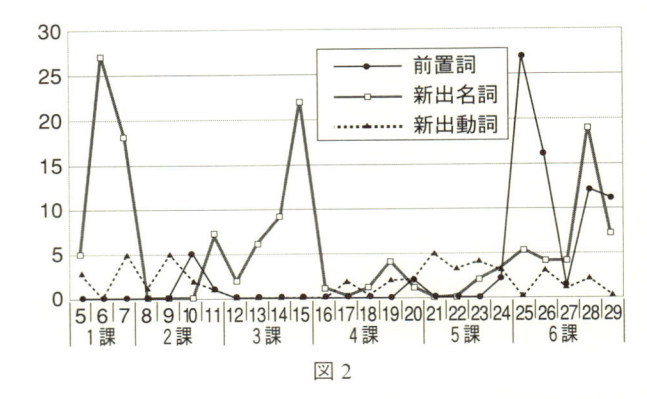

図2

識のうちの反復練習を促し、学生、教師双方にとって段階的かつ体系的学習が構築しやすい素材の提供を意図した工夫なのである。

　第三番目は、〈話法の助動詞〉を〈動詞の三基本形〉より後に配置した点である。他の教科書の多くはその逆の配列で、〈動詞の三基本形〉の課で動詞の過去形、過去分詞形に加えて過去人称変化形を学び、その後、〈助動詞＋過去分詞〉の構文を持つ〈完了形〉や〈受動態〉を順次学ぶことになる。しかしここでは、〈三基本形〉以降に、まず〈(話法の)助動詞＋不定詞〉の構文の学習から始めることで、その後の〈完了形〉や〈受動態〉とまとめて、ドイツ語特有の文形態である〈助動詞と文末に置かれる動詞とで形成される構文〉を集中的に学ばせようと考えたのである。

　ここまで、工夫の実例をいくつかあげてきたが、この教科書に対しても、批判がなかったわけではない。例えば、キーセンテンス（拙著では「おぼえてしまおう」と表記）以外の例文にほとんど和訳を付けなかったことに対する批判的意見があった。しかしながら、そもそも必要以上に多すぎる例文を提示しておいて、それらを学生が自主的に訳してくるはずがないからとか、授業中に訳す手間を節約するためといった理由で、初めから和訳を付けておくというのであれば、こうした意見には疑問を呈さざるを得ない。その第一の理由は、例文がいわゆるひな形として、基本的な形態と並んで典型的な意味や利用法を理解させるために存在するのだとしたら、そもそもそれほど多くのバリエーションは必要ないからである。また、ふたつ目の理由としては、詳しく意味を説明しなければならないような例文では、そこでなすべきことと学生の注目点が乖離してしまう恐れがあるからである。言い換えれば、すべての例文に和訳が付いていては、学生と教師がひ

とつのテーマについて共に考える時間を持つ機会が妨げられ、授業経営上必要な双方のコミュニケーションの場が構築されにくくなるということである。そしてまた、初めから和訳という〈タネ〉が明かされていた場合、未知の言語の文意が理解できたときの驚きや喜びの体験が阻害される可能性があるという点が、三番目の理由である。この喜びなくしては、そこに到達するプロセスへの興味を抱くまでに至らず、学生のモティベーション形成にも寄与しにくいと考えたのである。

　筆者は常々、授業も一種のプレゼンテーションであると考えている。そのプレゼンテーションの極意のひとつに、初めから詳細なデータを提示しないという手法があるが、学生の前で日々〈プレゼンテーション〉を行っているわれわれ教師は、彼らの興味の視線を自分に向け、その説明に自発的に耳を傾けるよう促したいのであれば、彼らの驚きの反応を喚起するように、タネ明かしも段階的かつ効果的に行っていく工夫が必要だと思われる。

6. 授業経営と E-メール課題

　これまで、教科書の問題を授業経営上の試みとの連関において言及してきたが、ここでは教科書外でのもうひとつの試みとして、〈携帯メール〉を利用した宿題について触れることにする。昨今、休講情報や事務連絡等を携帯メール経由で伝える〈サービス〉を提供している大学や、教師と学生間の相互連絡の方法としてE-メールを利用する例は少なくないが、組織的かつ積極的に授業構築に役立てている現場は、まだごく少数のようである。しかし、そうしたシステムを導入するには、予算の問題はもとより、担当教員の当該技術関連能力やそれに伴う労働負担、さらにはこうした試みに無理解な同僚教員への啓蒙活動など、多岐にわたる障壁を乗り越える必要がある。その意味においても、どの現場でも取り入れることができる方法とは言い難いし、こうした手段の導入が目的と化し、授業内容の構築が二の次となってしまったのでは本末転倒である。しかし、以下に紹介する筆者の試みは、学生の携帯電話を利用した簡単な課題のやりとりで、E-メールが使える教師なら誰にでも導入可能な方法である。

　これを具体的に説明すれば、まず授業の翌日に学習事項確認の小テストを送り、さらにその翌日の指定時刻までに解答を返信させるというものである。学生が授業以外で自主的に教科書を開くことが少ないのは、おおかたの教師が体験している現実であろう。それでなくとも触れる機会が少ないこうした外国語は、一週間

も間をおけば忘れられ、結果的に何も蓄積されない恐れがある。しかし、このシステムは授業内容の補完的機能を担うだけでなく、授業外でもドイツ語にもう一度触れさせることで、まずはこの言語をできる限り身近に感じてもらうための方策となる。それ故、正解を提出することよりも、まずは自分で問題を解くという作業自体の方を重視するということも、学生にはあえて明言することにした。また、問題形式は図3のように主に空欄補充式で、その難易度も低く抑えた。それは、学生が身構えずに問題にあたり、理解できた達成感を味わえるようにするためである。しかし、強制でないにもかかわらず、実施した2クラス約80名の8〜9割の学生が常に返信してきたことは、ある程度の成果と言ってよいであろう。

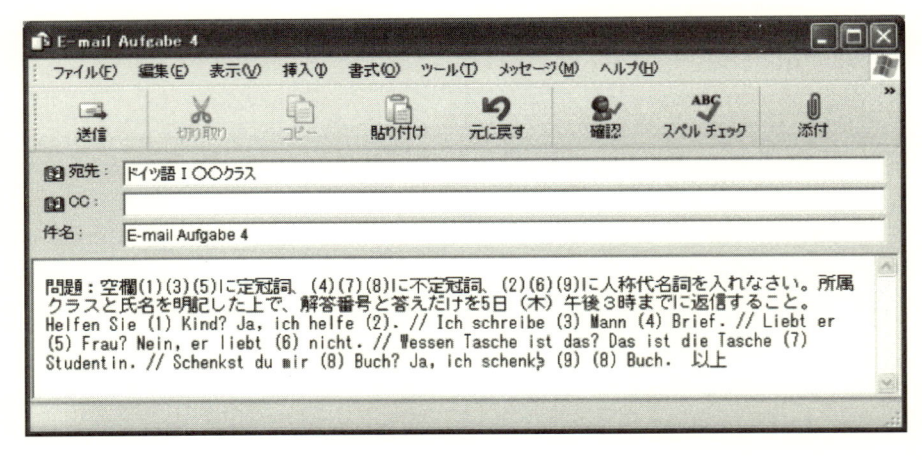

図3

さて、返信された解答は、採点して個別に返却することはなかったが、基本的文法が理解できていない場合や、他の学生の答えをコピーして返信してきただけの学生には、説明やコメントを個人的に返信し、場合によってはやり直しを指示した。また、それとは別に、個々の解答の正否は毎回集計し、問題ごとの正答率によって学生の理解度を詳細に把握しておいた。この方法のひとつの利点は、次の授業で詳しい解説付きのプリントを利用しながら問題のポイントや解き方などを説明する際、前もって学生の理解度の傾向が把握できていることである。事実、そのことで授業内容構成の戦略はたてやすかった。

ところで、パソコンではなく携帯電話を使った大きな理由は、まずパソコンによるインターネット接続サービス利用者数が約1000万に対して携帯電話加入者

数が7600万（総務省データ2003年4月末）で、その上大学生世代の若者のおよそ9割が携帯電話の利用者であるという社会背景にあった。しかし、それ以上に重要視したのは、携帯電話が文字通り常に身に付けて手軽に扱うことのできるツールであるという点である。パソコンの場合は、少なくともそこに出向いて電源を入れるまでは着信メールの存在すら認識されないが、携帯電話はそれをいつでもどこでも知らせてくれる上に、一旦、課題メールを受け取った学生は、その後課題を〈携帯する〉ことになるわけで、ある意味ではドイツ語の存在を意識せざるを得ない状況が、解答を返信するまで続くことになるのである。無論、それが強迫観念となり、学習不安を助長したのでは元も子もない。それ故、課題は質量共に学生に負担感を与えない程度のものにとどめる配慮も必要だったのである。その意味では、パソコンに比べて一度に表示される情報量が圧倒的に少ない携帯電話の小型ディスプレイにも、送付する問題量を抑制する効果が潜在的にあったと言うことができよう。

　さて、この方法を導入したことで、学生の理解度がどの程度向上したかについて言及できる詳細なデータは、残念ながら今のところ十分には得られていないが、彼らの授業への出席状況に関しては比較的興味深い結果が現れた。図4のグラフは、同一学部、学科のドイツ語初級クラスにおける三年間の欠席者数比較である。そこからは、E-メール課題を実施した2003年度は、それ以前の二年と比べて、欠席者が少なく抑えられている傾向を読みとることができる。無論、同一学科とは言っても、学生は毎年異なるわけだし、このひとクラスだけでその効果に言及するのは拙速であろうが、筆者のメールアドレスを質問窓口として知らせただけで課題送信はしなかった他のクラスでは、質問どころかほとんど何のことばも寄せられなかったのに対し、当該クラスでは複数の学生から、質問や病欠の連絡も含めた様々なメール（図5参照）が届けられた事実を見れば、この方式には教師と学生のある種の信頼関係を醸

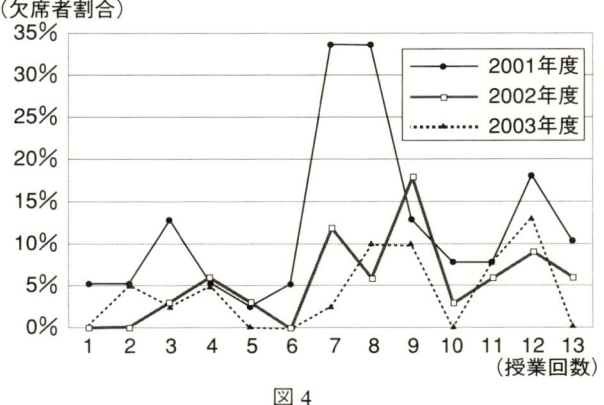

図4

成する効果もあったと言えるだろう。教師に面と向かって話すことが苦手な学生でも、携帯電話という媒体があり、しかも教師からの語りかけ（ここでは課題やコメントなど）が存在すれば、良好な一対一の関係構築も可能ということなのかもしれない。円滑な授業経営を目指すなら、このような試みもひとつの有効な方法となり得るであろう。

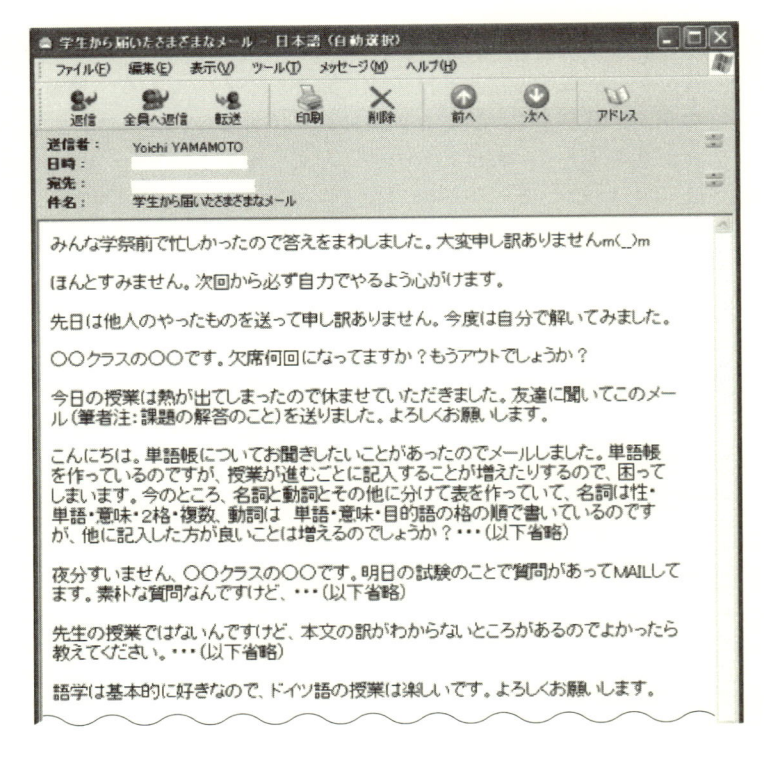

図5 学生から届いたさまざまなメール

- みんな学祭前で忙しかったので答えをまわしました。大変申し訳ありませんm(_ _)m
- ほんとすみません。次回から必ず自力でやるよう心がけます。
- 先日は他人のやったものを送って申し訳ありません。今度は自分で解いてみました。
- ○○クラスの○○です。欠席何回になってますか？もうアウトでしょうか？
- 今日の授業は熱が出てしまったので休ませていただきました。友達に聞いてこのメール（筆者注：課題の解答のこと）を送りました。よろしくお願します。
- こんにちは。単語帳についてお聞きしたいことがあったのでメールしました。単語帳を作っているのですが、授業が進むごとに記入することが増えたりするので、困ってしまいます。今のところ、名詞と動詞とその他に分けて表を作っていて、名詞は性・単語・意味・2格・複数、動詞は 単語・意味・目的語の格の順で書いているのですが、他に記入した方が良いことは増えるのでしょうか？・・・（以下省略）
- 夜分すいません、○○クラスの○○です。明日の試験のことで質問があってMAILしてます。素朴な質問なんですけど、・・・（以下省略）
- 先生の授業ではないんですけど、本文の訳がわからないところがあるのでよかったら教えてください。・・・（以下省略）
- 語学は基本的に好きなので、ドイツ語の授業は楽しいです。よろしくお願いします。

しかしながら、この方法にも問題がないわけではない。なかでも深刻なのは、返信解答の採点と集計に要する時間や労力などの教師側の負担である。確かに、特別なＩＴ関連知識を必要としないこの方式は、だれでも比較的抵抗なく導入できるものの、採点や集計が自動化されていないため、すべての返信メールに目を通してひとつひとつ採点していかなければならない。しかし、このような手作業部分の自動化も、技術的には可能であろうから、今後の改善が期待されるところである。もうひとつの問題点は、そもそも自分のプライベートなE-メールアド

レスを、教師に教えたがらない学生の存在である。幸いなことに、筆者のクラスにはそのような学生は皆無であったが、今後もそうだとは言えない。ここでは、携帯メール利用の効果として、教師と学生間のある種の信頼関係の構築に言及したが、学生のメールアドレスを最初に把握する段階で、教師は彼らの信頼を既にある程度は得ておく必要があるだろうし、少なくとも同方式を導入することへのコンセンサスが得られるような、十分な趣旨説明は不可欠であると考える。

7. 結び

　初めに触れた教養部廃止を実際に体験したある国立大学の教師は、自分の大学の改革論議の途上で、「教養部教師の大半の者が、教養部教育の終り、『一般教育』の縮小を－大学人としての地位が現在程度あるいはそれ以上に確保されさえすれば（！）－いささかも残念に思わないように見受けられた」(武田47)ことが印象深かったと述べている。この変革は外圧の有無にかかわらず、その内在的な行き詰まり状態に加えて、ここに指摘されたような教育に対する意識の低い教員の存在により、起こるべくして起こった当然の帰結であると言えるだろう。しかし、その後ますます厳しい状況に置かれた外国語教育の現場では、現状に手をこまねいていては、自分自身の大学人としての地位が現在程度に確保されるどころかの今度は外国語教育自体の崩壊を体験することにもなりかねない。
　そうした事態を回避するための方策として教師に求められるのは、教壇の上からの一方通行で半ば強制的な情報伝達式の教授法を反省し、そもそも明確な目的意識を持たずに学び始めた学生も含めて、彼らが自ら学びたくなる環境設定を授業経営戦略の根底に据えるような改革であろう。それはまさに、学ぶ側のモティベーション形成を基礎とした授業づくりということである。そして、外国語教育の現場には、他の学問分野の授業以上に、こうした授業経営を実践に移す必要性と可能性が秘められていると言えよう。外国語教師は、「明確な目的意識を持たない学習者に対してこそ、教材や教授法を工夫して学習意欲を喚起するのが必要」(垣田他61)だという前提に立った授業経営を自覚すべきなのである。
　以上のような意味においても、外国語教育の現場が直面する諸問題の検証と、それに対する対策が、すべての教師に強く求められていると認識すべきである。なかでも、効果的授業構築の方法は、少数の教師の情熱とその職人的手法だけに頼るのではなく、複数の教員の能力を結集し、教材選定（作成）から始まって授

業経営の方法に至るまで、すべての面で多角的かつ論理的に考察されなければならない。その際、各自が培った教授法上の特徴的スキルやアイディアは、全員の共有資産として有効に活用されるべきであろうし、それによって授業改善へのひとつの方向性が醸成されるような場が形成されなけれならないであろう。それを怠ってしまえば、大学教育現場における昨今の実利主義的とも功利主義的とも思われる風潮のなかで、外国語教育がその一翼を担ってきたアカデミズムの崩壊すら懸念されると言っても決して過言ではないのである。

参考文献

垣田直巳監修、三浦省五編、中村嘉宏／古賀恵子／縫部義憲／高塚成信（1983）：『英語の学習意欲』大修館書店

近藤弘／朝倉巧／川島淳夫／合田憲／鈴木芳男／保阪靖人／山本泰生／金井満（1999）：『ドイツ語教育の現状と課題－アンケート結果から改善の道を探る－』日本独文学会ドイツ語教育部会

武田修志（2004）：『大学教育の現場から』NK文庫

中田賀之（1999）：『言語学習モティベーション』リーベル出版

山本洋一（2003）：『学習のモティベーション形成と教科書の影響－ドイツ語を初めて学ぶ学生の場合』JALT2002 CONFERENCE PROCEEDINGS, Tokyo: The Japan Association for Language Teaching.

Deci, E. L.（1977）: *The effects of contingent and noncontingent rewards and controls on intrinsic motivation*. Organized Behavior and Human Performance, 8, pp.217-222.

Dörnyei, Z.（1996）: Moving language learning motivation to a larger platform for theory and practice. In: R.L. Oxford（Ed.）, *Language learning motivation: pathways to the new century*（pp.71-80）. Honolulu: University of Hawaii Press.

Ellis, R.（1986）: *Understanding second language acquisition*. Oxford: Oxford University Press.

Gardner, R. C./Lambert, W. E.（1972）: *Attitudes and motivation in second language learning*. Rowley, MA: Newbury House.

教科書

山本洋一（1998）：『ドイツ語はやさしい』白水社

山本洋一（2004）：『ドイツ語はやさしい（改訂版）』白水社

コミュニカティブ・アプローチに基づくドイツ語授業
― 教材、教授方法と学習者の意識 ―

本河裕子

> コミュニカティブ・アプローチ／コミュニカティブな授業／世界知／ストラテジー／相互行為／認知能力／四技能／モティベーション／学習者中心／地域対応型アプローチ

1. はじめに

　1970年代の西ドイツにおいて外国語学習、特に英語学習はもはや一部のエリートだけのものではなくなり、多種多様な「世界知」および「生活条件と動機」を持つ多くの学習者にも対応可能な教授法の開発が求められた。また同時期に言語学の分野では、語用論、発話行為理論などが台頭し、言語の実際使用、コミュニケーションの機能やプロセスを視野に入れた研究が進んだ。時代のニーズと科学的基盤が合致した結果、コミュニカティブ・アプローチが生み出され、80年代以降学習者自身の文化的背景も考慮した地域対応型アプローチへと発展していく（Neuner/Hunfeld 83-85 参照）。

　一方日本では、1987年に教育課程審議会が、中学校・高等学校学習指導要領の基本方針において「中学校及び高等学校を通じて、国際化の進展に対応し、国際社会の中に生きるために必要な資質を養うという観点から、特にコミュニケーション能力の育成や国際理解の基礎を培うことを重視する」と謳っている（高梨／緑川／和田 5 参照）。しかし 15 年以上経過した現在も、学校での英語学習に関しては、受験に対応するための項目や訳読が授業の中心であり、学生たちが英語でのコミュニケーションに自信を持つに至ったとは言い難い。

　それに対し第二外国語として学習するドイツ語は受験科目ではなく、必ずしも短期間で形式主義的に文法体系全体を概説する必要はないため、コミュニケーション中心に学習するチャンスがあるといえる。もちろんその都度学習のレベルに

合った文法知識を獲得することにより、文構造についての理解が深まり、また言語産出の際役立つことは否定しない。しかし文法体系の理解は四技能に直結するものではなく、その文法知識が必要となるコンテクストの中で適用する過程を経て始めて身につくのである。コミュニカティブな授業では、様々な表現をコンテクストの中で使用する練習を通して、その都度必要な文法事項を習得することとなる。

さらに知識だけでなく、異文化と接する際の態度も養われるので、コミュニカティブな授業を体験することにより、ドイツ語自体は卒業後使う機会がないかもしれないが、習得された異文化に接する際のスキル、態度、知識は国の内外を問わず転用可能であり（Byram 17-29 参照）、言語を問わず様々な人とコミュニカティブに接する上で有効であると考えられる。

またコミュニカティブな授業においては、教師が一方的に説明するのではなく、学習者との相互行為も活発になるので、彼らの認知能力や学習スピードを考慮した授業となり、学習者の心理的負担を軽減できる。心理言語学的には、外国語学習を負担と感じるとモティベーションが下がり、その言語は習得されないとの指摘もある（Butzkamm 68-73 参照）ことから、これは重要な要素だといえる。

このように、新しい言語を文法シラバスや訳読方式に偏らず、学習者の認知スタイルや理解力に合わせ、コミュニケーション活動を通じて、習得させることは有意義であると考える。

実際日本の大学でのドイツ語教育の現場においても、コミュニカティブな授業を求められることが増えてきている[1]。本稿では、コミュニカティブ・アプローチのコンセプトと日本での実践上の問題点を論じた上で、第二外国語としてドイツ語を履修した学生に対し、一貫してコミュニカティブな授業を実践している流通科学大学での授業（教材、教材の提示の仕方、練習方法など）を紹介し、その結果生じた学習者の意識を筆者が行ったアンケート調査を基に考察する。

2. コミュニカティブ・アプローチのコンセプトと日本での実践上の問題点

コミュニカティブ・アプローチに基づく授業における原則として、Neuner/Hunfeld は次の5つの点を挙げている。

1) 学習者にとって意味のある内容を学ぶ過程である。それにより新たな視点を獲得し、自身の世界が広がる。

2) 学習者自身の予備知識や世界知を活性化させ、彼らが自ら様々な事柄を認知し、発見していくことを促す。それにより外国語を読むとき、聞くときのストラテジーが構築されていく。
3) ひとり、ペア、グループなど様々な形態で作業をする。学習者は教師にあてられたとき以外にもコミュニケーションをする機会をもつ。
4) 教師は「学習を手助けする人」としての役割をもつ。
5) 教材は、学習者に合わせて変化させる、あるいは補足する。
　（Neuner/Hunfeld 104-105 参照）

　上記の 1)、4)、5) は教師側の自覚によるところが大きいが、2) と 3) については学習者の積極的参加が必要となる。2) は提示されたイラストや写真、テクスト、音声などの教材に積極的に関わり、既知の情報や推測可能な事柄を発見しようとする態度を意味し、学習の意識化や認知能力の鋭敏化と関係している。3) は積極的に相手とコミュニケーションを図ろうとする態度を習得させることを意味する。しかし日本の大学の教室では、学習者の積極的参加は始めから期待できることではない。2) と 3) の原則を適用する際は、彼らの教室での学習行動に見られる傾向にいかに配慮するかが大きな課題となる。以下に重要と考えられる 3 つの傾向を挙げる。

　まず教師からの問いかけに対する学習者の沈黙が挙げられる。日本の学生の教室での沈黙は、社会化の過程において身につけたコミュニケーション・ストラテジーのひとつであり、また学校教育において、認知した事柄を意識化および言語化する訓練がほとんどなされていないことに起因することが指摘されている（Tomoda 134-137）。発言する内容は頭に浮かんでいても、人前で自発的に発言するに至らない場合と、何を言えばよいかまったく見当がつかない場合がある。発言できるのにしない理由としては、いわゆるピアグループを意識し目立つ行為は避ける、質問が簡単すぎて答える気にならない、クラス全体への問いかけは自分への問いかけとは認識しないことなどによる。また答えられない理由としては、質問の意味がわからない、質問の意味はわかるが、何を答えればよいかわからない、どう答えればよいかわからないなどが挙げられる。例えばイラストや写真を見せ、全体的・具体的な描写（Beschreibung）を求めると、学生はある部分のみを取り上げて一語、あるいは数語発話して終わったり、漠然とした感覚的印象を述べるにとどまることが多い。ドイツ語授業をドイツの異文化学習を含みうる場として考えるならば、日本における日常とは異なるコミュニケーション形式を紹

介し、挑戦させてみる価値はあるだろう。

次に、仲間以外とのコミュニケーションを苦手とする点が挙げられる。ペアの相手を決めないで、突然「ではペアで練習してください。」と言っても自然発生的に全員がペアを組むということはまず期待できない。

最後に、授業への参加者としての意識の低い行動が見られる点が挙げられる。私語、居眠り、携帯でのメールのやり取りなど、外国語学習以前の問題ではあるが、コミュニカティブな授業を妨げる要因として無視できない。このような学生は、課題に取り組む際のパートナーの役割を放棄しているだけでなく、他の人を私語に巻き込む、教師が何度も同じことを説明させられることによって他の学生の時間を奪うなど、クラス全体にマイナスの影響を及ぼす。このように学習の場でのルール違反行動が出現する背景には、複合的な社会文化的要因があり、個々に対処しても根本的には解決しない。しかし直接的には授業についていけないことが、このような態度に結びつく原因になっていることが多いように思われる。

以上のような学習者の傾向を考慮し、実際どのような授業を行ったのかを次の章で述べる。

3. 授業における実践

本章では一貫してコミュニカティブな授業が行われている流通科学大学における実践例を紹介する。筆者が 2003 年度に担当したのは、観光や福祉を専攻するサービス産業学部（37 名）と情報学部（30 名）の一年生クラスであった。授業は週二回あり、二人の教師が一冊の教科書をリレー形式で教えた。二クラスとも同じ教科書を使い、原則的には同じ方針で授業を行った。

3.1 授業の目標と作業形態

授業の目標は、ドイツ語でのコミュニケーション能力を習得させ、同時にドイツ語やドイツ語圏の文化に興味を持たせることにある。その際モチベーションを維持しつつ、積極的にコミュニケーションをしようとする姿勢とドイツ語の運用能力を同時に習得させる必要がある。授業についていけない学生をできるだけ出さず、コミュニケーションを取りやすくするために以下の点に留意している。
・授業開始の時点から、ペア（人数が余る場合は 3 人のグループ）を組ませる。
・課題に取り組む際は、まずペアやグループで相談しながら行うようにする。ひ

とりで行う課題の場合は、クラス全体で答え合わせなどをする前にペアで答え
合わせをさせる。わからないことがあったときは気軽に質問し、また互いに自
分の持っている情報を交換し合うことを奨励する。
・クラス全体の前で発表させる場合、まず自発的に発表する人を募り、自発的に
発表したことを評価する。予め、間違えてもかまわないことを伝えておく。
・学生がペアやグループで作業している間、教師は机間巡視し、必要に応じてア
ドバイスを与える。他の学生にとっても重要だと思われる事柄は、再度クラス
全体にも告げる。

　自発的発言に関しては、特定の人に固定化する傾向はあるものの、何人かは発
言するようになった。評価と結びつくことを明言していることもあるだろうが、
毎回自発的な発言者を募っていると、それが特別なことではなくなり、発言する
ことにそれほど心理的負担を感じなくなるようである。ひとりの発言により連鎖
的に発言が生ずることもある。前期はまったく自発的に発言しなかった学生が、
後期には誰も発言しようとしない場面で手をあげたこともあった。

3.2　教材

　コミュニカティブな授業を行うことを念頭に編纂された『自己表現のためのド
イツ語1』を教科書として使用した。12課から成り、各課の構成は以下のとおり
である。
・扉ページ：　　　その課のテーマに関連する表現、写真、テクストの導入
・ダイアログ：　　主人公と仲間たちとの日常的な会話。パート1、パート2か
　　　　　　　　　ら成る。
・練習問題：　　　ダイアログの中から選ばれた、学習目標となっている表現の
　　　　　　　　　練習。練習問題に取り組む際、必要と思われる新出文法事項
　　　　　　　　　を簡単に説明したメモが練習問題の前後に配置されている。
・まとめのページ：その課で出てきた表現や文法事項の体系的なまとめ

　使用教科書の特徴は、ストーリー性のある会話とその会話に密接に関連した練
習問題である。テーマ、状況、発話意図が明確に示されているので、それに応じ
たコミュニケーション能力を獲得するのに適している。授業においてはダイアロ
グを読み、話し、聴く練習を中心に行うが、書く練習も導入して、四技能がバラ
ンスよく発達するように配慮している。教科書は文法シラバスに基づいているわ

けではないので、文法事項はその場で必要なものに限られている。

　教科書の練習だけでは学習事項を定着させることが難しいので、自主制作した補助教材も用いた。

3.3　授業における活動

　実際に教室でどのような活動を行ったかを7課のパート1を例に紹介する。この課の学習目標は、現在完了形を使って過去の体験を伝えることである。

1) パート1のダイアログ

(33) **Teil 1** Es ist 8 Uhr. Seiko liegt noch im Bett.　いつも早起きの聖子が今日は8時になっても起きてきません。

(Oliver)　　　　　　　　　　(Seiko)

Seiko, es ist schon 8 Uhr.
Gehst du nicht in die Schule?

Nein, ich habe Kopfschmerzen.

Was ist denn los? Hast du auch Fieber?

Hmm..., ich glaube, ich habe einen Kater.
Ich habe gestern zu viel getrunken.

Arme Seiko.
Moment, ich bringe dir ein Glas Wasser.

Was hast du denn getrunken?

Bier, Wein, Campari-Orange, Cola mit Rum und ...

Kopfschmerzen *pl* 頭痛　　Was ist denn los?　一体どうしたの?
s Fieber　熱　　einen Kater haben　二日酔いをする
zu viel　英語の *too much* に対応　　getrunken (< trinken) 飲む
r Campari-Orange　カンパリオレンジ（カンパリをオレンジジュースで割ったカクテル）　*r* Rum　ラム酒

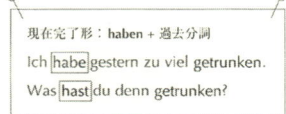

現在完了形：**haben** + 過去分詞
Ich |habe| gestern zu viel getrunken.
Was |hast| du denn getrunken?

ペアで読んだ後、クラス全体で音声を聴き、復唱させる。ペアで日本語訳を作り、クラス全体の前で発表させる。ダイアログ中に登場する現在完了形の説明を行う。ここでは haben を使った現在完了形のみを扱い、haben と過去分詞で現在完了形になるということを認識させるにとどめる。

ダイアログはこの課の二回目の授業でも、復習を兼ねて音声を聴き、復唱、役割練習を行った。

2）練習1

Übung 1: Was ist richtig? Was ist falsch? Verbessern Sie die falschen Sätze. Dialog の内容に合っている文には r (richtig)、合っていないものには f (falsch)をつけてください。次に f をつけた文を正しく書き直してください。

☐ Seiko geht in die Schule.
☐ Seiko hat keinen Kater.
☐ Seiko hat kein Fieber.
☐ Seiko hat gestern Abend nicht getrunken.

内容確認のための問題である。正誤をまずペアで判断し、全体で答え合わせの後、内容に合っていない文を書き換える。書き換えもまずペアで行い、その後クラス全体で答え合わせをする。

3）練習2

Übung 2: Finden Sie die Infinitive. Schreiben Sie die Bedeutung. 次の過去分詞を不定詞に直しましょう。またその意味も書き入れましょう。

過去分詞	不定詞	意味	過去分詞	不定詞	意味
gespielt			getrunken		
gelernt			geschrieben		
gearbeitet			gelesen		
getanzt			gegessen		
gehört			gesehen		
telefoniert			ferngesehen		
aufgeräumt					

すべて既出の単語なので、過去分詞の音から不定詞を推測させる。まずひとりで考えさせ、ペア、クラス全体の順で答え合わせをする。

4）haben を使った現在完了形と過去分詞の作り方のまとめを行う（プリントを配布）。

5) 練習3

Übung 3: Hören Sie. Was hat Oliver gestern Abend gemacht?　オリヴァーは昨晩何をしましたか？　聴きとって当てはまるものすべてに印をつけてください。

Und du Oliver, was hast du gestern Abend gemacht?

☐ Ich habe ferngesehen.
☐ Ich habe japanisch gegessen.
☐ Ich habe viel Bier getrunken.
☐ Ich habe mit meiner Freundin telefoniert.
☐ Ich habe gelesen.
☐ Ich habe Musik gehört.
☐ Ich habe Fußball gespielt.

聴く前にまず答えの選択肢をペアで音読し、意味を確認する。全体でも同様に確認してから、会話を聴く。その後クラス全体で答え合わせをする。

6) 練習4（インタビューシートを配布）

Übung 4: Machen Sie Interviews in der Klasse.　下線部に適当な語を入れて質問を作り、クラスメートに「昨日〜した？」とインタビューしてみましょう。

Hast du gestern .... gegessen?
Hast du gestern .... getrunken?
Hast du gestern im Fernsehen .... gesehen?

Ja, ich habe gestern Sushi gegessen.

Nein, ich habe gestern kein Bier getrunken.

Ja, ich habe gestern die Talk-Show mit Samma Akashiya gesehen.

質問を復唱し、意味を確認する。クラスメート3人にインタビューをさせ、その結果をインタビューシートに書き込ませる。また自分の答えとインタビューした相手の答えを作文し、最後に作文したものをペア、その後クラスで発表させる。

基本的な手順はどの課も共通である。イラストや写真がある場合は、そこに描かれている物や状況を推測させてから、テクストや問題に移る。またダイアログやその他の文も最初は音声を聞かせてから復唱させるが、発音の規則を学習した後は、まず学生同士で読ませ、音を推測させてから音声を聴き、自分たちの予想通りであったか確認させた。ダイアログの流れを理解しているか確認するために、

日本語に訳させている。母語への翻訳については、コミュニケーション能力の獲得との関連において必ずしも必要ではないとの見方もあるが、テクストの流れの理解を簡単に確認する手段としては有効であると考える（Butzkamm 271-272 参照）。何組かのペアに発表させると、硬い直訳から関西弁のこなれた訳まで出現するので他の学生も楽しめるし、また教師の側としてはどの箇所に問題が生じやすいかがわかる。インタビューをさせる課題では、数人にインタビューさせ、その結果を作文および発表させた。それにより1人称、2人称、3人称の練習も兼ねている。新出の文法事項に関しては、一度の説明では、「理解」はできても「習得」には至らないので、その後の授業でも扱う必要があった。課を終わるにあたっては、その課で扱った内容に基づき、各自、あるいはペアでオリジナルのダイアログを作らせ提出させ、時間に余裕があれば発表もさせた。

Neuner/Krüger/Grewerによると、コミュニカティブな授業における練習には、以下の4つの段階がある。

A. 理解の段階
B. 基礎練習の段階
C. 応用練習の段階
D. 自由に意見を述べる段階

Aの段階では、初めて遭遇したテクストをおおまかに理解したかどうかを確認する。本文の内容に合っているかどうかを判断する課題（正誤の判断、複数の選択肢から該当する答えを選ぶ課題など）が考えられる。長めのテクストや複雑なテクストを扱う場合は、認知の活性化のために予備知識を与えたり、語句を説明することも必要となる。

Bの段階では、文の形式を中心に練習し、その言語の規則体系に合った言語産出ができるよう基盤作りをする。例えば適切な語彙を空欄に入れる練習、語彙を増やす練習、LLを使ってのパターン練習などが含まれる。多くの教科書がこの段階までの練習で終わっていることを筆者たちは指摘している。

Cの段階では、文法上の正確さを問うよりは内容に焦点が向けられる。例えばメモを取り要約をする、キーワードを使って自分の言葉で表現する練習などがある。使う表現は事前に配布したり、既習項目の中から学習者に探させる。

最後のDの段階では、それまでに学習した内容に関する知識、社会的相互行為的態度、言語能力を駆使し、ある事柄について自発的かつ明確な論拠付けを行いながら自由に意見を述べることが求められる。課題としては、例えば「知り合

いに何かを売りつけられそうになったが、失礼にならないように断るにはどう伝えればよいか」など、状況だけが示され、それを基にダイアログやテクストを構築するものが挙げられる。(Neuner/Krüger/Grewer 20-24 参照)

『自己表現のためのドイツ語』を使った授業では、Dの段階に到達することは難しいが、学生同士のインタビューやオリジナルダイアログを作るという課題により、不十分とはいえCの段階までは到達していると考えている。

3.4　円滑な授業のために

教材の扱いや授業形態だけでなく、円滑に授業を進め、学生の状況を把握するために工夫している点もいくつか紹介したい。

まず、大き目の丈夫な紙を二つに折り、表に氏名をローマ字で書かせた名札を机の上に置かせている。毎回授業の最後に回収し、欠席した学生がいた場合は、その学生の名札の裏面に日付を記入したり（学生にも何回欠席したかが一目瞭然となる）、自発的な発表やゲームでの優勝など、業績のあった学生の名札には評価を記すなどして利用している。

また授業の記録（学習した事柄、疑問点、授業に対してのコメント）を書かせ、毎回授業の後に提出させている。学生自身にはその日学習したことを意識化させ、また教師側とすれば何がわかっていないのかが把握しやすい。この記録は次の授業の際、返却する。さらに宿題や提出物を頻繁に課し、また各課終了後にテストを実施し、授業以外でも半ば強制的とはいえ学習する習慣を身につけさせるようにしている。

4.　学生の意識

学生の認知能力や理解の速度に合わせ、学習者中心の授業を心がけたつもりではあるが、当の学生はどのように受け止めたのであろうか。学習者の実情を知ることは、今後の授業方針を決める上でも重要であると考え、アンケート調査を二回に分けて行った。一回目は2003年12月16日に行い、1)どのような能力が身についたと実感しているのか、2)教室で行った活動ではどのようなものが好き、あるいは嫌いかを尋ねた。二回目は2004年1月27日で、3)教科書の内容やレベルについて思ったこと、4)授業の進め方について思ったこと、5)今後もドイツ語を学習することについてどのように思っているかを尋ねた。記名は自由とした。

4.1 身に付いたと実感している能力

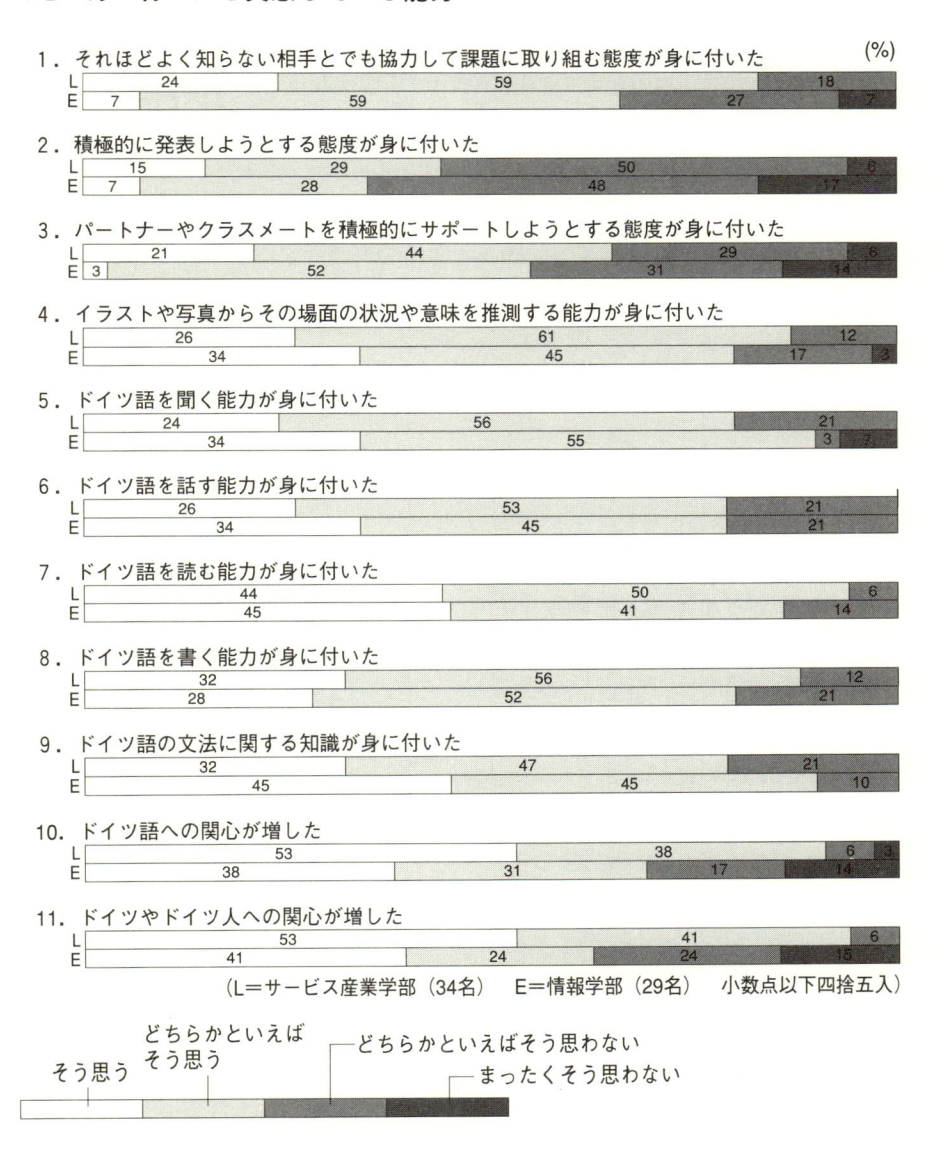

1．それほどよく知らない相手とでも協力して課題に取り組む態度が身に付いた (%)
 L | 24 | 59 | 18 |
 E | 7 | 59 | 27 | 7

2．積極的に発表しようとする態度が身に付いた
 L | 15 | 29 | 50 | 6
 E | 7 | 28 | 48 | 17

3．パートナーやクラスメートを積極的にサポートしようとする態度が身に付いた
 L | 21 | 44 | 29 | 6
 E | 3 | 52 | 31 | 14

4．イラストや写真からその場面の状況や意味を推測する能力が身に付いた
 L | 26 | 61 | 12
 E | 34 | 45 | 17 | 3

5．ドイツ語を聞く能力が身に付いた
 L | 24 | 56 | 21
 E | 34 | 55 | 3 | 7

6．ドイツ語を話す能力が身に付いた
 L | 26 | 53 | 21
 E | 34 | 45 | 21

7．ドイツ語を読む能力が身に付いた
 L | 44 | 50 | 6
 E | 45 | 41 | 14

8．ドイツ語を書く能力が身に付いた
 L | 32 | 56 | 12
 E | 28 | 52 | 21

9．ドイツ語の文法に関する知識が身に付いた
 L | 32 | 47 | 21
 E | 45 | 45 | 10

10．ドイツ語への関心が増した
 L | 53 | 38 | 6 | 3
 E | 38 | 31 | 17 | 14

11．ドイツやドイツ人への関心が増した
 L | 53 | 41 | 6
 E | 41 | 24 | 24 | 15

（L＝サービス産業学部（34名）　E＝情報学部（29名）　小数点以下四捨五入）

凡例：そう思う／どちらかといえばそう思う／どちらかといえばそう思わない／まったくそう思わない

12) その他
・ドイツは楽しそう。教科書がいいと思う。・実際ドイツに行って自分の目でいろいろ見てみたい。・ドイツ人と日本人の暮らし方の違いとかに関心がある。・ドイツ人がデザインをしたボードゲームとか遊びとかに興味を持つようになった。・テレビを見ていて誰かがドイツ語を話していたとき、「あ、ドイツ語や」って時々わかるのがうれしい。・テレビでドイツの話題になったとき注目するようになった。・2006年ドイツへ行きたい。

　授業目標の達成度という観点から、身についたと実感している能力について尋ねた。コミュニカティブな態度に関しては、項目1)～3)の結果から、習得の困難さがわかる。特に2)（自ら発表する態度）は半数以上が身に付いたとは思っていない。それでもサービス産業学部の学生の方が、福祉や観光といった人とのコミュニケーションが重要な職業を視野に入れているためか、これら三項目のポイントが高い。また10)（ドイツ語への関心）と11)（ドイツやドイツ人への関心）についてもサービス産業学部の学生の方が高い。四技能については、ほぼすべての項目について、80％以上が「そう思う」、または「どちらかといえばそう思う」と答えている。読む作業が常に中心というわけではないので、90％もの学生が読解力について肯定的な回答をしたのは少し意外であった。

4.2　どのような課題、活動を好むのか、または好まないのか

質問：課題ではどのような形式のものが好きですか。好きなものには○、嫌いなものには×をつけてください。どちらでもなければ何も記入しないでください。

　1)写真やイラストを見て、その場面の状況や表現の意味を推測すること　2)カセットなどで会話を聴くこと　3)カセットや教師の後について会話を読み、発音やイントネーションの練習をすること　4)ペアで会話を役割練習すること　5)ドイツ語の文を日本語に訳すこと　6)キーセンテンスの表現をペア、またはグループで口頭練習すること　7)キーセンテンスの表現をひとりで書きながらすること　8)聴き取り練習　9)キーセンテンスを使ってオリジナルの文章をつくること

　3)（復唱）は、模倣的発話ではあっても、それによって話す能力につながる練習を気軽に行えるという理由からか、人気が一番高かった。逆に創作的要素の一番多い9)（オリジナルダイアログの作成）は半数以上が好まない結果となったが、「使える表現が多くなったので、文章を書くのはけっこう好きになった」という意見もあった。コミュニカティブな授業において不可欠な6)（ペア、また

第2章　学習者中心の外国語授業をめざして―カリキュラム、教科書、教授法 ——— 117

はグループでの口頭練習）は、学部によって意見が分かれている。サービス産業学部では肯定的な意見が半数以上を占めるのに対し、情報学部では否定的な意見の方が多い。先の4.1と同様、コミュニケーションをしようとする姿勢にそれぞれの学部の気質が反映された結果であると思われる。

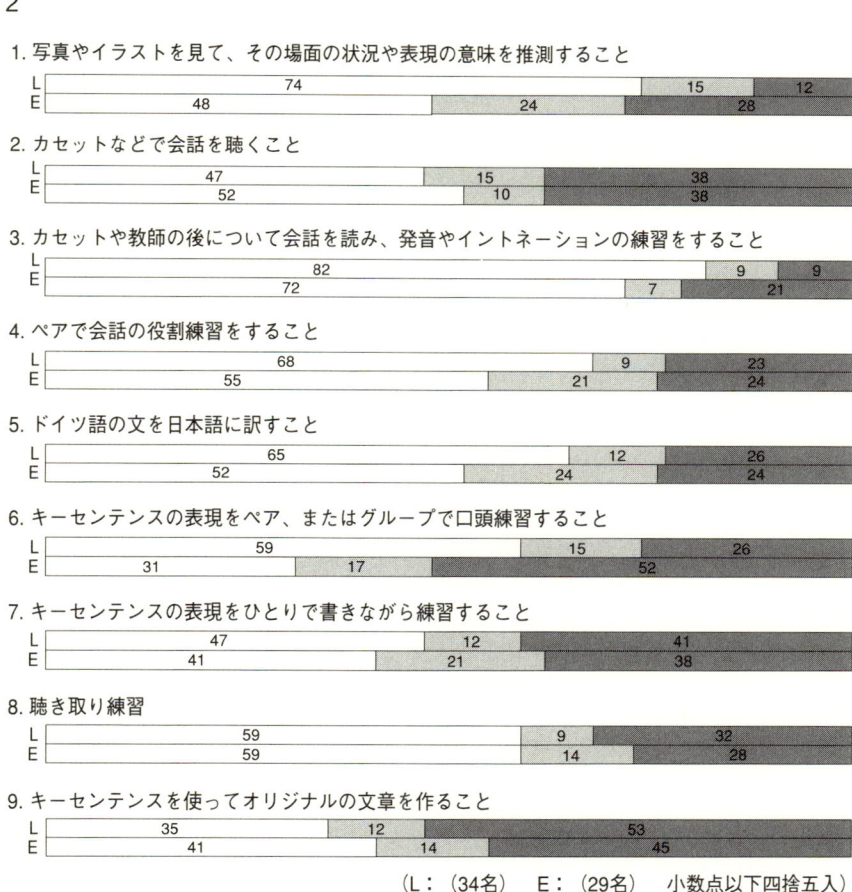

表2

1. 写真やイラストを見て、その場面の状況や表現の意味を推測すること

	好き	どちらでもない	好きではない
L	74	15	12
E	48	24	28

2. カセットなどで会話を聴くこと

	好き	どちらでもない	好きではない
L	47	15	38
E	52	10	38

3. カセットや教師の後について会話を読み、発音やイントネーションの練習をすること

	好き	どちらでもない	好きではない
L	82	9	9
E	72	7	21

4. ペアで会話の役割練習をすること

	好き	どちらでもない	好きではない
L	68	9	23
E	55	21	24

5. ドイツ語の文を日本語に訳すこと

	好き	どちらでもない	好きではない
L	65	12	26
E	52	24	24

6. キーセンテンスの表現をペア、またはグループで口頭練習すること

	好き	どちらでもない	好きではない
L	59	15	26
E	31	17	52

7. キーセンテンスの表現をひとりで書きながら練習すること

	好き	どちらでもない	好きではない
L	47	12	41
E	41	21	38

8. 聴き取り練習

	好き	どちらでもない	好きではない
L	59	9	32
E	59	14	28

9. キーセンテンスを使ってオリジナルの文章を作ること

	好き	どちらでもない	好きではない
L	35	12	53
E	41	14	45

（L：(34名)　E：(29名)　小数点以下四捨五入）

好き　どちらでもない　好きではない

4.3 教科書の内容とレベルについて

質問：教科書の内容やレベルについて思うこと（よかった点、悪かった点など）
　　　があれば書いてください。　（カッコ内は二クラス65人中の人数）

肯定的な意見
- レベルはちょうどよい(12)
- わかりやすい(4)
- 写真や絵が多くてわかりやすい(2)
- 会話がわかりやすい(2)
- 見やすくてわかりやすい(4)
- 説明がわかりやすい
- 日常生活がテーマなのでわかりやすい
- 勉強しやすい　・話がおもしろい(2)
- 待ち合わせの仕方が学べてよかった
- よかった　　　・楽しい
- 難しいが内容はよい(2)
- ちょっと難しかったが特に問題はない

否定的な意見、要望
- 難しい(4)
- 扉のページにある単語は性が書かれていないので時々困る
- 文法説明をもっと載せてほしい(3)
- 新しい単語には全部注釈をつけてほしい
- 巻末に単語の一覧があったら便利だと思う(2)
- 数や日にちは最初の方がよい

その他
- 難しくなってきている
- 神戸が舞台でもよいのではないか

　後期に入ってからは授業記録に「難しい」と書いている学生が増えた印象を持ったが、アンケート結果にもそれが反映されている。それでも大方は肯定的な意見であり、ついていける内容であったことがうかがえる。

4.4 授業の進め方について

質問：ドイツ語の授業の進め方や内容は自分に合っていたと思いますか？　いいえと答えた人は、どのような点が自分には合わないのか、またどのような学習方法や内容なら自分には合うと思うかも書いてください。
　　　（L:36名、E:29名）

はい：L 33名(94%)、E 28名(96%)

　「はい」と答えた場合は理由を挙げるよう指示はしなかったのだが、何人かは書いてくれた。最後の意見は要望だが、「はい」に印をつけていたので、こちらに入れた。

- 質問に細かく答えてくれたのでよかった
- 丁寧に教えてくれるのでよかった
- 会話を覚えるのは楽しいからよかった

第2章　学習者中心の外国語授業をめざして—カリキュラム、教科書、教授法　————119

・一度学習した内容を繰り返しするのでよかった(3)
・ゲームとかがあって楽しかった
・ゆっくりだったのでよかった
・自分は書いて覚える派なので、もう少し書く機会があればいい

いいえ：L1人、E1人
・難しかった。もう少し遅く進んでほしい
・最後の方が授業のスピードが速くて、理解するのに少し時間がかかった。どちらかといえば、多くの単語を教えて欲しい。パートナーは自由に選びたい。そのほうが会話もやりやすいと感じた。

「いいえ」と答えた学生がそれぞれのクラスから一人ずつ出たものの、全体としては授業の進め方は適切であったという実感が得られていたようである。

4.5　今後もドイツ語を学習することについて

質問：4月からも引き続きドイツ語を学習することについて、今どう感じていますか。該当する項目すべてに印をつけてください。（L:36名、E:29名）

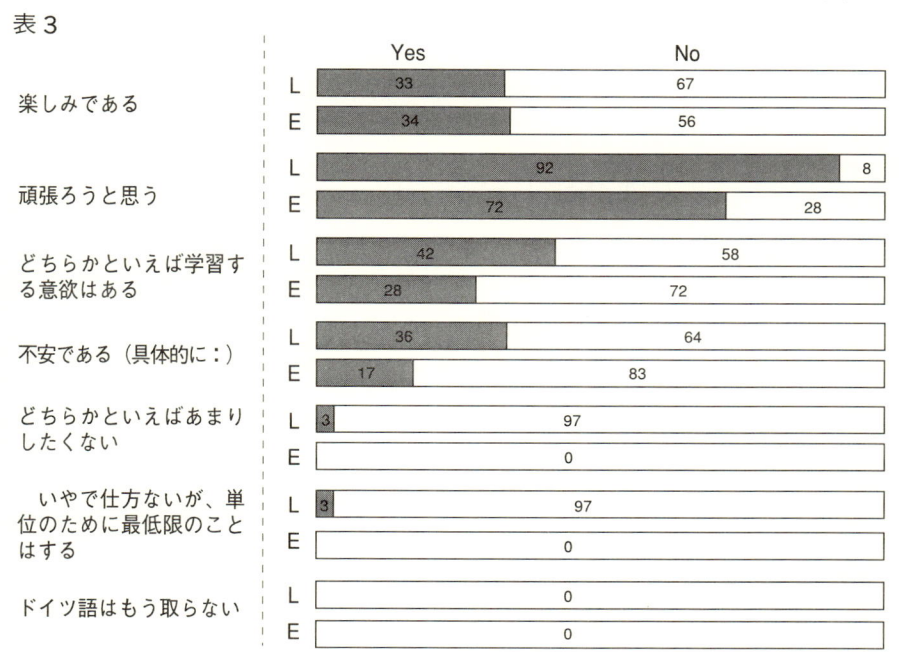

表3

項目	クラス	Yes	No
楽しみである	L	33	67
	E	34	56
頑張ろうと思う	L	92	8
	E	72	28
どちらかといえば学習する意欲はある	L	42	58
	E	28	72
不安である（具体的に：）	L	36	64
	E	17	83
どちらかといえばあまりしたくない	L	3	97
	E		0
いやで仕方ないが、単位のために最低限のことはする	L	3	97
	E		0
ドイツ語はもう取らない	L		0
	E		0

今後もドイツ語を学習することに対するモチベーションの状態を尋ねたものである。全体的にモチベーションは下がっていないようだが、不安を感じている学生が30％ほどいる。不安の要因として多くの学生が挙げているのが、「ついていけるかどうか」、「単位を取得できるか」であった。そして「今まで学習したことを春休み中に忘れてしまいそう」、「初めに習ったことを忘れてきた」など忘れることに対する不安も挙げられていた。

5. まとめ

今回調査を行った2クラスにおいては、学生の認知、理解、能力形成のプロセスに注意を払うことにより、学習者の実感としても授業目標はある程度達成されており、教科書や授業の進め方もほぼ適切だと受け止められていることがわかった。さらにモティベーションもほぼ維持された状態で一年生を終えたことがうかがえる。

二クラスだけを比較して単純に学部の特性と断言するわけにはいかないが、筆者個人としては、サービス産業学部の学生の方がコミュニケーションに積極的で、情報学部の学生は控えめという印象を持っていたので、コミュニカティブな態度やドイツ(人)への関心、そしてペアやグループ練習を好むかどうかといった項目に関して、サービス産業学部の学生の方が肯定的に捉える傾向があるのは納得のいく結果であった。しかしどちらのクラスにも非常に積極的な学生から、仕方なくドイツ語の授業を受けるという態度の学生までいる。コミュニカティブ・アプローチが地域対応型アプローチへと移行している現在、100％の学生が常に満足する授業は無理だとしても、大学、学部および学習者の多様性を考慮し、学習者にとってより意義のある言語活動を目指した教材および授業形態の開発は大きな課題であるといえる。

注
1) 筆者が現在非常勤として教えている関西圏の5大学のうち3大学ではコミュニカティブ・アプローチに基づく授業が求められている。

参考文献
K.ジョンソン／H.ジョンソン編（岡秀夫監訳）（1999）：『外国語教育学大辞典』大修館書店

杉谷眞佐子(1992)：「外国語学習と手続き的知識―異文化コミュニケーション能力を支える暗黙の知識について」『ドイツ語教育』
高梨康雄／緑川日出子／和田稔(1995)：『英語コミュニケーションの指導』研究社
本河裕子(2002)：「学習者の特性を考慮したコミュニカティブなドイツ語授業―その実践と課題」『流通科学大学論集』第15巻

Butzkamm, Wolfgang (2002): *Psycholinguistik des Fremdsprachenunterrichts*, Tübingen, Basel: Francke
Byram, Michael (1997): *Teaching and Assessing Intercultural Communicative Competence*. Clevedon/Philadelphia/Toronto/Sydney/Johannesburg: Multilingual Matters LTD
Neuner, Gerhard/Hunfeld, Hans (1993): *Methoden des fremdsprachlichen Deutschunterricht- Eine Einführung*. Berlin: Langenscheidt
Neuner, Gerhard/Krüger, Michael/Grewer, Ulrich (1981): *Übungstypologie zum kommunikativen Deutschunterricht*. Berlin/München: Langenscheidt
Tomoda, Shunzo (2000): Problematische Aspekte des studentischen Lernverhaltens vor dem Hintergrund schulischer Sozialisation. In: Rösler, Albrecht/Boeckmann, Klaus-Börge/Slivensky, Susanna (eds.) (2000): *An japanischen Hochschulen lehren*. München: Indicium
Bailey, Kathleen M./Nunan, Dabid (eds.) (1996): *Voices From the Language Classroom*. Cambridge: Cambridge University Press

教科書
板山眞由美／塩路ウルズラ／本河裕子／吉満たか子(2003)：『CD付き自己表現のためのドイツ語1』三修社

学習者自身による『授業の記録』導入の試み

吉満たか子

意識化／個人差／情意的側面／動機づけ／効力感／自己学習能力／自律性の感覚／メタ認知

1. はじめに

　筆者の担当しているクラスは、選択必修科目の第2外国語としてドイツ語を学ぶ学生のクラスである。学生の多くはそもそもドイツ語に特別な興味は持っておらず、中には中国語やスペイン語を学びたかったがそれが叶わず、しぶしぶドイツ語を履修する学生もいる。それでもこのような学生の中から、毎年何人かはドイツ語が好きになり、積極的に授業に参加し成果をあげる学生がいる。他方、授業で何を学習しているのかさえも見失ってしまい、途中で履修を放棄してしまう学生も存在する。教師としては学生全員がドイツ語を学ぶ楽しさを経験して欲しいし、落第もして欲しくない。そのために教材や教え方にも工夫するのだが、ドロップアウトする学生が出てくるのが現実である。

　学生によって学習意欲や成果の度合いが異なる背景には、学生それぞれの学力や認知の能力、外国語学習歴、動機付け、そしてそれらに伴う熱心さなど様々な理由が考えられる。しかしドロップアウトしてしまう学生の多くは、学習の過程で理解できない項目に遭遇し、それがきっかけで学習意欲を失ってしまい、「わからない→面白くない→勉強しない→さらにわからなくなる→授業についていけない」という悪循環に陥っているように思われる。これとは反対に、学習がうまく進む学生の中には、最初からよくできるというわけではなかったが、ある項目を理解したことをきっかけに外国語学習の面白さに気付いてその後の学習が進むというケースが少なからず見受けられる。このような学生は、「わかった→面白い→もっと勉強する→さらにわかる→授業に積極的に参加する」というまったく

逆の良い循環の中にいるのである。

　筆者の経験では、悪循環に陥ってしまう学生の多くは、授業には出席しているものの、ノートを取らないなど、何らかの理由で授業に集中できていないようである。そのため、自分が何を学習しているのか、何を理解しており、何が理解できていないのかがはっきりせず、授業についていけないという状況にあるのではないかと考えられる。

　学習者自身に授業の記録をつけさせるというストラテジーを思いついたのは、このような現状を意識化し改善しようというねらいからであった。

　2002年度から本格的に導入を始めたこの授業の記録[1]は、学生には概ね好評であり、またクラスや個人によって差はあるが、授業の取り組み方や理解度によい影響を与えているように感じられる。よって本稿では、学力の個人差を教育心理学的な観点から考察し、自己学習能力を高める一手段としての「授業の記録」の実践を紹介したいと思う。

2. 学力の個人差と情意的側面

　先にも述べたが、同じ教師のもとで同じ時間数の授業を受けても、すべての学生が同じレベルに到達することはあり得ない。教育心理学では、学習における個人差を説明する考え方として「属性的なとらえ方」と「状況的なとらえ方」の二つがある（市川 b 98-99 参照）。

　「属性的なとらえ方」とは、個人差の原因を個人に備わった特性（知能や創造性、認知スタイルや性格、動機づけなど）に求めるものである。他方、「状況的なとらえ方」では、学力は学習者の状態や置かれた状況によって左右されるものであり、同一の個人でも状況が異なれば性情の異なる学習者となると考える。

　この二つの考え方で注目したいのは、動機づけや学習意欲といった情意的側面をどのように捉えているかということである。「属性的なとらえ方」では、ある学習状況で意欲がでるかどうかは、「本人の動機づけ特性」として捉えられ、属性は個人に備わった性質で、領域や状況にはよらないと考える。しかし「状況的なとらえ方」では、ある学習状況での学習意欲は、その状況での学習の可能性に対する認知のしかたや教師やクラスメートとの人間関係に左右されるものとされる。

　動機づけは内発的動機づけと外発的動機づけに分類される（市川 b 18-33 参照）。

ドイツ語の授業を例にとれば、「ドイツ語そのものが面白いから勉強する」というのは内発的動機づけであり、「単位のために勉強する」というのは「単位」という報酬に基づく外発的動機づけである。教育の場において内発的動機づけが強化されることが望ましいのは言うまでもないが、学習の場においては、外発的動機付けが果たす意義もかなり大きいことも事実である。

櫻井は、言語的報酬と物質的報酬が内発的動機づけにどのような影響を及ぼすかを小・中学生を対象に検証した。その結果、物質的報酬よりも言語的報酬を与えたほうが、「内発的に課題へ取り組んだ」との認知が高いという結果を得た。また、称賛と叱責の間に交互相互作用があることを指摘し、教師と生徒の間の基本的な信頼関係が形成されている場合には、叱ることも教育的には意義があり有益であるとしている。

波多野／稲垣は、「効力感」の有効性を示唆している。効力感とは、自分が努力すれば、環境や自分自身に好ましい変化を生じさせうるという見通しや自信のことである。波多野らは、効力感を伸ばすためには、「自分のなしとげた仕事が誰か他の人のために役立った、他の人に喜んでもらえた」という実感を得たり、「わかった」「やりとげた」と思える体験が与えられることが必要であると指摘し、仲間同士で教えあうことや他者との温かい交流が大きな意味を持つとしている。また、社会心理学者のディシ[2]による評価の二つの側面——人を統制する統制的側面と行動の良し悪しについての情報を与える情報的側面——を挙げ、効力感を育てる上で好ましい評価は、学習前の状態と比較して自分の進歩が感じられるような評価や、ある目標に照らして自分の達成度がわかるように評価することであると述べている。そのためには、授業で使われる教科書も、以前に習得した知識をたえず使うように配慮されていることが好ましいと述べている。

ドイツ語教育部会が1998年に行った調査（近藤／山本）によれば、「ドイツ語の授業の感想」として、対象となった大学生（2831名）、高等専門学校生（364名）、および高校生（275名）のいずれも7割近くが「難しい」という回答をしており、その理由として、ドイツ語の「文法や構造」が7割を超えている。他方、ドイツ語の授業について「楽しい」「刺激を受けた」という感想を持つ者も、半数以上がその理由として「文法や構造」を挙げている。これは、多くの学生が苦手とするドイツ語の文法を理解するか、しないかということがドイツ語学習そのものについての印象を大きく左右していることを表している。

また、「文法や構造」以外の「楽しい」あるいは「刺激を受けた」理由として、

「教員」と「授業内容」がそれぞれ3～4割程度を占め、他方「意欲がなくなった」理由としては、「授業内容」と「授業方法」がそれぞれ4割近くとなっている。これらの肯定的・否定的理由は、ドイツ語そのものの難易度に由来するというよりは、「教員」に由来する情意的な問題であると言える。

このような現状と教育心理学的な考察を照らし合わせると、学習者が授業の内容を理解すること、そして教師との間に好ましい人間関係が築かれることが、授業に対する印象や学習効果に良い影響を与えると考えられる。ごく当たり前のことであるが、教師は学生の学力不足や努力不足を嘆く前に、「難しい」という声には耳を傾け、何らかの対策を取り学生の問題を解決する手助けをし、学生が自分自身の進歩を感じることができる機会を作らなくてはならないのである。また、学生との好ましい人間関係を作るべく努力するべきなのである。

3. 自己学習能力

櫻井（1990）によれば、内発的動機づけを強調する立場は、人間を、生まれながらにして勤勉で積極的に環境との相互交渉を求め、それによって自分が有能であることを追求したい存在であると捉えている。また、波多野／稲垣（1981）は、先に述べた効力感を獲得するには「自律性の感覚」が重要であることを指摘している。自律性の感覚とは、好ましい変化を生ぜしめた活動が「みずから」始めたものだと感じることであり、これは、学習という場面では、学習を自分でコントロールしていることを実感することである。それとは逆に、「人から言われてやっている」、「やむをえない理由でやっている」と思う学習者は、自律性の感覚が損なわれてしまっているといえよう。この自律性の感覚はアメリカで盛んに行われてきた心理学の実証的な研究に基づくものであるため、波多野らはアメリカの事例が、周囲の期待や他者との調和への配慮が重要な意味を持つ日本にそのまま当てはまるものかどうか、また、「義理で始めたが、天職となった」という場合があるように、自己選択によらないものであっても効力感をもたらすことがありうることも示唆している。

市川は、「何々がわからなくて困っている」というような認知的問題をかかえた学習者に対して、個別的な相談と指導をする「認知カウンセリング（cognitive counseling）」による実践的研究活動を行っている。この認知カウンセリングには「学習者が自立すること」が目標の一つとして掲げられており、その中で学習

者の自立とは次のように記述されている。(市川 a 17-32 参照)
・学習することの意義、楽しさを知っていること。
・何を学習すべきか、あるいはする必要がないかを自分で判断できること。
・自分の能力の向上、現在の理解状態に関心をもつこと。
・わかっているところ、わかっていないところが、自分でわかること。
・自分に適した学習の方略を知っている、あるいは、探索、検討する。
・わからないときには、どうすればよいか(他者に訊くことも含め)知っていること。

　これらの記述は、「メタ認知(metacognition)」、つまり認知的能力に関する知識や、自己の認知状態の理解や制御に関するもので、このメタ認知を促進することが学習者の自立につながると考えられている。この認知カウンセリングの対象は小・中・高校生であるが、学習者の自立および自己学習能力の育成は大学生や成人の学習者についても促進されるべきものである。市川(b 110)はその理由として2つの理由を挙げている。一つは「生涯学習」の視点から強調される自己学習力の育成である。新たなことを学ぶのは学校教育の分野に限らず、社会に出てからもスキルアップや転職の際などに要求されるものである。このような場合、たえず教師のお膳立てが必要であるようでは困るということである。もう一つの理由は「教育の個性化」という視点である。教育は学習者の自己実現を促すようなものであるべきであるが、学習者は様々な価値観や目的を持っており、教師がそれらのすべての分野について専門家ではあり得ないのだから、基本的には学習者自らが自分の関心に沿って、独立した学習を進められる力を持たなくてはならないということである。

　大学教育や、大学での外国語教育の持つ意味をめぐっては様々な意見があるが、このような「自己学習力の育成」も見逃してはならない点であろう。本来メタ認知能力は大学以前の教育で養成されているのが望ましいが、この能力の習得にも個人差はあり、すべての学習者が自律して学習できるとは限らない。学生の学力低下が話題になることが多いが、これはこのようなメタ認知能力や基本的な学習のストラテジーが欠如していることがそのような印象を教師に与える大きな一因となっているのではないだろうか。そうだとすれば、「何を勉強すればよいか」ということのみならず、「どのように勉強すればよいか」ということを学習者に提示することも決してなおざりにしてはいけないのである。すなわち、学習者に「何を理解し、何を理解できていないのか」ということを気付かせ、意識化させ

第2章　学習者中心の外国語授業をめざして―カリキュラム、教科書、教授法　　127

る、またこのような意識化すること自体が更なる効果的学習にとって非常に重要であることを認識させる、ということが、教師の重要な任務の一環となるのではないだろうか。

　筆者は非常勤講師としてごく限られた時間しか学生に接する機会がなく、そのため学生と個人的に接することも多くない。しかし、そのような条件であっても、学生のメタ認知能力を高め、自己学習力の育成に何らかの貢献をすべきであるし、またそれは可能であると考えている。その一つの手段が、次に紹介する「授業の記録」の導入である。

4.「授業の記録」の実践

4.1　授業の記録の構成と導入の手順

　授業の記録（図1）は、①今日のポイント、②今日の学習語彙、③理解度、④今日の感想の4つの部分から成り立っている。用紙はA4サイズで、毎回クラスの人数分を用意する。

　第1回目の授業からこの記録を導入するが、まず最初に、この記録が学習を促進するためのものであり、どのように活用するかは個人の自由であること、どのように記入しようが評価には関係しないこと、教師は感想に対して可能な限りコメントをつけるよう努力することなどを学生に説明している。

　用紙は毎回授業の始めに配布し、授業の最後に回収する。授業中に記録を記入する場合もあるが、筆者は、毎回授業の最後の10分程度を記録をつけるための時間に充てている。回収した記録用紙には目を通し、記入された単語の意味や綴りなどの間違いがあれば訂正する。また、③の「理解できなかったこと」の欄に学生からの質問があればそれに答える。ただし、詳細な説明が必要な場合や、同じ質問が複数ある場合には、例えば「次回の授業で説明します」と返事を書き、授業で答えるようにしている。

　④の「今日の感想」については、何も書かれていなければ「目を通しました」という意味でサインを、感想が書かれている場合には、「それは、お気の毒でした」「そんなことを言われても…」など短いコメントを書いている。

　筆者がこの記録を導入している授業はいずれも他の教員とのペア授業[3]であるため、目を通した記録はペア教員の授業時間に学生に返却してもらっている。ま

図1　記録用紙

| 流通科学大学　ドイツ語　　　　　　月　　日（教科書　　～　　ページ） |

今日のポイント
（新たに学習した点、間違いに気づいた点、注意されたことなどを記録しましょう）

学習した語彙（日本語での意味も書いておきましょう）

理解度

理解・マスターしたこと	理解できなかったこと	復習すべき点

今日の感想

た逆にペア教員もこの記録を導入している場合には、筆者の授業でその記録を返却する。学生の理解度が不十分な項目や、学生からの質問が後続するペア教員の授業に直接関連がある場合には、それを伝え、質問に対する説明や練習問題の導入を依頼することもある。

　記録用紙は裏面には何も印刷されていないため、作文や短い会話を作らせるような「書く」ことに関連するような課題については、この裏面に書かせ提出させる、というような便利な用い方も可能である。

4.2　学生は何を書いているのか

　多くの学生は授業の記録をノートの代わりとして活用しているようである。記録用紙は副教材のプリントと共に各自ファイル[4]に保存させていることもあり、その傾向が強いと思われる。

　「学習のポイント」の欄には、板書された事柄に加え、「重要！」「覚える！」など自分へのコメントが記入されていることも多い。

　「今日の学習語彙」には、その日に出てきた語彙すべてを書き写し、意味も書き込んでいる学生もいれば、語彙の意味はすべて教科書に書き込んでおり、この欄には何も書いていない学生もいる。

　「理解度」では、「理解・マスターしたこと」として「レストランでの注文方法」、「電話のかけかた」など、その授業で練習した事柄をキーワード的に書いている場合が多い。また、授業で触れたドイツに関する情報、例えば「ドイツの兵役制度」、「ドイツのクリスマス」などを記入している場合もある。

　「理解できなかったこと」には、授業で難しかった項目や具体的な質問を教師に宛てて書く学生が多い。また、「なし」、「全部理解できた！」などと記入する学生も見られる。

　「自分自身で復習すべき点」には、「話法の助動詞」「動詞の人称変化」など学習した文法項目を記入している学生が多いが、中には「全部復習！」「今日習った語彙全部！」などと記入している学生もいる。

　「今日の感想」では、「今日は難しかった」「楽しかった」など授業についての感想だけでなく、遅刻の理由を書いて詫びたり、アルバイト先や日常生活での出来事を書いている学生も多い。

4.3 学生たちは授業の記録をどのように見ているか

2003年度に担当したクラスにおいて、授業の記録についてのアンケートを行った。アンケートの対象は1年生3クラスの学生である。登録学生数は96名、そのうち年度末最後の授業に出席していた77名がアンケートの対象となった。アンケートの設問は次のとおりである。

1. 授業の記録はどのように活用しましたか？
2. 授業の記録は、あなたのドイツ語学習に役立ちましたか？
3. 授業の記録を今後の授業でも導入して欲しいですか？
4. 授業の記録をつけることで、ドイツ語学習に対する気持ちや姿勢の変化はありましたか？

設問1については6つの選択肢と「その他」という項目を与え、複数回答も可能とした。設問2、3、4については「そう思う」、「どちらでもない」、「そうは思わない」のいずれかから選択回答してもらい、理由を書く欄も設けた。

4.4 授業の記録をどのように活用しているか

先にも述べたが、ほとんどの学生が授業の記録を「ノート代わり」に利用している。授業の記録を導入していなかった頃には、教師が板書をしてもそれを眺めているだけでまったく書き写そうとしなかった学生がしばしば見られたが、そのような学生がほとんど見られなくなった。その分、学生の集中度も上がったことが実感できる。また、記録は次の授業の最初に返却されるため、学生は先行する授業で何を学んだのかを再確認することになり、授業の連続性も意識されるという効果がある。「書く」課題を与えて提出させる場合にも、記録用紙の裏面を利用することにより、ルーズリーフを探したりもらったりするタイムロスがなくなり、即座に課題に取り組めるようになった。また、提出した課題がどの課のどの部分に関するものなのかが一目瞭然であり、整然とファイルに保存することができる。以上に挙げたような学習に関するメタ認知的な効果を実感することができたために、7割近い学生が「テスト勉強に役立った」と答えたと考えられる。この数字は、「7割近い学生が記録をテスト勉強に利用し、その結果テストで満足のいく成果を上げた」と読み替えることもできる。先にも述べたが、テストや単位の取得は学習者にとって大きな意義を持つ外発的動機づけである。自分の努力がテストの結果や成績に表れることは、学生に「学習がうまくいったのは、自分

が勉強したからである」という自律性の感覚を与える。また、テストで満足のいく結果が得られるということは、学生が最も効力感を実感する要因でもある。このような自律性の感覚や効力感が冒頭で述べた学習の良い循環の発端になる可能性は非常に大きいと言える。

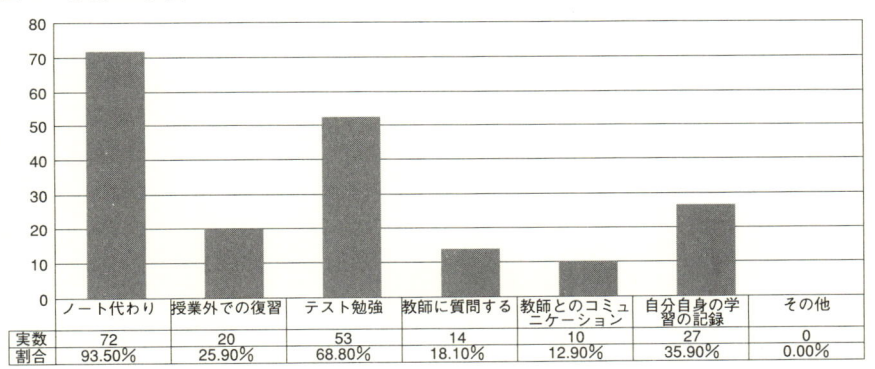

図2　授業の記録をどのように活用しましたか？

	ノート代わり	授業外での復習	テスト勉強	教師に質問する	教師とのコミュニケーション	自分自身の学習の記録	その他
実数	72	20	53	14	10	27	0
割合	93.50%	25.90%	68.80%	18.10%	12.90%	35.90%	0.00%

　授業の記録を、教師へのフィードバックという目的を超えて「自分自身の学習の記録」として捉えている学生も3割を超えている。記録用紙と副教材のプリントなど教室で配布するものにはファイル用にあらかじめパンチ穴を開けてあるため、学生のほとんどがプリント教材と共に記録用紙をファイルに保存している。後期ともなるとファイルはかなり分厚いものになる。この物理的な要素は学生に「これだけ勉強したのだ」という実感を持たせ、それだけでも効力感を高める効果を持つと思われる。また、既習項目の復習やその応用を課題として与えると、教科書ではなくファイルを参照する学生も多い。この3割という数字は、授業記録が繰り返し活用され、学習プロセスの意識化に貢献しているという背景に基づくものと考えられる。

　「教師とのコミュニケーション」のために活用したと回答している学生が10名いる。感想を書く欄には様々なことが書かれるが、時にはそれを受けてこちらが質問をすることがあり、それに対する返事がさらに次の記録に書かれていたりすることがある。おそらくこのような経験をした学生が、授業の記録に教師とのコミュニケーションを取るための機能を見出して回答したものと考えられる。このことは、学習効果を左右する「状況的条件」の重要なひとつである教師と学生の関係性を改善するのに多いに寄与していると考えられる。

4.5 授業の記録は学習に役立ったか

設問 2「授業の記録はドイツ語学習に役立ったか」については、約 8 割の学生が「そう思う」と回答している（図 3）。

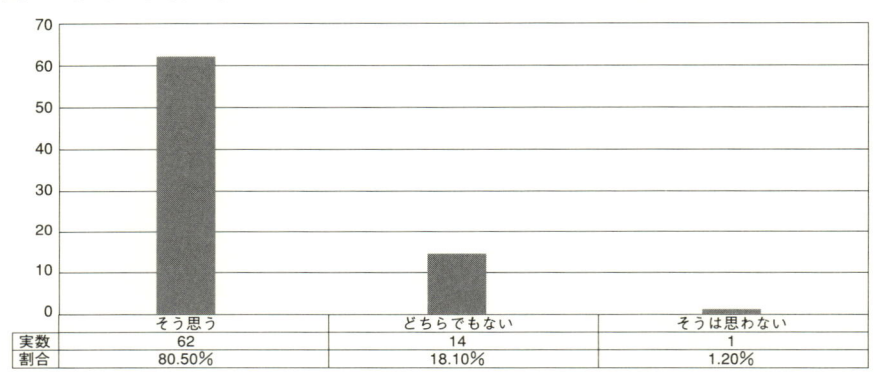

図 3　授業の記録は，あなたのドイツ語学習に役立ちましたか？

	そう思う	どちらでもない	そうは思わない
実数	62	14	1
割合	80.50%	18.10%	1.20%

これらの学生はその理由として次のような記述をしている。
・テスト勉強に役立った
・1回ごとの授業内容をまとめることができ、復習しやすい
・忘れたことを思い出せる
・自分のノートより見やすい

「どちらでもない」と回答した理由としては次のようなものが見られた。
・詳しく書く時間がない
・教科書に書き込んでいたから
・家で勉強をしていないから

学生の中には、記録には時折短い感想を書く程度でほとんど何も記入していないが、よく理解をし、高いレベルに到達する者もいる。このような学生は、自分の学習スタイルを持っており、自分でノートを作成していたりする。個々の学習スタイルは尊重されるべきであり、記録は評価の対象としてではなく、あくまでも学習の補助として取り扱われるべきであろう。

4.6 授業の記録を今後も導入して欲しいか

設問3では授業の記録を今後も導入して欲しいかどうかを尋ねたところ、約8割の学生が「そう思う」と回答している（図4）。この数は、「授業の記録が役に立った」と回答した学生の数をほぼ一致しており、多くの学生が授業の記録を有意義に感じていることを示している。

「今後も導入して欲しい」という理由は次のようなものであった。
- ノート代わりになるから
- テストに役立つから
- 質問や授業についての要望を伝えることができる
- 先生とのコミュニケーションがとれるので
- どこまで進んだかわかりやすい

「そうは思わない」という理由では、
- 使わないから
- 書くことがない時に辛いから

などの記述が見られた。

図4　授業の記録を今後の授業でも導入して欲しいですか？

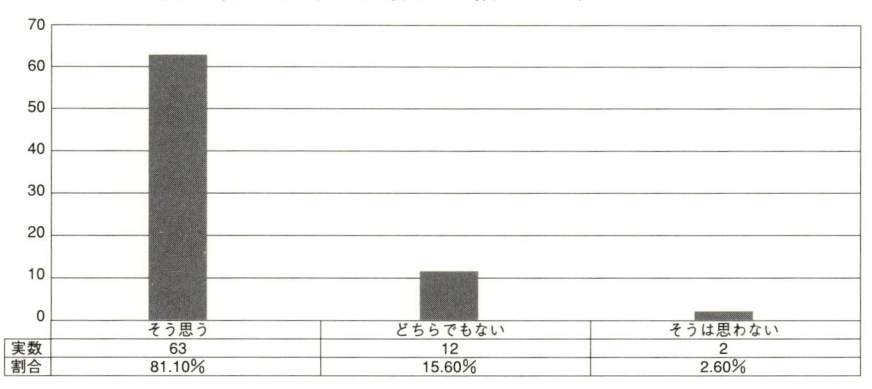

	そう思う	どちらでもない	そうは思わない
実数	63	12	2
割合	81.10%	15.60%	2.60%

学生からは用紙そのものについて、「今日のポイントの欄を大きくして、学習語彙を小さくしてほしい」「理解度の欄はもっと小さくてよい」といった意見が見られた。学生の使い勝手に応じて用紙を工夫することが必要である。

4.7 学習に対する姿勢への影響

設問4では、授業の記録がドイツ語学習に対する気持ちや姿勢に影響を及ぼし

ているかどうかを尋ねた。

この問いについては「良くなった・積極的になった」と回答した学生は約3割で、7割近い学生は「どちらでもない」と答えている（図5）。授業では第1回目から記録を導入しているため、記録なしでの学習との比較ができないことを考えれば、3割の学生がドイツ語学習に対してポジティブな姿勢を自分自身で感じているのは注目すべきであろう。

筆者の主観ではあるが、導入前のクラスに比べると私語が減少し、授業に集中する学生が増えたようである。しかし、記録を導入したからといってそれだけで動機づけが強化されるものではない。授業の内容や方法についてもたえず工夫をすることが肝要である。

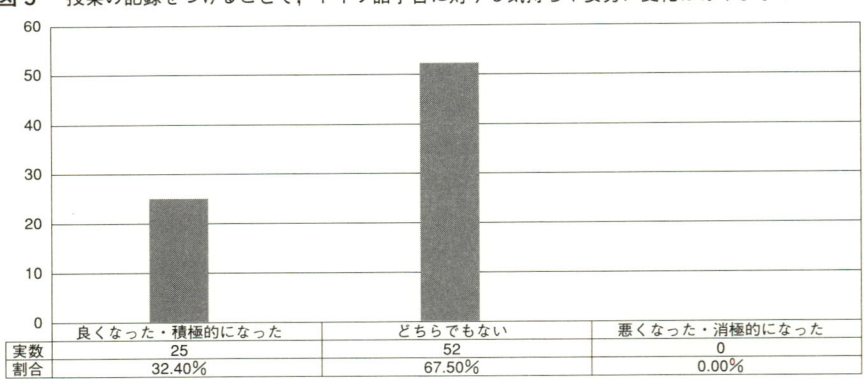

図5 授業の記録をつけることで、ドイツ語学習に対する気持ちや姿勢に変化はありましたか？

	良くなった・積極的になった	どちらでもない	悪くなった・消極的になった
実数	25	52	0
割合	32.40%	67.50%	0.00%

5. 授業の記録が教師にもたらすもの

教師にとっての授業の記録の最大のメリットは、授業に対する学生の反応が直接得られることである。特に、「理解できなかったこと」の欄に学生が書いてくる質問は、学生の理解できなかった点やさらなる練習の必要性を教えてくれるものであり、次の授業を組み立てる際に重要な役割を果たしている。また、クラスメートの前で教師に質問をすることに抵抗を感じる学生にとっては、気軽に質問ができる機会になっているようである。

「今日の感想」に見られる学生の率直な授業に対する意見は、授業内容や説明の仕方を反省する際に大いに役立つだけでなく、授業中では知り得なかった学生

の考えや感情を見ることができる。取り扱ったテーマに対して特に反応が見られなかった場合でも、実際には学生はそれに対して興味を持っていたり、面白がっていたりしていたことがわかる場合もよくある。

　学生の記述に対してコメントを教師が書くと、そのコメントに対するコメントを次の記録に書いてくることもよくある。このやり取りは非常に短いものであるが、学生と教師の一対一のコミュニケーションであり、学生がアノニムになることを防いでいるように思われる。また、授業中に私語や居眠りを注意された学生がそれを詫びたり、その理由を書いてくることもある。理解できる理由もあれば、まったく正当性を欠く言い訳もある。時には、こちらの誤解を指摘され、学生に謝るような場合もある。いずれの場合にも、筆者は正直な感想を率直に記入するよう心掛けている。このようなやり取りによって、学生と授業との関りが強化され、また学生と教師の心理的な距離も縮まっているようである。

　授業の記録を導入することは、教師にとっては、記録に目を通しコメントをつけたり訂正したりすることで生じる負担にもなるであろう。特に提出課題を記録の裏面に書かせて提出させたりした場合には、その日のうちに課題にも目を通し添削もしなければならないので、負担はさらに大きくなる。しかし、仮にこれをデメリットとみなして、授業活動の負の要因として差し引いても、授業の記録がもたらすメリットは余りあるものだと筆者は感じている。

6. まとめ

　この授業の記録については2002年に担当したクラスで導入した後、流通科学大学の外国語教員のためのワークショップで短い報告を行った。その際、「大学生なのにそこまでやる必要があるか？」、「用紙に穴を開けることまで教師がしなければならないのか？」という意見も出された。教材やノートを自分で管理することは、確かに当然かつごく個人的なことであり、教師に言われて行うことではない。しかし、そのような一見正当な論議は、現在の大学生がまだ獲得する段階に至っていない学習ストラテジーを前提にするという点で、学生の現実を無視している。彼らの多くは、事実そのような手順を踏まないことには自律的学習の確立ができない受身的な段階に位置しているのである。学生の現実から出発するという逆の発想をすれば、1枚の紙を導入するだけで授業への取り組み方や学生の意識が改善されるのであり、さらに学生との人間関係を築く上でも大いに役立つ

のである。

　学習の記録を保存することは、欧州評議会（Europarat/Council of Europe）の言語政策部門が開発した言語ポートフォリオ[5]（Das Europäische Sprachenportfolio/The European Language Portfolio）にも見られるように、外国語学習を継続して行う際に重要な役割を果たす。もちろん、外国語学習の第一の目的は言語技能の習得である。しかし、学習者にとってはそのプロセスで、どのように前進し、何を構築したのかを認識することも重要であり、自分の学習活動の足跡が目に見える形で残ることは学習を続ける上で励みとなるであろう。このような学習心理学的な影響力から見ても、自律的学習を基盤とした生涯学習の原理から考えても、言語活動のノウハウを教授する専門家である言語教師が、今より少し多くの時間を授業の準備に投資する覚悟を決め、「授業の記録」のような「認知的コミュニケーションの仕掛け」を導入するならば、その努力はきっと十二分に報われるであろうと筆者は確信している。

注
1) 筆者は1997年度に担当した流通科学大学の授業で、初めて授業の記録の導入を試みているが、このときの記録用紙は細分化された項目はなく、「驚き・発見」「疑問・質問」「感想」の3つの項目による構成であった。
2) Edward L. Deci
3) 流通科学大学でのペア授業は、1冊の教科書を使用して2人の教員がそれぞれ週に1コマずつ、異なる曜日に授業を行う。授業はリレー形式で行われる。
4) ファイルはA4の大きさで、市販されている二つ穴のある紙製のものである。筆者は記録用紙および授業で使用するプリント副教材には、あらかじめファイル用の穴を開けて配布している。
5) 言語ポートフォリオについては http://culture.coe.int/portfolio を参照。

参考文献
近藤弘／山本泰生（1999）：「ドイツ語教育に関する教員の意見―何が急務か―」
　　『ドイツ語教育4』（ドイツ語教育部会会報52）日本独文学会ドイツ語教育部会 pp.50-78.
波多野誼余夫／稲垣佳代子（1981）：『無気力の心理学』中公新書
市川伸一編 a（1993）：『学習を支える認知カウンセリング』ブレーン出版
市川伸一 b（1995）：『学習と教育の心理学』岩波書店
櫻井茂男（1990）：『内発的動機づけのメカニズム』風間書房

外国語教育における文化社会学習
―― 知識伝達型から学習プロセス重視型へ ――

藤原三枝子

> ドイツ事情／文化社会学習／学習プロセス重視型／外国語教育の目標／異文化理解／気づき／多様性／授業活動／ステレオタイプの意識化／学習者の当事者性／アソチオグラム／外からの文化／個の文化／ゲストスピーカー／学習プロセスの自己管理

1. はじめに

　ドイツ語教育の中で、ドイツ語圏の社会や文化的事象、いわゆるランデスクンデ（ドイツ事情）をどのように扱うべきかについてはすでにかなりの実践報告がなされている。とりわけ 90 年代以降、日本のドイツ語教育関連の論文でもこのテーマが取り上げられるようになった背景には、ドイツ語教育においても重点が文法・訳読やパターン練習を中心とする語学教育から、徐々にコミュニケーション能力の養成に置かれだしたことによると考えられる。このような外国語教育の目標の変化の中で、ランデスクンデは、言語教育だけでは十分なコミュニケーション能力の獲得に至らない部分を補完することを主な役割として位置づけられてきたため、日本のドイツ語教育全体の中で文化社会学習が本来どのように行われるべきかについての根本的な検討を欠いたまま今日に至っているように思われる。

　本稿は、日本におけるドイツ語教育および文化社会学習の目標を検討しながら、甲南大学で 2 年生以上の学生を対象に行っている「ドイツ事情」科目の授業実践をもとに、文化社会学習を外国語教育の重要な柱として捉え参加者の学習プロセスを重視した「ドイツ事情」の可能性について考察することを目的としている。

2. 外国語教育における「文化社会事情」教育の位置づけ

　小川（52参照）は日本語教育について、文化学習と言語学習の関係を4つのタイプに分けているが、これを外国語教育全体に一般化すると以下のようになるだろう：
　　　①文化社会事情　＞　言語教育
　　　②文化社会事情　＜　言語教育
　　　③文化社会事情　＝　言語教育
　　　④文化社会事情と言語教育を分ける

　これをGünter WeimannとWolfram Hoschの提案する「認知的」「コミュニカティブ」「異文化間」の3つのアプローチ（Pauldrach 6-8参照）に関連づけて考えると、「コミュニカティブ・アプローチ」における言語教育と文化教育の関係は②に該当する。つまりコミュニケーション能力養成を外国語教育における第一の教授目標としているため、文化社会の学習はコミュニケーションを実現するための手段として副次的な取り扱いを受ける。「異文化間アプローチ」では、外国人がその言語を母語とする人と接する接触場面は母語話者同士のコミュニケーション場面とは異なった特徴をもっているという認識に基づき、目標文化と学習者の母文化との同異を知覚し、異なった価値観に対する感受性の養成を外国語教育の重要な柱と考える。その意味で、言語習得と異文化理解を同時に追求する③のタイプに近いアプローチと言える。④のタイプは、言語教育と文化教育を分けて、例えば「ドイツ事情」部分を知識教育として扱うもので、まず文法を学習しその後文学作品などを講読する従来の文法・訳読法の「認知的アプローチ」がこのタイプに属するだろう。このアプローチによる文化学習は、しばしば教員の個人的な体験談として、「授業でドイツ語の文法ばかり教えるのではなく、時々気分転換にドイツの話をして、学生を楽しませるための題材という域を出ていなかった。」（森田一平72）ことに対する反省から、現在ではかなり否定的に捉えられる傾向がある。①のタイプは、言語教育は文化社会事情教育の一部である、あるいは文化や社会についての学習が先にあってその後に言語教育がある、とする考え方である。例えばネウストプニーの提案する「リテラシー教育」では、後に述べるように、どのレベルの日本語学習者についても社会文化能力が不可欠と考えられている。

外国語教育における文化社会事情がテーマとなるとき、「知識伝達型」か「コミュニケーション能力養成型」かの二者択一的な枠組みの中で語られることが多い。しかし、コミュニケーション能力養成の中に組み込まれていない文化社会学習は知識伝達型であるという考え方には再考の余地があろう。また、目標言語による他者とのコミュニケーションを通じてのみ異文化を理解することができるとすると、我々が理解できる異文化は、その広さも深さも非常に限られたものにならざるを得ないだろう。細川（22）の提案する「異社会を体験し、その過程で他者の文化の多様性を発見していくという問題発見解決の実践」を、学習者が対象文化圏ではなく自分の社会にあって、しかも言語能力を第一義的な学習目標にしない授業で実現することが可能かどうかを探るのが本稿の目的である。外国語教育担当者の教育の理想をすべての学習者に試みるのではなく、文化社会事情の扱いについても学習者の実情と学習目標に即して決定すべきではなかろうか。

3. 外国語教育の目標

　外国語の授業は独立して存在しているのではなく、それを取り巻くさまざまな要因によって影響を受ける複合的な存在である。授業の目的や方法も、言語を目標言語の環境で〈第2言語〉として習得するのか、あるいはその言語圏から遠く離れた地域で〈外国語〉として学習するのか、さらに、学習者がこれから目標言語圏とどのようにかかわっていくのかなどによって、必然的に異なってくる。ネウストプニー（10-18参照）は、日本語教育が目指すべき能力は実質的な「インターアクション能力」であるとしながらも、学習者が日本とこれからどのようにかかわっていくのかによって、教育の異なったフレームワークを想定している。彼は、まず社会言語学の立場から「文化」を文法以外のコミュニケーションルール（非言語的コミュニケーションルールも含む）を理解する「社会言語能力」と、日常生活の行動、経済や政治行動などを理解する「社会文化能力」に分けて考えている。この区別に基づいて、将来、日本人と個人的な出会いがなくとも教育やマスメディアを通じて日本とコンタクトをもつ人に対しては、「社会文化能力」を目標にする「ジャパン・リテラシー1」のための教育を、使用言語は英語で限られた期間のみ日本関係の仕事に携わる商社マンなどに対しては「社会文化能力」の他に「社会言語能力」も目指す「ジャパン・リテラシー2」のための教育を、日本人と恒常的に個人的な接触をもちながら仕事をする人に対しては、「社

会文化能力」と「社会言語能力」の他に、さらにいわゆる語学力である「言語能力」を加えた「ジャパン・リテラシー3」のための教育を提案している。インターアクション能力、コミュニケーション能力、社会文化能力、社会言語能力、言語能力およびそれらとリテラシー1から3との関係は、例えば以下のように図式化されるだろう。

外国語教育のフレームワーク

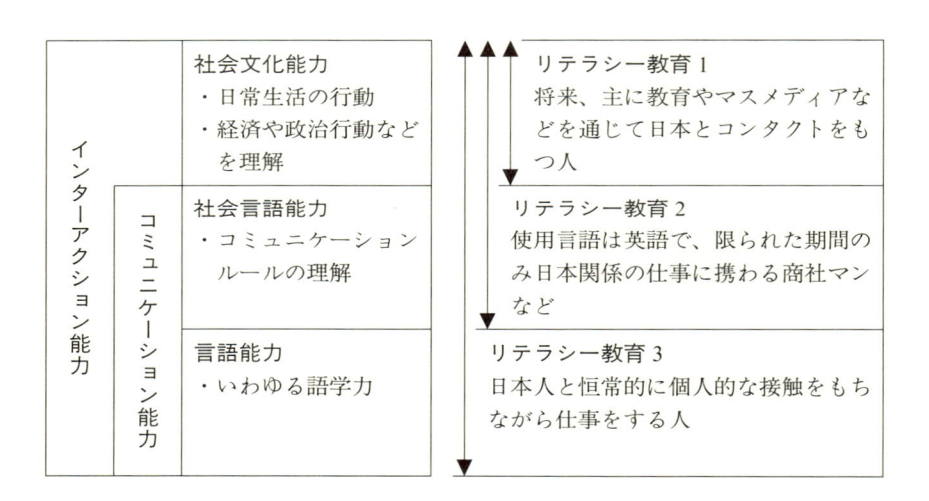

インターアクション能力	コミュニケーション能力	社会文化能力 ・日常生活の行動 ・経済や政治行動などを理解	リテラシー教育1 将来、主に教育やマスメディアなどを通じて日本とコンタクトをもつ人
		社会言語能力 ・コミュニケーションルールの理解	リテラシー教育2 使用言語は英語で、限られた期間のみ日本関係の仕事に携わる商社マンなど
		言語能力 ・いわゆる語学力	リテラシー教育3 日本人と恒常的に個人的な接触をもちながら仕事をする人

　リテラシー教育の考え方で重要なのは、どのレベルでも文化社会の学習が必要とされ、言語能力のみ、またはコミュニケーション能力のみでは外国語教育の目標になれないことを述べている点である。

　日本の大学でドイツ語を学習している学生の多くは、第2外国語としてこれを学び、ドイツ語圏との関わりは今後もマスメディアを通じてそれらの国々について情報を得る程度か、あるいは旅行や仕事で短期間滞在する程度に限られるだろう。そうすると、依然として行われている言語学習中心の授業も、新しいコミュニケーション中心の授業も、将来ドイツと深い繋がりをもつ学生を対象にしたリテラシー教育3の一部をそれを必要としていない学習者たちにも試み、その結果、誰のための、何のためのドイツ語教育かわからない状態に陥っているのではなかろうか。

　以上の論考をふまえて、1年次にある程度のドイツ語教育を受けた学習者が、

ドイツ語圏の社会や文化の学習に興味をもったならば、2年次以降でそれを学習の中心にすえ、コミュニケーション能力の養成は副次的な意味をもつ「ドイツ事情」科目を設定することには十分な根拠があると考える。付録の資料2の授業評価からわかるように、ドイツ語関連授業としてこの科目のみに参加する学生も、コミュニケーション能力養成を目的にする他の科目にも参加する学生も、「ドイツ事情」の文化社会学習中心の授業形態を全面的に支持している。また、目標言語圏の文化や社会についての理解を深めることは、ドイツ語のコミュニケーション能力を身につけるための強いモチベーションに繋がることも少なくない。

4. 「ドイツ事情」教育の目標

　コミュニケーション中心の外国語教育への流れの中で、文化や社会の学習は副次的な意味をもつにとどまっていること、さらに、教師の個人的体験談・雑談として言語学習の埋草的に扱われることが少なくないという事情も、文化学習のあり方について十分な検討がなされていない現状の大きな原因となっていることは述べた。その一方で、1998・1999年に全国規模で実施されたドイツ語教育関連のアンケート結果からもわかるように（近藤 et al.35-37,65-66 参照）、教員も学生もドイツ語学習の意義を第一義的に異文化理解や教養においている。

　それでは、目標言語圏から遠く離れた地域で、大学生を対象とする外国語としての言語教育の場合、文化や社会の学習はどのような目標でどのような手法を用いて行うことができるのだろうか。

　外国語教育の枠内で行われる文化社会学習は、経済や法学などの専門科目で行われる講義とは目標も手法も異なってくる。講義科目では、当該分野に関する知識の獲得を授業の目的とする場合が多いだろうが、外国語教育では、外面的な事実の一方的な受容ではなく、異文化を自文化と比較・分析し、同じ社会に属する人々の多様性を理解する学習のプロセスが重視されるべきである。ドイツ語圏の各ドイツ語教育学会（Deutschlehrerverband）が共同提案した「ABCD-Thesen」は、ランデスクンデがドイツ語授業の中で果たすべき役割と方法への指針を提示している。その These 4 では、第一の課題をインフォメーションの伝達ではなく、異文化に対する「感性を高め異文化と関わる際の能力・ストラテジー・技能を開発することである」としている。「そうすることで、異文化現象がよりよく判断され、相対化され、自分自身の現実と関連づけることができる。このようにして、

偏見や型にはまった理解が可視化され取り除かれ、同時に眼識のある寛容さが開発されるのである。」(ABCD-Thesen 60)

矢部（20 参照）は、Seelye が「異文化をもった他者への興味・共感」を文化学習の目標の第一に掲げている点を指摘し、文化を捉えていくプロセスの中で認知的な面だけでなく情緒的な面の重要性を強調している。相手の行動の背景にある要因を考え、自分の行動と照らし合わせて、自分も相手も「社会の習慣に影響を受けたり環境の中で与えられた選択肢の中から自分の欲求を満たせるものを選んである行動を選択している」ことに気づくことにより、異文化を持つ他者への共感が促されるのである。

また、Neuner/Hunfeld（110-113 参照）は、テーマ選択に関して、学習者自身の生活経験と繋がりのあるテーマを選ぶことによってのみ、自分の世界と異文化世界についての考察を進めることができると述べている。学習心理学の原則によれば、新しい知識や経験は既存の知識や経験に関係づけられ埋め込まれてはじめて受容されるが、この取り込みのプロセスこそが最終的に学習者の視野の拡大と人間性の陶冶に繋がるのである。

以上の考察を踏まえて、筆者は〈外国語としてのドイツ語教育〉においては文化や社会の学習により多くの比重を置くべきであること、その際、たくさんの知識を伝達することよりも異文化理解の学習のプロセスに重点を置くべきであるとの立場にたち、「ドイツ事情」教育の目標を以下のように提案する。

①ドイツ語圏の文化や社会、人々への興味・関心・共感を養成する。
②テーマに対する当事者性を引き出し、異文化に対する知覚能力や感情移入能力を養成する。
③我々の中には異文化に対する固定観念が存在することに気づく。
④個人は社会や環境が与える選択肢の中から自分の欲求を満たせるものを選んである行動を選択していることに気づく。
⑤目標言語圏に生きる個々の人々の多様性に気づく。
⑥表面上は異なっているように見える文化・社会状況も根底には共通性や普遍性があることに気づく。
⑦自文化・社会に対する洞察を深める。
⑧学習のプロセスを意識化し、自己管理する能力を養成する。

5. 学習プロセス重視型の「ドイツ事情」教育

　言語をその言語が話されている地域で習得する場合には、対象文化や人々との絶え間ない接触によって、その文化や社会についてそれまで抱いていたイメージが絶対的なものではないことに気づく機会は多いと思われる。しかし、目標言語圏から遠く離れた地域での外国語教育の中で、知識伝達ではなく異文化を理解するプロセス重視の文化学習を可能とするためには、例えば「普段の生活の中では学習者が直接に触れる機会の少ない〈異文化〉をあえて教室の場に呼び込み、触れさせる」（矢部 22）工夫など、授業設計においていくつかの工夫を必要とする。

　以下、甲南大学で行っている「ドイツ事情」教育の概要と、授業で中心的役割を担っている授業活動や工夫を紹介し、さらに、これらと4章で述べた教育目標との関連性について述べる。

5.1 「ドイツ事情」教育の概要

　「ドイツ事情」科目は、少なくとも1年間ドイツ語を学習したすべての学部（文学部・理工学部・経済学部・経営学部・法学部）の学生を対象として、週1回（90分）開講されている自由選択科目である。2年生以上を対象とするドイツ語関連の科目は全部で4科目あるが、他の3科目（リーディング、コミュニケーション、実用ドイツ語）が言語学習に重点を置いているのに対し、この科目はドイツ語の習得に副次的な意味しか与えていない。「ドイツ事情」履修者の外国語学習状況は、英語習得にも積極的な学生からドイツ語のみを継続履修している学生、ドイツ語関連では言語学習中心の他の3科目すべてに参加している学生から、この「ドイツ事情」のみを履修している学生と多様である。筆者が担当する「ドイツ事情」クラスでは、特定の教科書は使用していない。教科書使用に伴う弊害が少なくないからである。以前、Inter Nationes 出版のランデスクンデ教材 C. Coit 著 *Was möchten Sie wissen?* を使用したが、ドイツで出版された全文化圏型教材の問題点として、ドイツ人の視点から見た一方的なドイツ紹介である場合が多いこと、時間的経過に耐えられる題材が選定されるために差障りのない一般的なテーマが多く、時事的な話題や論争的テーマが選ばれにくいこと、目標文化圏を代表する生活様式なり思考方法などを学習することになり、実際には集団としての文化差よりも大きい可能性のある「個の文化」の差や多様性が見えにく

いことなどが挙げられるが、一番の弊害は学習者に固定化したドイツ像を植えつけかねないことであろう。プロセス重視の文化学習では、教師の試行錯誤の中で教材を作成していく方法しかないというのが結論である。

5.2 プロセス重視の「ドイツ事情」教育のための授業活動と工夫

○ステレオタイプの意識化のための授業活動
(1)学生の頭の中のドイツ像

　異文化能力の養成とは、学習者のステレオタイプ的な文化社会観を崩していくことに他ならないと筆者は考えている。そのプロセスは、対象文化に対する固定化したイメージが自分の中に存在することを意識化することに始まる。この目的のために、「ドイツ事情」では、毎年4月の授業でドイツに対する自分のイメージをコラージュで表現する作業を行っている。コラージュ作成の材料としては、Spiegel, Stern, Brigitteなどドイツで出版されている雑誌や各種パンフレット、Frankfurter Allgemeine や Die Zeit などの新聞を教師が提供する他に、学生自身が資料を持参する。コラージュにドイツ語や日本語でコメントや説明をつけることも自由である。学生たちがもっているドイツに対するイメージの分析は付録の資料1に載せているので詳しくはそちらをご覧いただきたいが、学生たちのドイツ像を集約すると、「美しい自然環境の中にお城や木組みの家々が立ち並ぶなかをドイツ車が走り回る一方で、環境保護のために努める国。そこに暮らす人々は、音楽を愛し、ビールやワイン、ハムやソーセージを好み、F1やサッカーなどのスポーツを楽しむ。この平穏な日常も、実はヒトラーに象徴され

る戦争の暗い過去を背負っている。」とでもなろうか。コラージュ作成の作業はすでに5年間続けているが、学生たちのイメージに大きな変化は見られない。作成したコラージュは、グループ内やクラス内で意見交換の材料として使用される。自分の知らなかったドイツの一面を知る場合もあるが、お互いのドイツ像が似ていることを確認する場合が多い。

(2) 海外における日本および日本人像

　日本人や日本文化が海外でどのように紹介されているかを知ることは、ステレオタイプの強固さを確認するためにも効果的である。「ドイツ事情」の授業では、ドイツの雑誌が日本の日常として紹介している写真や、阪神淡路大震災の日本人の行動について、世界の有力紙がどのような日本人論を展開しているか、などを考察の材料にしている。自分たちの文化を外から見るパースペクティブの転換が必要となる。ジャーナリズムは、異文化に対して固定的なイメージを作り上げる危険性をもっていることを意識化する機会ともなる。

　これらの活動は、4章で述べた「ドイツ事情」教育の目標の主に③および⑦に関係しているが、作業を通じてテーマを自分のこととして捉えることになり、②の目標とも関係している。

○テーマに関する既存の知識や体験を活性化・意識化する授業活動

　教室内で担当者が異文化についての新しい情報を一方的に与えるという方法では、学習者は受身の存在となり、テーマについて自ら考えたり共感したりする機会をもつことが難しい。理解も表面的にとどまり、教育目標として挙げているさまざまな「気づき」への道が閉ざされてしまう。非ドイツ語社会（海外）の教室内での文化学習では、学習者がテーマをどれだけ自分のこととして捉えることができるかに授業の成果がかかっているといっても過言ではないだろう。この学習者の当事者性を引き出すために、どのようなテーマを扱う場合でも、学習者がこれまで得た知識や体験を活性化することは有益である。この目的のために、新しいテーマに入る際にはそのテーマに関する学習者個人の思いや連想を集めるアソチオグラムを作成させている。学習者にとってテーマが身近であればあるほど記憶は鮮明になり、豊富な記述がなされる。言語はドイツ語でも日本語でも自由である。例えば、ドイツの初等中等教育をテーマにする授業でははじめに学生に「私の学校時代」のキーワードで自由に連想をさせる。記述は、当時の担当の先生の名前や給食の好き嫌い、休み時間の遊び、塾通いなどかなり具体的、個別的

になる可能性が高い。この作業は、直接的には教育目標の②に関連するが、他のすべての目標を実現するための土台にもなっている。

○情報源の多様性
　「ドイツ事情」教育に特定の教科書を使用する際の弊害については 5.1 で述べた。扱うテーマは学習者と関わりのある事柄、時事的な事柄が中心となるため、既成の教科書では対応できないことが多い。例年最後の授業で行う学生による授業評価は、扱った個々のテーマについての評価も含むので、次年度の授業計画はその結果に基づいて行い、授業開始後に補足修正を行う。このような柔軟性が要求される授業では、担当者はテーマになると思われる事柄の新しい情報や視点につねに意識を向けておく必要がある。ドイツ語圏や日本あるいは英語圏で出版される新聞や雑誌、ニュースや特集のビデオ録画、信頼のおけるインターネット上の情報、ドイツ滞在で集めた資料や収録したビデオ、ゲーテ・インスティトゥートや大使館などの提供する資料、写真、もちろんドイツ語教材（例えば Goethe-Institut Inter Nationes の"Einblicke"など）もテーマによっては重要な資料となる。授業を行う教室環境は、ビデオや音声を再生できるだけでなくインターネット情報もプロジェクターで投影できるマルチメディア教室が望ましい。

　生の資料を配布する場合でも、テーマについて多様な視点から考えるきっかけを参加者に与えるために、適切な問題を課すことが必要である。また、ドイツ語の資料が学習者の言語レベルを上回る場合や重要な点をピックアップしたい場合には、資料の教材化は是非必要である。この作業を蔑ろにすると、授業が資料の講読で終わってしまい、テーマそのものについて考えたり討論したりする本来の授業活動にまでに至らないことが多い。これらの工夫は、教育目標の①である学習者がテーマに対する興味や関心を深めるためには不可欠である。

○ゲストスピーカーとのインターアクション
　学習者の中に、ある文化についての固定的イメージが形成される過程に関わるものとしては、マスメディアによる偏った情報、教科書からの影響、対象文化圏に関わる人（例えば教師）が話す体験談など、個人の成長の過程で受動的に得た情報が多いと思われる。対象文化・社会に住む人々の多様性に気づき、表面的な相違の中に共通性や普遍性があることに気づくことを目的とするプロセス重視型の文化社会事情教育では、この「外からの文化」からいかに解放されるかが重要

になる。細川（20-21参照）は、「外からの文化」に対して、社会を支える個々人が有するさまざまな認識と可変性を「個の文化」と名づけているが、海外、とりわけ日本でのドイツ語教育のように、目標言語圏から遠く離れた地域における文化学習においてはこの「個の文化」と対峙する経験をできるだけ多く授業の中に取り入れる工夫が教師には求められる。それを可能にする方法として、目標文化を母文化とするゲストスピーカーを授業に招き学生とのインターアクションを可能にする授業活動が考えられる。また、ネイティブスピーカーでなくとも、目標言語圏の文化と深く関わっている日本人を授業に招くことも考えられる。これらの活動をより効果的に授業の中に取り入れるために、教師側のストラテジーとして以下の点を挙げたい。

(1) テーマと直接的に関わるゲストを招く

　「ドイツ事情」教育にゲストスピーカーを招く場合は、テーマに深く関わっている人を招くことが基本である。ドイツでの学生生活がテーマであればドイツ人学生やドイツに留学していた経験をもつ人、ドイツでの家庭教育がテーマであれば実際に子育てをしている母親がゲストとなる。たとえネイティブスピーカーをゲストとして招いても、その人にテーマに関する個人的な体験が少なければ「個としての文化」を我々に伝えることが難しい。

　2003年度前期の「ドイツ事情」科目では、例えば「ドイツの若者」のテーマでゲストスピーカーを招いた。授業に参加した若者2名は、兵役を拒否し代替社会奉仕勤務（Zivildienst）を選択して、尼崎の老人ホームで働くドイツ人青年である。「ドイツ事情」を履修しているどの学習者も、1年次に使用しているドイツ語共通教科書での学習を通じて、ドイツに兵役が存在すること、また兵役を拒否した場合それに代わる社会奉仕が課されることを知識としては知っている。そのような役務に実際従事する同年代の青年たちをゲストスピーカーとして招き、どのような考えに基づいて代替勤務を選択したのか、実際どのような仕事をこなし、どのような思いを抱いているのかなどを彼らから直接聞くことによって、兵役の問題についての理解が深まるだけでなく、異文化に生きる若者への共感や関心が生まれる。矢部も（21参照）、文化学習においては、対象となる個人を理解していくことを通してその背景にある文化を理解していくことが重要であること、個人的な生のインターアクションの導入により、「個人から文化を見る視点」が養われることを強調している。

(2) テーマに対して異なった態度や見方をもつゲストも招く

　ゲストスピーカーとのインターアクションは、学習者にとって新鮮であればあるほど、ゲストの意見が学生たちのステレオタイプ形成に繋がってしまう危険性があることを担当者は十分に意識しておく必要がある。同じ課題に対しても異なった選択肢や意見があることに学習者が気づくために、資料を提示し学生とディスカッションすることが必要である。理想的な方法としては、テーマに対して異なった経験や意見をもつゲストスピーカーを教室に招くことであろう。2003年前期の授業では、上記の 2 名の青年たちを招いた後で、「ドイツの大学で学ぶ」というテーマで、日独文化交流のための機関で研修を行っているミュンヘン大学のドイツ人学生をゲストとして招いた。この学生は兵役を選択した学生であったので、兵役の実態やこの選択肢を選んだ彼の考え方などを聞くことで、学習者たちは兵役代替社会奉仕勤務を選択した学生たちの話と比較しながら事柄に対する理解を深めると同時に、同じ文化圏の中でも考えや行動に多様性があることに気づくことが期待される。また、日本にはどうして兵役がないのか、など日本についての理解を深めるきっかけにもなる。ディスカッションの中でゲストスピーカーに対して、「日本人の若者たちをどう思うか？」という質問がよくなされるが、これは学習者たちが自分たちの文化を客観視し始めたサインと捉えることができよう。

　同年代の若者たちとの教室での出会いは、授業後に教室外での交流へと発展することが多い。ある一定期間日本に滞在するドイツ人学生にとっても日本人学生にとっても、双方向的に互いの文化の多様性を理解するためには、お互いの個人的ネットワークを介して出会いの輪が広がることが望ましい。

　ゲストスピーカーをどのように探し出すのか、という問題がある。2003年度前期は14回の授業で 4 つのテーマで 4 回、合計 5 人のゲストスピーカーを教室に招いた。内 2 名は授業担当者のアレンジによるが、他の 3 名のゲストスピーカーは学生たちの個人的ネットワークを通じて授業参加が可能になった。学習者たちが主体的に授業運営に関わることで、授業は活性化され、学習の度合いも深まっていく。

授業の目的が文化社会学習であって言語習得は副次的な意味をもつにとどまる「ドイツ事情」教育では、目標言語の使用にこだわらない。ネイティブスピーカーを授業に招く場合、多くの部分を授業担当者が通訳する場合もある。ディスカッション部分もどの言語を使うかは学習者に委ねられる。ドイツ語で学習者が質問したとしても回答が込み入ったドイツ語である場合は担当者が通訳者となる。要は、学生が臆せずに質問したいことを質問できる状況とそれに対する回答を理解できる可能性を保障してやることである。日本で研修や社会奉仕勤務を行うドイツ語圏の若者たちはかなりの日本語能力を身につけている場合が多いので、担当者が通訳する場面は少ない。

ゲストスピーカーとのインターアクションによって、対象文化・社会に関心をもち、そこに住む人々に共感を抱き（教育目標の①）、人々の多様性に気づいたり（⑤）、一見異なって見える文化の根底に共通性や普遍性があることに気づく（⑥）ことが期待される。実際、学習者たちが毎時間行っている授業記録にはそのような言及が少なくない。同じ課題に対して異なった決断をし、実行している複数のゲストスピーカーとのディスカッションを通じて、個人は社会や環境が与える選択肢の中から自分の欲求を満たせるものを選んである行動していることに気づく（④）ことも期待されている。

<u>(3) 対象文化を異文化として学ぶ同じ学習者をゲストとして招く</u>

ドイツ語圏の特定のテーマを深く追求している学生をゲストスピーカーとして授業に招くことは、あるテーマについて調べる場合の具体的な方法論とプレゼンテーションの仕方を学ぶ機会を学生に提供してくれる。「ドイツ事情」では、学習者に個人でもグループでも自ら選択したテーマで発表する機会を与えているが、テーマとの関わり方がどうしても知識偏重になる傾向がある。2003年度前期には、ワーキングホリデー制度を利用してドイツのユダヤ関連博物館の補修作業に従事して以来、第2次世界大戦中のユダヤ人をテーマとして研究している学生がゲストとして授業に参加した。同大学の同年代の学生が異文化とどのように対峙しているかを体験することは、学生たちにとってテーマに対する取り組み方のヒントとなる場合が少なくない。

○学習のプロセスを意識化し自己管理するための活動

毎時間の学習の中で、どのような新しい知識が増えたのか、どのような新しい気づきがあったのか、そしてテーマとの関わりでどのように感じたのかなどを、

各学習者が毎時間の最後に"Sprachenportfolio"と名づけた用紙に記録する。これは、テーマの最初に行うアソチオグラムや授業で配布されるかなりの量の資料とともに毎回自分のバインダーに綴じられ、学習のプロセスを意識化しテーマに対する自分の認識の変容を確認する学習者個人の重要な資料となる。"Sprachenportfolio"と名づけた理由は、ヨーロッパ協議会のEuropäisches Portfolio für Sprachenの理念に基づき、この記録が「ドイツ事情」教育にとどまらず、言語習得を中心とした他のドイツ語授業や英語あるいは他外国語の学習、さらに大学での外国語学習だけでなく他の言語教育機関での学習や語学試験証明書、海外での滞在などもすべて記録し、学習者が言語や文化学習を自分で管理することを最終的な目標としているからである。この作業は、直接的には⑧の教育目標と関連しているが、授業中の出来事と対峙しさまざまな気づきを意識化するという意味で、②など他の教育目標とも深く関わっている。

6. おわりに

　非ドイツ語社会である日本においてドイツ語を学習している学生のニーズはさまざまである。ドイツ語圏の文化や社会に強い関心をもつ学生たちがドイツ語の習得にも同じように強い関心と必要性を感じているとは限らない。「ドイツ事情」クラスには、言語習得に関して多様な経歴と関心をもつ学生たちが集まってくる。文化学習は必ず言語学習の中で行われるべきであるという教師の理想を学習者に強いることは、対象文化や社会に対する学習者の関心を低下させてしまいかねない。本稿は、文化学習中心の授業で、教師が文化を既存の知識や情報として伝えることに終始するのではなく、学習者自身が具体的事象の観察を通じて対象文化を理解しそこに生きる人々の多様性を知るプロセスを重視する授業の可能性について、具体例を交えて論じた。学習者の授業評価でも、付録の資料2にあるように、言語学習を副とし文化学習を主とした「ドイツ事情」の授業が、語学の学習に積極的に取り組んでいる学生からも、そうでない学生からも全面的に支持されている。

　知識注入型の「ドイツ事情」教育では、際限のないテーマの選択肢の中から何を教えるのかが重要な視点となるが、プロセス重視の教育では、むしろ学習者がどのようにテーマと関わっていくのかが重要になる。教室外で学習者が新しいテーマと向き合ったときに、ステレオタイプに陥ることなく、その文化に生きる

人々の多様性を想定し、人は環境が許す選択肢の中から他のものを選択する可能性もあることを予測する態度を身につけることが望まれる。

　海外のドイツ語教育では、授業の中に生き生きとした異文化環境を取り込むための工夫が担当者には要求される。そのためには、つねにドイツ語圏の動向に注意を向けている態度や、目標言語関連の文化機関などとネットワークを維持することなど、普段の努力が不可欠となる。社会も文化も決して固定したものではない。「個の文化」の視点から見ればその多様性には限界がない。担当者も学習者とともに文化の多様性に気づきながら、一緒に学習のプロセスを辿っているのである。

参考文献

小川早百合（2002）:「文化"知識"としての"日本事情"再考」、『21世紀の「日本事情」』第4号、くろしお出版、pp.52-66

近藤弘 et al.（1999）:『ドイツ語教育の現状と課題－アンケート結果から改善の道を探る－』ドイツ語教育に関する調査研究委員会編、日本独文学会ドイツ語教育部会

ネウストプニー、J.V（1995）:『新しい日本語教育のために』大修館書店

藤原三枝子（2000）:「異文化理解教育としてのドイツ語教育－言語教育から文化リテラシーへ－」、『京都ドイツ語学研究会会報』第14号、pp.17-30

細川英雄（2000）:「崩壊する「日本事情」－ことばと文化の統合をめざして－」、『21世紀の「日本事情」』第2号、くろしお出版、pp.16-27

森田一平（2001）:「ドイツ語教育におけるランデスクンデの役割と可能性－異文化理解能力、コミュニケーション能力、文法能力習得のために」、森田昌美編『ランデスクンデ再考、総合的言語学習に向けて』、日本独文学会研究叢書006、pp.70-93

森田昌美（2001）:「能動的な言語学習を可能にするランデスクンデ－初級後半のドイツ語授業の具体例－」、森田昌美編『ランデスクンデ再考、総合的言語学習に向けて』、日本独文学会研究叢書006、pp.26-49

守時なぎさ（1999）:「中央ヨーロッパにおける「日本事情」教育の可能性について」、『21世紀の「日本事情」』創刊号、くろしお出版、pp.70-82

矢部まゆみ（2001）:「海外の初中等教育における日本語教育と〈文化リテラシー〉」、『21世紀の「日本事情」』第3号、くろしお出版、pp.16-29

ABCD-Thesen zur Rolle der Landeskunde im Deutschunterricht (1990): *Fremdsprache Deutsch 3*, München, Klett Edition Deutsch, pp.60-61

Neuner, Gerhard/Hunfeld, Hans (1993): *Methoden des fremdsprachlichen Deutschunterrichts. Eine Einführung*. Fernstudieneinheit 4, Berlin, München, Wien, Zürich u. New

York: Langenscheidt

Pauldrach, Andreas (1992): Eine unendliche Geschichte – Anmerkungen zur Situation der Landeskunde in den 90er Jahren – In: *Fremdsprache Deutsch 6*, München, Klett Edition Deutsch, pp.4-15

付録資料1　　コラージュに見るドイツ像

（2003年度：参加学生25名）

頻度：X＝1～4回、XX＝5～9回、XXX＝10回以上
同一のコラージュに同じモチーフが複数回現れた場合は1回と数える。

モチーフ			表れる頻度	具体例
地理	自然		XX	草原、森
	ドイツ地図・国旗		XX	
	EU		X	
歴史	第2次大戦・軍隊		XXX	ヒトラー、プロイセン
	騎士		X	
建築	城・宮殿		XXX	ノイシュヴァンシュタイン、ヴァルトブルク
	歴史的		XXX	旧市街、帝国議会、ブランデンブルク門
	現代的		X	高層住宅
政治	政治家		X	シュレーダー
経済	工業	車	XXX	フォルクスヴァーゲン、ベンツ
		刃物・ペン	X	ゾーリンゲン
	交通		XX	ドイツ鉄道、ルフトハンザ、インターシティー
	農業		X	ブドウつみ
科学	精密機械		XX	時計、カメラ
	医療		XX	先端技術
	環境		XX	風力発電
	人物		X	アインシュタイン
日常生活・芸術文化	食文化	飲み物	XXX	ビール、ワイン
		食べ物	XX	ハム・ソーセージ、パン、ジャガイモ
	人々		X	老女、幼児、若者
	音楽・オペラ		XX	魔笛
	動物		X	犬
	余暇		X	登山、水泳
	祝祭		X	民族衣装でのパレード
	文学		X	ゲーテ、シラー、グリム童話
	スポーツ		XXX	シューマッハー、サッカー

付録資料2　2003年度「ドイツ事情」前期授業評価結果抜粋

参加人数27名（男性12名，女性15名）

他のドイツ語科目も履修しているか
- 履修していない 48%
- 履修している 52%

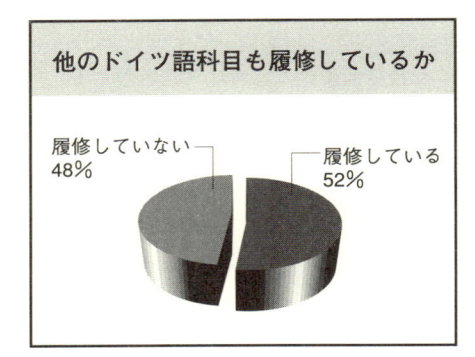

英語科目も履修しているか
- 履修していない 30%
- 無回答 4%
- 履修している 66%

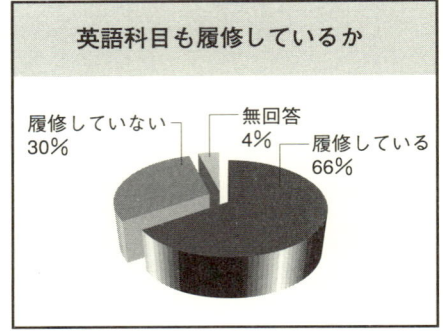

ドイツ語学習をほとんど行わなかったことに対する意見
- ドイツ語も学習したかった 0% 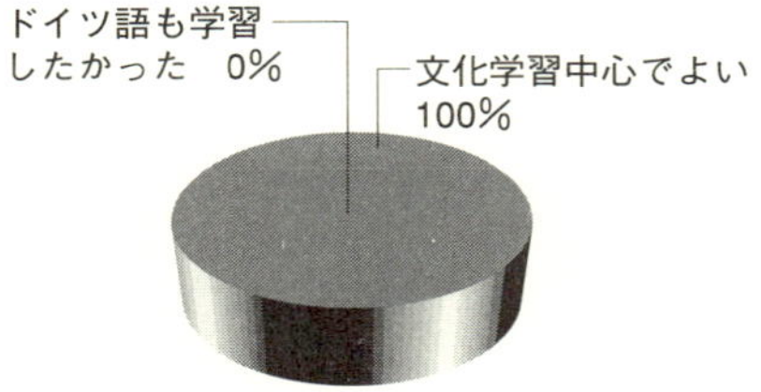
- 文化学習中心でよい 100%

ドイツに対するイメージが多様化したと思うか？
- そう思わない 0%
- 少しそう思う 19%
- そう思う 37%
- とてもそう思う 44%

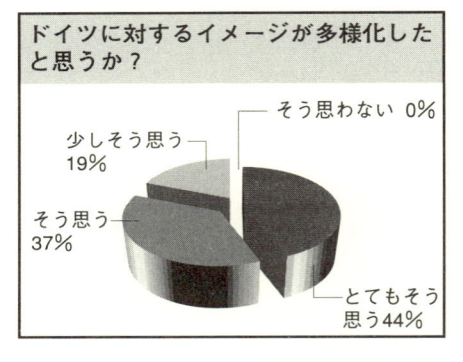

ゲストスピーカー・アクティビティーをどう思うか
- よくないと思う 0%
- どちらとも言えない 0%
- よいと思う 19%
- とてもよい 81%

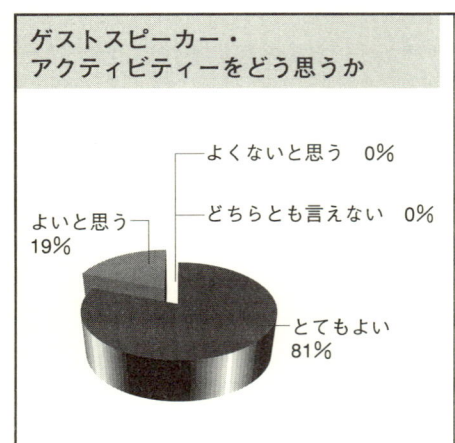

ゲストスピーカー・アクティビティーに関する自由記入
- 色々な意見を聞き，多様な視点から考えることができた。
- 日本で外国の文化を学ぶ環境は少ない。
- 文献には載っていないことを知ることができ，ドイツ語学習のモチベーションが上がった・
- ドイツ人と接触できる唯一のチャンスなのですごくうれしい。
- 実際のドイツ人の話は，どんな資料よりも実感しやすく勉強になった。
- 色々な人の話を聞くことで「ドイツはこう！」という偏った考えになることなく，幅広く知ることができる。
- 他文化に触れるにはその土地の人の話を聞くのが一番だと思う。
- ドイツ人にも色んな人がいるし，その人々が思うドイツに対する考えが聞ける。
- 映像や本だけでは見聞きできない本音が聞けた。
- 実際のドイツ人に会うまではどうしても自分のイメージから離れられなかった。けれど会うと本当に相手も自分と変わらない人間なんだと思った。色々気づくことができた。

第3章　自律的な学習とその能力の育成

自立的学習能力の育成に重点を置いた読解教育
　― 二・三年次の学習者を対象とする大学ドイツ語教育の一例 ―

学習者の自律性育成を目標とする初修外国語教育の試み
　― 学習ストラテジー、教科書、課題・作業形態 ―

授業外学習の試みと自律的学習について
　― 第二外国語教育としてのドイツ語教育の場合 ―

自律的な学習を促す「独習」の試み

ドイツ語圏仮想旅行プロジェクトによる自律的学習

自立的学習能力の育成に重点を置いた読解教育
— 二・三年次の学習者を対象とする大学ドイツ語教育の一例 —

原口　厚

溜め込み型学習／高偏差値・低学力／自立的学習能力／マシュー効果／特定領域集中型読解法／有意味学習／先行オーガナイザー／第一回目の授業

---

1. はじめに

　外国語の運用能力形成には一般に多くの時間と労力を必要とする。一例として、「約2000語の基礎的な語彙と基本的な文法を習得」し、「日常生活場面で適切な意思疎通がはかれる程度の会話力、および文章理解力・文章表現力」を証明する〈Zertifikat Deutsch（ドイツ語基礎統一試験）〉はおよそ400-600時限（1時限45分）の授業の履修を前提としている（Goethe-Institut）。これに対して大学での授業時間数は、90分の授業を週に2回ずつ2年間に合計50週間行うとしても200時限程度にすぎない。また一般に一学級の学習者数も多く、こうした授業条件の中で学習者に〈読む〉、〈書く〉、〈聞く〉、〈話す〉にわたる運用能力の完成を要求することは非現実的である。しかしその一方、国際関係の緊密化と生涯学習社会の進展の中で今後の日本人にとって外国語の実際的運用・学習能力が求められる可能性は更に増大することが予想される。こうした状況の中でドイツ語教育を単なる「学校課題」[1)]ないしは員数授業に堕さしめることなく、意義ある授業として機能させるためにはどうすればよいのであろうか。小論はこうした観点から、ドイツ語を一外国語として学ぶ二・三年次の学習者を対象として、戦術レベルで対応可能な読解教育改善の方策について考えてみたい[2)]。

2. 〈読む〉とはどのようなことか

だれのゆびわ　　　　　　　　　　　　　　　　（小嶋 107）

　このテキストはどのように読めばよいのであろうか。二番目と最後の文字は形の上ではまったく同一であるにもかかわらず、このテキストが〈通常〉、ほぼ自動的に〈だれのゆびわ〉と読まれるのは二番目の文字を〈れ〉、最後の文字を〈わ〉と読み分けることによって日本語としてのつじつまが合うからにほかならない。このことはテキストの理解が、インクの染みが網膜に対して光学的刺激を及ぼすという方向によってのみ行われるのではなく、読み手の日本語についての既有知識がインクの染みの形に意味を付与するという方向でも行われていることを物語るものである。前者のように「個々の物理的言語（音）刺激から言語知識に基づき、より上位の単語、フレーズ、文、文章等へ、上昇的に進められる情報処理」（杉谷 10）は一般に〈上昇型処理（bottom-up processing）〉ないしは〈データ駆動型処理（data-driven processing）〉と呼ばれる。逆に後者の場合のように、上位の単位からより下位の単位に向けて、すなわち「受容者が既有の世界知識や状況知識に基づき、概念から進めていく理解の過程」（杉谷 9）は〈下降型処理（top-down processing）〉ないしは〈概念駆動型処理（conceptually driven processing）〉と呼ばれる。したがってテキストの理解は下降型処理と上昇型処理の相互作用の中での〈予測〉・〈検証〉・〈修正〉のプロセスを通じて行われていると言えよう。なお、このテキストを使用した授業例は 168 頁を参照されたい。

紙箱屋
（新民晩報　1996 年 1 月 25 日）

　この語の意味内容をまず考えてみていただきたい。多くの場合、若干の違和感と疑念は感じつつも、〈紙箱の販売店・販売業〉として理解されるのではないだろうか。しかしこれを 168 頁に教材Ⅱとして掲げたテキスト全体の脈絡の中で考えるならば、〈段ボールの小屋〉を意味することが即座に理解されよう。これはなぜであろうか。それはまず我々は〈浮浪者は小屋を作るのに段ボールをよく使用する〉という世界知識を有しており、こうした非言語的知識と漢字についての言語的知識を相関させる中で〈紙箱屋〉を〈段ボールの小屋〉と解釈することが

このテクストの内容に対して整合的であると判断するからにほかならない。

以上のように、テクストの理解は言語的知識の単なる算術的加算によって行われるのではなく、概念的知識もまた不可欠の役割を演じている。すなわち読解とは、ありとあらゆる知識・能力を動員して行われる〈総力戦〉であり、読解能力とは総合的理解能力にほかならない。総合戦力という考え方を重視するアメリカの Nimitz 海軍大将の「《海軍力とはあらゆる兵器、あらゆる技術の総合力である。戦艦や航空機や上陸部隊、商船隊のみならず、港も鉄道も、農家の牛も、海軍力に含まれる》」（戸部 320）ということばに倣うならば、〈読解力とはあらゆる言語的知識・能力、あらゆる非言語的知識・能力の総合力である。文法や語彙や造語法、テクスト構造の知識・能力のみならず、専門的知識も一般常識も、日々の生活体験も読解力に含まれる〉と言えよう。

3. 状況と問題点

明治維新による武士階級の廃絶と学校教育制度の創設により、学歴は立身出世による階級移動の要件となった。その結果、明治 30 年代半ば頃から高等学校の入学試験は激化する（竹内 a 76）。小論との関係において重要なのは次の指摘に見られるような試験の中身である。

「試験はどんな場合でも受験者に《預金型》学習を強いる。《預金型》学習とはつぎのようなものだ。知識はすでにパッケィジとして存在している。その知識が実際に何を意味するかなどは知る必要がない。従順に入れものを一杯にし、預金を蓄えようとする学習である。ひたすら暗記し、反復する学習モデルが預金型学習である。預金型学習モデルは、なんらかの程度で試験のあるところどの社会にも見られる。日本の試験だけが特別というわけではないが、日本の入学試験は純粋型に近い預金型（溜め込み型）学習を必要とした」（竹内 a 106f.）

このような入学試験の性格は今日においても基本的に継承されている。受験生はこのような「巨大な《ものしり大会》」（ローレン 77）的な入学試験対策として学習を少数の受験科目に集中させ、その狭い枠内で〈純粋型に近い預金型（溜め込み型）学習〉を行う。その結果、第一に問題となるのは、大学入学者の非受験科目の知識・能力が貧弱となり、受験科目についてもまた、学習された知識は構造化された知識、すなわち「多くの個別的知識が、それぞれの多様な接続用知

識を介して、一つまたは複数の共通の法則的知識と結びついて有機的な形態をしてい」(西林 115)るような状態の知識とはならず、バラバラの島宇宙状となることである。これに対して大学での本来の勉学に求められるのは、学科目の枠を超えた広範かつ多様な知識の統合的、包括的活用であり、受験型知識はそのままでは大学における学習の土台として十分に機能しない。

さらにこのような問題点を増幅しているのが〈偏差値〉の跋扈である。偏差値とは本来「同じ試験を受けた受験生全体のなかでの位置を示す指標」(西村 6)に過ぎず、絶対的な学力を表す指標ではない。それにもかかわらず偏差値が「大衆受験社会」(竹内 c 291)の中で学校・学部の序列を象徴し、「それ自体として競争の報酬になり意味の根拠となってしまう」(竹内 b 90)ことによって、受験生の関心は得点と自己の相対的位置に集中する。そこで第二に問題となるのは、このような受験勉強によって、思考の過程や知識間の相互的な関わりは問題とせず、所与の唯一の〈正解〉を覚えることが学習であるとする結果至上主義的な学習観と能力観、そしてこれに基づくきわめて受動的な学習態度が学習者に刷り込まれてしまうことである。以上の点から、難関をくぐり抜けた偏差値エリートといえども大学教育に適合的な学力構造と学習態度を身につけているという保証は必ずしも存在せず、〈高偏差値・低学力〉という皮肉な事態さえも十分にあり得ることを大学の授業担当者は忘れてはならない。

このような事情は英語についても同様であり、「問題文はひとつかふたつの文章だから、前後関係によって推測するということも不可能に近」く、「単語や難句、構文を知っているかどうかが決め手になるような試験」が行われ(竹内 a 115f.)、暗記科目として対処されてきた(竹内 a 114f.)。こうした外国語学習のあり方は、瞬間最大風速的な試験対処能力と運用能力の混同と乖離という日本の外国語学習に固有の問題を生む大きな原因となっている[3]。そしてこのような入学者に対する読解教育は、今日も〈文法訳読法〉に基づいて行われることが多い。文法訳読法における最大の問題点は、テクストの理解を言語的知識・能力の枠内で、基本的に語から文、文からテクストへという部分から全体への一方向性の中で行おうとすることである。その結果このような授業法は、概念的知識とコンテクストへの注意を低下させると共に、学習者の脆弱な言語的知識・能力、特に語彙に対して必要以上の負荷をかけることとなる。とりわけ二・三年次の読解教材は、あるテーマについての内容的知識の伝達を目標として選択されることから、学習者はほとんどの語彙を辞書で調べざるを得ない場合も少なくない[4]。その結

果、訳読に要する多大な時間と労力、そして苦痛は「《獲得された無力感》」（稲垣 68）を生み、学習意欲を減退させることとなる。

　以上のように文法訳読法は、総合的理解能力としての読解能力の育成という目的に対する手段としての適合性という点でまず原理的問題が大きい。しかしこのような読解教育が何よりも社会的に問題であるのは、学生を受験勉強的外国語学習観から脱皮させることもなく、誤った学力観と外国語学習観を抱き続けたまま社会に送り出してしまうことである。

4.　目標と課題

　以上の状況の中で、問題に対処する一つの可能性として考えられるのは、実際的な運用能力の形成を行う中で、学生に自らの学力観と外国語学習観を相対化させ、さらに学生の教室外での学習・運用と卒業後の人生をも視野に入れ、社会人的素養として生涯にわたって有効かつ他の言語にも転用可能な自立的・能動的な学習方略の学習と学習姿勢の育成に重点を置いた教育を行うことである。

　今日では文法訳読法に対する反省もあり、コンテクストから未知の語意味を推測することがしばしば奨励される。もとよりこのこと自体は原理的にはきわめて正当である。しかしそこには一定の制約もまた存在し、「推測される語」である「基根語（Stammwort）」（Röhr 12）の意味内容を推測するためには、その「助けになる語」である「前提語（Prämissen）」（Röhr 12）の意味内容が既知でなければならない。

　Peter hat seinen Mantel angezogen. Jetzt will er ihn zumachen. Der Mantel hat fünf X, aber ein X fehlt. Peter hat ihn verloren.（Röhr 7）
　ペーターはオーバーを着て、前を閉めようとした。オーバーには X が五つあるのに、X が一つ足りない。ペーターはそれをなくしたのだ。
　このテクストを理解するに際して〈Mantel（オーバー）〉、〈angezogen（着た）〉、〈zumachen（閉める）〉、〈fünf（五）〉といった一連の前提語の意味内容が既知でない場合には、X という基根語の意味内容を〈Knopf/Knöpfe（釦）〉と推測することはほぼ不可能であろう。

　これに対して二・三年次の学習者は前提語となる十分な数の語彙を習得しているわけではない。したがってこうした現実を無視して〈コンテクストからの未知の語意味の推測〉を単に奨励してもこれは精神訓話としてしか機能せず、読解能

力の具体的向上に寄与するところは少ない。そこで自立的学習能力の育成に必要となるのは、単に既習事項を適用するのみならず、実際に学習者があらゆる既有の言語的・非言語的な知識と能力を総動員し、様々な角度からの積極的・創造的なテクスト理解の体験を通じて外国語学習の学習を行う〈稽古土俵〉をどのように準備するかであると言えよう。

5. 読解と語彙

5.1 読解におけるマシュー効果

読解力を形成するためには多読が必要かつ有効であることは経験的によく知られている。Stanovich は「この関係（注：語彙力と読解力の相互促進関係）を読解技能の発達において深刻な個人差を引き起こす強力な自転的メカニズムに転化させる決定的な媒介変数は読解経験の量である」（Stanovich 380）とし、語彙知識と読解能力の相互作用の間には「《豊かな者がより豊かになる》すなわち累加的有利性の現象（"rich-get-richer" or cumulative advantage phenomenon）」（Stanovich 381）である「読解におけるマシュー効果（Matthew Effects in Reading）」（Stanovich 380）が存在するとしている。

Stanovich は語彙力と読解力の間にこのような相互促進作用が生起する理由について次のように述べている。

「教育の領域においてマシュー効果を引き起こすメカニズムの一つは、豊富かつ精巧に作り上げられた既有の知識ベースがさらに学習を促進することである。より多くの専門的技能知識を身につけている者はより大きな知識ベースをもっており、この大きな知識ベースはさらになお大きな専門的技能知識をより速やかに獲得することを可能にする」（Stanovich 381）

また Stanovich は、語彙力の発達は直接的な教授（direct instruction）によってではなく、見聞きする中で出会う未知の語意味を帰納的に学習することによって生まれ、「読むことは語彙力増進の重要な貢献者」であるという点で諸研究者の見解が一致していること（Stanovich 379）、さらに、テクストを読むことを通じた語意味の学習においては、より良い読み手の方がより多くの語意味を習得するという傾向があるとする研究結果（Stanovich 382）も考え合わせ、読解におけるマシュー効果のメカニズムについて次のように指摘している。

「より良い読み手は劣った読み手と比較して、書かれたことばに接する機会が多い。かくしてより良い読み手が獲得する知識ベースの拡大は新しい語意味の帰納的理解を促進すると考えられる。そして最終的に、より良い読み手は劣った読み手の知識ベースが補償される場合でさえも、彼ら以上にはるかに効率的にコンテクストから新しい語彙を学習するように思われる」(Stanovich 382)

それでは語彙力も読解力もまだ貧弱な学習者がこの両面にわたる能力形成を起動し、着実かつ能率的に進展させるためには何が必要であり、また可能なのであろうか。

5.2　知識からことばへ

上に見たような問題点を考慮するならば、読解教材作成にあたっての出発点となるのは、「我々の知識の不足をできる限り補償するように努めることによって、外国語で読む場合にも視覚的データへの依存と処理プロセスにおける上昇的側面をできるだけ低く抑える」(Westhoff a 63) という考え方であろう。そして人間の知覚の整序と知識の獲得は、「人間は絶えず仮説を立ててこれを検証することを通じてこうした規則性（注：二項間の共起関係に見られるような規則性）を発見する。こうして人間はただ非常に広範にわたるのみならず陰影にも富んだ知識を集成する」という形で行われると考えられる (Westhoff b 75)。Westhoffはこうした知識獲得の流れを生かして読解教育を行うためにさらに次のように指摘している。

「教材は学習者にできる限り多くの仮説を立てさせ、これを検証することを可能にするものであることが望ましい。このことはすなわち、読解教材は未知の事柄と並んで既知の事柄を十分に含んでいなければならないことを意味する。その結果、外国語の読み手／学習者は既知の事柄から出発して未知の事柄に関して納得の行く仮説を立て、これを検証することができるのである。簡単に言うと読解テクストは難しすぎてはならず、比較的《容易》でなければならない。それに加えて、差し当たり推測されたにすぎない規則性は、比較的短時間のうちに比較的頻繁に知覚されてはじめて、すなわち学習者ができるかぎり多く読んではじめて規則性として認められるのである。そして学習者はテクストが難しすぎない場合にのみこれを行うことができるのである」(Westhoff b 75 太字は原著)

以上の点から、とりわけ自立的学習能力の育成を目標とする読解教育においては、言語的知識を元手として使用し、何らかの有用な概念的知識の獲得を求める

従来の方向性とは逆に、概念的知識から出発し、その援用のもとに実際にテクスト理解を追求する中で新たな言語的知識・能力の獲得を指向する〈知識からことばへ〉という方向性が不可欠であると考えられる[5]。

6. 対策 I

6.1 特定領域集中型読解法

　上に見た知見から、初歩的学習者に対する読解教育の設計にあたっては、学習者の持つ既存の知識ベースがテクスト理解にとって有効な知識ベースとして機能する方策を講ずることが重要となる。その際に言語的知識の面で考えなければならないのは、テクストに使用される語彙はそのテーマ・問題領域ごとに大きく異なる一方、当該のテーマ・領域の各テクストには〈分野固有語彙〉が反復出現するという点である。そこで教材の設計に際しては、学習者に即した基本語彙選定における「有用性（Brauchbarkeit）」の観点から「学習者グループの実用論的、言語的需要（テーマ／状況等）」を考慮することが不可欠である（Neuner 78f.）。
　こうした観点から一つの具体的対策と考えられるのが、教材テクストを学習者が既有の世界知識を援用し易く、分野固有語彙が頻出する特定領域・問題に関するものに絞り、これを集中的に読み進めるような授業設計と教材の選択・配列を行うことである。このような〈特定領域集中型読解法〉を採用することによって学習者の手持ちの非言語的知識の戦力化が可能となり、僅かな言語的知識も非言語的知識との結合によってテクスト理解の知識ベースとしての有効性が拡大する。このことによって未知の語意味の推測が作動し易い条件が生まれ、読み易いテクストを多量に読み進める中で、学習者は未知の語意味を自力で獲得し、これを更なる読解作業に投入し、新たな知識ベースとして活用することを通じて語彙力と読解能力を自力更生的かつ累進的に拡大することが可能となると考えられる。
　Krashen もまた「初級、中級段階において、ただ一つの話題（topic）及び同一の著者によって書かれた何冊かの本についての読解を奨励すること」を "narrow reading" という名称の下に提唱している（Krashen 23）。
　「narrow reading という方法は、構文と語彙双方の習得は多くの理解可能なテクストに触れることから生まれるという考え方に基づいている。すなわち我々はメッセージ、多くのメッセージを理解する時に、そのメッセージをコード化

している新しい構文や語彙を習得するのである。(……) コンテクストに精通することは理解を大きく促進し、その結果として言語の習得を推進する。ある一つの領域を読めば読むほど、読み手はその領域について多くのことを学び、その結果として当該の領域について読むことが容易となる」(Krashen 23)

Krashen のこのような考え方は〈読解による語彙の帰納的習得及び読解力と語彙力の相互促進関係〉という点で Stanovich の主張とも合致する。

6.2　より良き実践のために

①到達目標中心方式と目標テクスト

目標への確実な到達による授業の能率と効果の向上を期して〈到達目標中心方式〉を採用する。そこでは学習者に最後にぜひ読ませたい比較的難度の高いテクストをまず最初に〈目標テクスト (Zieltext)〉として選定し、そこから逆算的に全体の授業展開と教材の選択と配列を考えるものとする。

②テクスト間相互関連性と支援テクスト

文法訳読法が〈テクストを辞書で読む〉とするのに対して、特定領域集中型読解法の基本的コンセプトは「テクスト間相互関連性（注：Intertextualität)」(ボウグランド／ドレスラー 16) に基づき〈テクストを他のテクストで読む〉とするものである。そこで目標テクストの理解に資する他のテクストを〈支援テクスト (Entlastungstext)〉として位置付け、その選定と配列を行う。もとより特定領域集中型読解法においても辞書の使用は不可欠である。しかし実際的な読解能力の形成に必要なのは、極力少なくかつ有効に辞書を引いて間に合わせる能力の育成である。そこで教材の作成に当たってはテクスト相互間に内容的、言語的な一定の重なりを与え、前のテクストが後のテクスト理解に役立つように配慮することが必要となる。そしてこれに基づく読解速度の向上は、次の③と関連して、読解量の拡大という点からも重要である。

③易から難への配列

とりわけ初期の段階の教材は比較的容易なものとし、より多くの読解経験を学習者に与えつつ、目標テクストに向けて漸進的に教材の難度を引き上げて行く。そしてテクスト難度の判断は、言語的観点からのみならず、非言語的知識の援用可能性、既読テクストによる支援等も含めた総合的観点から行う。

④分節的構造と階層的構造

ある領域に関する読解能力を他の領域にも発展的に転移させると同時に、学習

者の退屈を防止するためにも、一連の読解コースをいくつかの単元に分節化し、言語的、内容的な重なりを一定程度維持しつつ、読解対象を少しずつずらして行く。また同時に、目標テクストと支援テクスト群からなる組み合わせを数編成用意し、これをさらに上位の目標テクストに対する支援テクスト群として機能させるような階層的構造を形成する。このことによって授業時間数と学習者の能力に応じた機動的な授業展開が可能となると同時に、上位の目標テクストの理解に際して単に幅広いのみならず、複合的な知識の活用が可能となる[6]。

7. 対策 II

7.1 第一回目の授業の活用

多くの学習者の外国語学習観・能力観と学習態度を考えるならば、上に一例を挙げたようななじみの薄い非文法訳読的授業を唐突かつ一方的に行った場合、大きな戸惑いと不適応、消化不良が予想される。そこで授業に対する学習者の適切な導入と適合化の試みが必要となる。

事物の学習や理解とは、「学習者が既有知識を用いて新しい情報を解釈し、とりこんでいく過程」（市川 64）であり、「自分の知識を土台として情報を選択し再構成することによって整合性のある新たな知識構造をつくることが人間情報理解の根幹である」（高木 138）と言うことができる。オースベルは、〈丸暗記〉に代表される「機械的学習」に対して、覚えようとする「観念を学習者が既知のことに関係づけて保持し、それによって《意味づけ》ようとする」学習を、「有意味学習」としている（オースベル 73　傍点は訳書、以下同じ）。機械的学習と比較して、有意味学習は学習課題を学習者の既有の認知構造に非恣意的かつ実質的な形で結びつけることから、学習内容の獲得と保持においてはるかに有効性が高い（オースベル 88f.）。こうした点からオースベルは、「学習を促進するには《組織化》（つなぎとめ）概念とよばれるものが重要である」とし、これを「オーガナイザー」とする（オースベル 200）。そしてオースベルは、「学習すべき（有意味）教材の本体に先立って、関連するつなぎとめ観念の入手可能性を確かなものとするために学習者に提示される」オーガナイザーを「先行オーガナイザー（注：advance organizer)」とし（オースベル 200）、その活用を提唱している。すなわち先行オーガナイザーとは「学習させようとする情報に関連する認知構造

を強めておくために、より包括的で高次な内容を先行して提示し、それに対する学習の構えを作動させておくこと」（高木 139）を目的とし、「後から来る個別的な情報を係留する枠組みとしての機能を果た」す（西林 47）ものである。

　こうした知見から、授業への学習者の導入と適合化の一方策として考えられるのは、学習者と初めて対面して行うという点で位置的価値の高い第一回目の授業をいわば書物における目次と前書きとして活用し、そこで学習者が後続する授業に自立的、能動的に取り組めるような下拵えを行い、本体の授業を能率的かつ組織的に展開するための橋頭堡を形成することである。すなわち具体的には、授業を開始するにあたってまず、読解のプロセスならびに読解に必要とされる知識・能力及び学習態度の問題をテーマ化し、授業の目標と方法についての趣旨とその根拠について学習者の納得と同意を取りつけることによって、〈先行オーガナイザー〉として機能する知識基盤を作り上げ、第二回目以降の授業の形式と内容の有意味化を図ることが考えられる。

　浅野は一連の授業への学習者の導入という観点から次のように述べている。
「このように、一時間目の授業は、以後の授業への構えをつくりだすということで大切にしたいものです（……）したがって、一時間目の授業では、この一年間何をやる授業なのか、をできるだけ明瞭に示すことが必要です。加えて学生の能動的授業参加への構えをつくりだすことが重要になります。つまり、教師側が何をやるかということだけではなく、学生自身が何をすればいいかを鮮明にすることです」（浅野 23）

　大学での勉学のあり方をめぐる暗黙の社会的了解が崩壊した今日、こうした個々の教員による〈授業の土俵作り〉の努力は、学生との間での学習文化摩擦を防止し、大学教育を成立させる上で不可欠の前提条件であると言えよう。

7.2　より良き実践のために

①日本語テクストと外国語テクストの接続

　読解のプロセスを学習者に提示し、理解を求めるにあたっては、通常は意識されることの少ない日本語テクストの理解プロセスをまず意識化させ、母語の客体化を図ることが有効であると考えられる。さらにこうした母語の相対化に基づき、日本語テクストの理解と外国語テクストの理解は、共にきわめて能動的に行われる整合的意味構成作業であるという点で基本的に事情を同じくし、後者は前者の延長線上にあることを体験させるために、概念的知識と漢字やドイツ語、英語、

国際共通語（Internationalismen）等の活用によって部分的にせよ理解が可能な中国語、オランダ語等の未習言語のテクストを使用することも有益と考えられる。
②実体験から理論へ

　感情と記憶は強く相関していることから、読解のプロセスと授業の趣旨等に関する理論的な説明を説得力ある形で行い、先行オーガナイザーとして機能させるためには、問題の所在と輪郭を鮮明に提示し、さらに情意面でも学習者に強い印象を与える必要があると考えられる。そこで基本的にまず最初に何らかの驚きを伴うような実体験をさせてから理論的、総括的な解説を行うという形の帰納的な授業の進行を図る。
③成功体験を与える

　常に微細な点にわたるまで誤りを指摘され、これを矯正されることは苦痛であり、学習にとって最も重要な学習意欲そのものを破壊してしまう。また受験体験によって、個人の考えや見解は否定され、所与の〈正解〉が絶対視される中で、〇か×かに過敏となり、外国語学習を必要以上に困難視し、学習意欲を喪失している学習者も少なくない。これに対しては、「学習における成功ほど更なる学習を強く動機付けるものはなく、逆に失敗ほど強くこれを失わせるものはない」（Melief et al. 4）という観点から、たとえ小さなものであれ、〈わかる〉、〈できる〉という成功体験と達成感に裏付けられた自信を与え、〈やってみよう〉という肯定的感情と学習動機を喚起することが肝要である。
④読解プロセスの意識化

　問題解決の技法を他の課題についても発展的に使用させるためには、自らが問題の解決をどのように行ったかをことばに表させることを通じて、これを学習者に意識化させることが不可欠である（Bimmel et al. 92）。したがって自立的読解・学習能力の育成にあたっても、読解プロセスの意識化を図ることが必要であり、その方法としては課題や作業等を通じて「《言語化の場面（„verbale" Phase）》」（Westhoff a 80）を授業に組み込むことが有効であると考えられる[7]。

8. 実践

　最後に教材と授業の一例を提示する。教材Ⅰ～Ⅲは第一回目の授業を想定し、教材Ⅳは学習が比較的進んだ段階での使用を想定する。

8.1 教材Ⅰによる授業例

教材Ⅰ ［手書き文字］　（小嶋 107）

目標：テクスト理解が上昇型処理と下降型処理の相互作用の中で行なわれることを理解させる。

手順：教材Ⅰを掲示または投影し、これをどのように読むかについて各学習作業班で考えさせ、なぜそのように読むのかについても説明を求める。最後に教員が、テクストの意味内容は構成的に解釈され、どのように理解するかは読み手の自由であると同時に、一定の制約も存在することを説明する。

8.2 教材Ⅱによる授業例

目標：語意味の理解におけるコンテクストの重要性を認識させる。

手順：コンテクストなしに〈紙箱屋〉だけを掲示または投影し、その意味内容について各学習作業班で推測させる。推測が出尽くしたところで全体のテクストを配布し、再度〈紙箱屋〉の意味内容について考えさせ、なぜ〈段ボールの小屋〉と理解するに至ったかについても説明を求める。最後に教員が、学習経験がなく、すべての語意味が理解できるわけではない中国語テクストでもある程度の内容把握が可能である原理について説明する。

教材Ⅱ

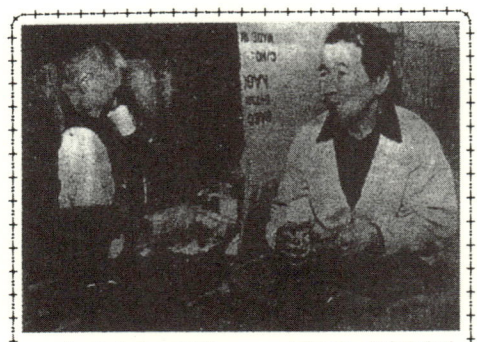

紙箱屋
・1月24日，日本東京政府开始强行拆除东京新宿车站地下通道内由流浪者搭建的临时住宅，以修建新宿车站和新宿高层建筑群之间的电动人行道，政府的这一举措招致约200多名流浪者的不满，因为他们将失去自己的家。
图为两名上了年纪无家可归男子在东京市中心一高架桥下用硬纸箱搭成的栖身处享用午餐

（新民晩報・1996年1月25日）

課題：
1)〈紙箱屋〉とは何ですか？
2) なぜ1)が分かりましたか？
3) この記事の概要を〈5w1h〉に基づいて要約しなさい。

8.3 教材 III による授業例

目標：多くの未知の語彙も必ずしもテクストの内容把握の絶対的障害とはならないことを日本語テクストによって体験させる。

手順：教材を配布し、5分程度の時間をとり、数人で話し合いながら〈5w1h〉に基づいて記事の概要を把握させる。回答に際しては、なぜわかったかについても説明を求める。最後に教員が、読むことは一つの〈物語〉を構成すること、すなわち書くことであり、人名、地名、機関名称、数字、理解可能な少数の語彙等からテクスト概要の把握が可能である原理を説明する。併せて、これほど多くの空白を含んでも理解が可能であることから、未知の語彙を多く含む外国語テクストも、理解可能な部分を足掛りとして様々な角度から概要の把握に努めるべきであり、最初から理解を諦めてはならないことを強調する。

教材 III

（千葉県警船橋署で、取手市中原町、茨城県、山口慎弥（42）が「約二十年間、全国で五千万円で___を建てた」と、ことが十九日、_____。「___で___に___」コンクリート一階の___は約二千七百十五万円、三階の___万円で___し、___を約二___三千万円で___支払ったと___。___は___同署、東京都江東区から約四十___され、山口___は一月、東京都内で乗用車を同署___今___）

取手の42歳男
20年、5000万円
で___に___建てる

課題：

1) この記事の概要を〈5w1h〉に基づいて要約しなさい。
   （注意：空所の番号は説明時の便宜のためであり、空所をすべて正確に埋める必要はない）

2) なぜ1)が分かりましたか？

（日本経済新聞・2004年2月20日をもとに原口が教材化／本記事の原文は173頁参照）

8.4 教材 IV による授業例

目標：辞書の効果的使用による基根語の意味内容の推測方法を体験させる。

手順：教材を配布し、教員がゆっくりと全体を音読しつつ、学習者にまず全体を通読させる。学習班単位で課題を行わせ、理解が難航する場合には、事件が夏の夜に食料品店のごみコンテナと関係して起きたこと、放水の特性・効果等に注目させる[8]。回答にあたっては、なぜわかったのかについても説明させる。速く大量に読む実戦的な読解力には言語的知識の不足をコンテクストからの推測等の他の方法によって埋め合わせる能力が不可欠であり、重要な語のみを狙撃的に辞書で引く能力が必要である旨を説明する。

教材 IV

Hamburg

Feuerwehr war machtlos gegen Maden-Formation

HAMBURG, 6. August (afp/dpa). Gegen den Aufmarsch Tausender von Maden war Hamburgs Feuerwehr machtlos: In einer 35 Meter langen und zwei Meter breiten Formation krochen die Tiere in der Nacht zum Freitag aus dem Müllcontainer eines Lebensmittel-Discounters auf eine Tankstelle zu. Nach Angaben der Polizei misslangen die Versuche, die Kolonne mit einem kräftigen Wasserstrahl zu stoppen.

Die Maden formierten sich schnell wieder neu. Erst die Stadtreinigung beendete den Aufmarsch: Sie fegte und saugte die Tiere weg.

(Frankfurter Rundschau 07.08.1999)

課題：

1) 〈Maden-Formation〉とは何ですか。
   (おおよそどんなものかがイメージできればよい)

2) この記事の概要を〈5w1h〉に基づいて要約しなさい。

3) なぜ1)、2)が分かりましたか？

方法：

1) 辞書は最初は使用せず、理解の手がかりになりそうな語をマークして考えながら全体を何度も通読すること。

2) 1)で見当がつかない場合には、〈Maden-Formation〉を推測する上で最も有力そうな一語を辞書で引いてよく考え、それでも分からない場合はさらに次の一語という具合に、辞書の使用を極力少なくするように努めること。

9. おわりに

　上に提示したような〈ラング〉レベルでの授業と教材の設計それ自体に仮に一定の妥当性が認められるとしても、これを実効性ある授業として実際に機能させるためには、学習者の反応を見つつ、予想外の展開と問題にも柔軟に対処し、学習者に有効に働きかける確かな授業運営技能がさらに不可欠である。このような〈パロル〉的な、話し方、視線、適切なヒントや発問による理解への導き方、質問への受け答え、授業のリズム等々教員の身体性とも密接に関係しつつ多岐に及ぶパフォーマンス的技法の問題については稿を改めて考えることとしたい。

注
1)「学校課題」とは「それをうまく解いたとしても本来何の意味もない課題、学習者にとって内発的に興味をひくものでもないし、それを解いたことが他の人々に役に立つ、といった社会的な意義をもつものでもない、しかし序列化の基盤として使われるために取り組むことが《強制》される、といった意味である」(波多野・稲垣 138)
2) 大学等の教育機関による教育は、社会が全体として有する多面的・複合的な人間育成力の一部を担うに過ぎない。こうした観点から忘れてならないのは、仮に小論で提案するような教育技術的改善策が奏功し、ドイツ語を始めとして各学科目の教育が〈無駄なく〉、〈能率的〉かつ〈有効〉に行われるようになったとして、それが学習者の人生全体にとって果たしてどのような意味があるのかという問である。また学生には生き行く個人の常として様々な感情や思惑、利害等があり、教員の期待する学習合理的行動ばかりをとるわけではない。したがって教授法的に適切な授業を行えば学習意欲が向上し、効果も上がるという単純な予定調和は存在せず、問題の解決は一筋縄では行かない。小論ではこれらの諸問題と「逸脱の教育的意味」(竹内 d 7) の問題には立入らず、学習者を〈理想的学習者〉と想定し、問題を外国語教育の作戦的・戦術的次元に限定して考察を行うこととする。
3) 清水義範の小説「国語入試問題必勝法」は、この問題に対する痛烈なパロディーである。
4) 米井の研究によれば、大学での一年間に習得されるのは多めに見積もっても 600 語程度に過ぎない (米井 66)。
5) このような考え方に基づく教材と授業例は原口 a を参照。
6) 日本とドイツの人口動態をテーマとする特定領域集中型読解法による教材と授業例は原口 b を参照。
7) 第一回目の授業の教材と 90 分の授業構成例は原口 c を参照。
8) テクストの概要：木曜日から金曜日にかけての深夜に、ハンブルクの食料品量販店のご

みコンテナから発生した幅2m、長さ35mの蛆虫の群には消防隊の強力な放水も効果がなく、市の清掃局が掃き寄せて吸い取ることによって除去した。

参考資料

浅野誠（1994）：『大学の授業を変える16章』大月書店

オースベル, D.P.／ロビンソン, F.G.（吉田章宏／松田弥生訳）（1984）：『教室学習の心理学』黎明書房

ボウグランド R. de／ドレスラー W.（池上嘉彦ほか訳）（1984）：『テクスト言語学入門』紀伊国屋書店

Goethe-Institut（2000）：『ドイツ語検定試験の概要』東京ドイツ文化センター

波多野誼余夫／稲垣佳世子（1984）：『知力と学力―学校で何を学ぶか―』岩波新書

原口厚 a（2000）：「知識からことばへ―ドイツ語読解教育における世界知識の活用について―」、早稲田商学同攻会『文化論集』第17号、pp.35-69.

原口厚 b（2002）：「読解能力の育成に資する教材の選択と配列について ―特定領域集中型読解法によるドイツ語読解教育―」早稲田商学同攻会『文化論集』第20号、pp.1-61.

原口厚 c（2003）：「第一回目の授業の機能と構成について ―二・三年次の学習者を対象とするドイツ語読解教育の場合―」、早稲田商学同攻会『文化論集』第23号、pp.71-139.

市川伸一（1995）：『現代心理学入門 3 学習と教育の心理学』岩波書店

稲垣佳代子（1980）：「自己学習における動機づけ」、波多野誼余夫編：『自己学習能力を育てる 学校の新しい役割』東京大学出版会、pp.33-95.

小嶋恵子（1980）：「自己学習のための技能」、波多野誼余夫編、pp.97-149.

西林克彦（1994）：『間違いだらけの学習論 なぜ勉強が身につかないか』新曜社

西村和雄（1999）：「少数科目入試のもたらしたもの」、『分数ができない大学生 21世紀の日本が危ない』東洋経済新報社、pp.1-36.

ローレン・トーマス（友田泰正訳）（1983）：『日本の高校 成功と代償』サイマル出版会

杉谷眞佐子（1992）：「外国語学習と手続き的知識 ―異文化コミュニケーション能力を支える暗黙の知識について―」、「ドイツ語教育」編集委員会編：『ドイツ語教育』pp.8-35.

高木和子（1985）：「知識の獲得と理解」、梶田正巳・太田信夫編：『学習心理学』、福村出版、p.130-147.

竹内洋 a（1991）：『立志・苦学・出世 受験生の社会史』講談社現代新書

竹内洋 b（1995）：『日本のメリトクラシー 構造と心性』東京大学出版会

竹内洋 c（1997）：『立身出世主義 近代日本のロマンと欲望』NHKライブラリー

竹内洋 d（1998）：『日本の教育と産業界』関西経済研究センター（同センター資料98-5）

戸部良一ほか共著（1991）：『失敗の本質 日本軍の組織論的研究』中公文庫

米井巌（1992）：「日本人ドイツ語学習者の為の基本語彙の選定要件」、「ドイツ語教育」編集委員会編、pp.60-78.

Bimmel, Peter/Rampillon, Ute (2000): *Lernerautonomie und Lernstrategien*. (Fernstudieneinheit 23). Berlin/München/Wien/Zürich/New York: Langenscheidt.

Krashen, Stephen D. (1981): The case for narrow reading. In: *TESOL Newsletter Vol. XV No. 6*, p.23.

Melief, Ko/Wicke, Rainer E.(1995): Die ersten Stunden und Wochen Deutschunterricht. In: *Fremdsprache Deutsch 13*, pp.4-8.

Neuner, Gerhard (1991): Lernerorientierte Wortschatzauswahl und -vermittlung. In: *Deutsch als Fremdsprache 2*. pp.76-83.

Röhr, Gerhard (1993): *Erschließen aus dem Kontext: Lehren, Lernen, Trainieren*. Berlin/München/Wien/Zürich/New York: Langenscheidt.

Stanovich, Keith E.:(1986): Matthew effects in reading: Some consequences of individual differences in the acquisition of literacy. In: *Reading Research Quarterly Vol. XXI No.4*, pp.360-407.

Westhoff, Gerard a (1987): *Didaktik des Leseverstehens—Strategien des voraussagenden Lesens mit Übungsprogrammen*. München: Max Hueber.

Westhoff, Gerard. b (1997): *Fertigkeit Lesen*. (Fernstudieneinheit 17). Berlin/München/Wien/Zürich/New York: Langenscheidt.

教材 III・原文

盗みで貯蓄

取手の42歳男

20年、5000万円

供述で明らかに

豪邸建てる

　千葉県警船橋署に窃盗容疑で逮捕された茨城県取手市中原町、無職、山口慎弥容疑者（42）=窃盗罪で起訴=が「約二十年間、全国で盗みを繰り返し、蓄えた五千万円で自宅を建てた」と供述していることが十九日、分かった。

　自宅は鉄筋コンクリートで地上三階、地下一階の"豪邸"。土地を約二千七百五万円、建物は約三千万円で新築した。即金で支払ったという。一月十八日に再逮捕された。

　山口容疑者は一月、東京都内で乗用車を盗んだとして窃盗容疑で同署に逮捕され、東京都江東区の会社員宅から現金約四十五万円とテレビなど百二十点（約百二十万円相当）を盗んだ疑いで今月三十日に再逮捕された。同署は人暮らしだった。余罪の確認を進めていた。

（日本経済新聞・2004年2月20日）

学習者の自律性育成を目標とする初修外国語教育の試み
― 学習ストラテジー、教科書、課題・作業形態 ―

森田昌美

> 学習者の自律性／自律的な学習／学習ストラテジー／教示主義／構成主義／プロジェクト授業／四つの作業形態／グループワーク

1. はじめに

　学習者の自律性を促そうという取り組みは、教育学の世界では古くて新しいテーマといえる。19世紀後半から20世紀前半にかけて活躍したJohn DeweyやMaria Montessoriなどの革新的な教育学者たちの抱いた教育理念の根幹には、学習者の持つ潜在的な学習能力に対する揺るぎない信頼とその自律性実現への希求があった（Weskamp 13参照）。それから半世紀を過ぎた1980年以降、外国語教育研究においてはHenri HolecやDavid Littleに代表されるように、伝統的な教師主導の教授法から脱して学習者が「自律的に学習する」ことを教育の最終目標に掲げるに至り、この未完の啓蒙的コンセプトは現在もなお広く提唱されている（Little 22-23参照）。

　学習者の自律性が教育上の目標あるいは中心的な研究課題となった背景には、認知心理学や哲学、生物学や脳神経学など外国語教育と密接に関連する学問分野から、人間の「学習」に関する研究成果が次々と発表されたことが挙げられる。学習理論研究は1960年代に入って、それ以前の50年代までの行動主義に見られるように学習を「刺激と反応」の循環的条件付けとしてとらえる単純な図式化を乗り越え、「認知的な転換」を遂げた。すなわち、従来はブラック・ボックスとして問題にされなかった学習プロセスに光が当てられ、個々の学習者の内部で既知の知識と未知の情報が互いに作用し合い、新たな知識として構築されるメカニズムが研究対象となったのである（Bimmel b et al. 38-41参照）。

　学習者が学習のプロセスの中で自律性を獲得していくという教育目標は、現在

では社会的・経済的・政治的な要請とも合致している。終身雇用制が崩れたポスト産業社会では、きのう学んだことがあす通用するという保証はなく、既存の知識を集積していってももはや為すすべもない事態に直面する危険性を否めない。またかつては権威の象徴の一つであった教師という職業に対する社会の認識も大きく変わり、教師自身が研究・研修を重ね学習者の興味や要望・能力に合わせて柔軟に授業内容・授業方法を改善していくことが求められている。こうした社会のめまぐるしい変化のなかで必然的に生まれた「生涯学習」という概念は、日本におけるように中高齢者の余暇活動・文化活動を指す狭義の意味ではなく、わたしたちが可能な限り効率的に自分に合った学習ストラテジーを習得し、生涯にわたって自律的に学ぶことをめざしている。したがって、学校あるいは大学は単に教師が知識を「教える場」から教師と学習者が共に「学ぶことを学ぶ場」へ大きく変容を遂げるべき時を迎えているのである。

本論では初修外国語の一つであるドイツ語の授業を取り上げ、学習者が日々の授業を通じて多種多様な学習ストラテジーを身に付けるプロセスに注目する。その際、流通科学大学における過去4年間、2000年度から2003年度までの授業を例にとり、教科書、プロジェクト授業、課題・作業形態という複数の観点から、学習者の自律性を促す授業のコンセプトと課題について考えてみたい。

2. 学習者および教授者の視点から見た自律的な学習

さて自律的な学習とは、しばしば誤解されるように一人で学ぶ独習を意味するものではなく、また何らかの統一的な方法論を指すものでもない。自律的な学習態度は、みずから進んで課題に取り組み、それを分析し、それに合ったストラテジーを自分の内部で探して実行し、さらに必要ならば他のストラテジーを選び、それを実行したあとで学習目標に達したかどうか確かめるという一連の行動プロセスのなかで育成される。学習ストラテジーを外国語教育の場に置いて考えると、それは単に外国語を学ぶのではなく、外国語の学び方を学ぶことを意味し、いかにして効果的に外国語を学ぶことができるかを体験することといえる。

「学習ストラテジー」（Lernstrategien）を初修外国語教育の分野で考える場合、念頭に置くべき視点は、学習者ならびに教授者から見た過去の学習歴と経験的知識、現在の外国語学習、そして未来に続く生涯学習である。まず学習者が外国語学習においてあらかじめ有している可能性のある「学習者ストラテジー」（Lernerstrategien)」に関して、Manfred Prokop はカナダの大学で調査研究を行い、次の6つのタイプのグループを挙げている（Prokop 12-17 参照）。

1. 学習課題の細部に注意を向けるグループ：たとえば、混同しやすい発音などに注意を払ってその相違を理解する。
2. 言語の創造的運用を行うグループ：たとえば、新しく習った単語や文構造をすぐに使って話してみる。
3. 未知のものを既知のものと結びつけるグループ（関係を考える学習アプローチ）：たとえば、nicht と kein が出てくるテキストを読んで、否定のことばであることを推測して、その規則性を導き出す。
4. 何らかの仲介の助けを借りる学習者ストラテジー：たとえば、「机」という単語を覚える時には、自分の家にある机を連想する。
5. 大意をつかむ学習アプローチ：特に聴解と読解において、テキストの大意をつかむ。
6. 成功に結びつかない可能性の高い学習者ストラテジー（直線的な学習アプローチ）：たとえば、単語の一語一語にこだわり、母語に訳そうと試み、わからない単語があるとすぐに辞書を引く。

以上の6つのうち日本人大学生の学習歴に照らして最も多く見出される学習者ストラテジーが、6番目の「直線的な学習アプローチ」であることは明白であろう。なぜならば、日本の大学の入学試験に合格するために、日本人学習者の多くは専ら「入学試験型のデータ暗記の学習ストラテジー」（友田 70）を用いるしかなく、中学校・高校を通して教育の主眼はデータ化された知識を記憶することに置かれているからである。英語の授業でも「長年の訳読によって、思考力や弁別力を奪われ、けじめなくダラダラ訳す癖」（塩田 35）がついた大学生は、その典型といえる。したがって、日本の大学での初修外国語教育は、本来さまざまな「学習者ストラテジー」を身に付ける潜在能力を持っているにもかかわらず、最も受動的で非効率的な学習方略に呪縛されている学習者と対峙するところからはじまる。そして初修外国語教育の使命とは、学習者がさまざまな「学習ストラテジー」を経験する機会を提供し、彼らが自分自身に合った効率的な学習方略を身に付けて生涯学習へと向かう手助けをすることである。

それでは、教師は学習者の自律性を育成するうえでいかなる役割を果たすので

あろうか。学習者を中心に据えた授業では、教師はもはや「教える」者ではなく、学習者に助言を与える者、学習者と共に歩む者となる（Little 30-31 参照）。最近の外国語教育研究では、教師の経験的知識や自己研修能力が強く意識されるようになり（Nodari 4; Koenig 307; Schocker-von Ditfurth 12 参照）、教授者は次のような問いかけに答えるべき状況に直面している。すなわち、「授業において学習者の自律性を育てようとするなら、まずその人自身がみずからについて深く考えてみなければならないのではなかろうか。たとえば、自分は果たして自律的な人間なのか、と。」（Künzle et al. 50）

ほんらい教師の内部には「信念、仮説、知識」（belief, assumptions and knowledge）から成る BAK ネットワークが存在するといわれる（Woods 185 参照）。Devon Woods の研究では、教師は全く新しいことを試すより、自分がすでに経験してきた組み立てに立ち戻るという。この教師の保守性は学習者の自律性を育成するうえで大きな障害となる危険性が高い。なぜならば、学習理論研究では学習者の数だけ学習タイプがあるともいわれ、それぞれの課題に対するアプローチも個々の学習者で異なるとされている（Bimmel b et al. 22 参照）。教師が自分自身の学習歴ならびに教授歴に全面的に依存した非自律的な教授態度を取る限り、多分に「主観的な理論」（Krumm b 10-11）を含むと考えられる BAK ネットワークは膠着化してしまう。自分が習ったようにしか教えられない、あるいは今後も自分が教えてきたように教える術しか持たない教師が、学習者に自律性を促すことは困難である。したがって、絶え間なく自己研修を続ける教師にとって「自律性とは前提であり、同時に目標である」（Künzle et al. 51）ともいえるのである。

それでは学習者の自律性を促すためにはどんな授業内容・授業方法が可能だろうか。次章からは流通科学大学における試みを紹介しながら考察したい。

3. 教科書と自律的な学習

教育の世界で、また広く一般社会で「自律的な学習」が奨励されるなか、最もその存在意義を脅かされているものの一つに教科書がある。教科書批判の急先鋒ともいえる Dieter Wolff は、教授者ならびに教育機関主導型の「教示主義」（Instruktivismus）から学習者中心の「構成主義」（Konstruktivismus）への転換を宣言している（Wolff a 47; Wolff b 46 参照）。周知の通り構成主義によれば、現実とはきわめて主観的なものであり、唯一人間の脳のなかで構築されるものと

考えられている（Lenke et al. 91 参照）。Wolff によれば、教師の「教授できること」(Lehrbarkeit) と学習者が実際に「学習できること」(Lernbarkeit) とは開きがあり、教師はこの相違を認識したうえで個々の学習者の学習プロセスの差異にも注意を払う必要があるという。彼は教科書を「教示主義」の側に立つものと位置づけ、教室現場において教科書の占める支配的な立場に警鐘を鳴らしている。彼の提言によれば、学習のプロセスのなかで教科書以外のさまざまな素材、たとえば学習者自身が持って来る外国語関係の資料、個人的な日記などを積極的に導入することが必要であるという（Wolff a 50-51; Wolff b 39 参照）。

このような外国語教育研究者からの教科書批判に加えてインターネットの飛躍的な普及が、教科書の寿命を縮めているといえるだろう。日々刻々と変化する高度情報化社会にあっては、教科書に紹介されるドイツ語圏事情はかつてないほどの速さでその新鮮さ、現実性を失っていく。またコンピュータ技術に代表されるニューメディアそのものが教科書に取って代わるのではないかとの懸念、あるいは期待が存在するのも事実である（Funk a 5 参照）。

こうした厳しい状況のなか、数々の教科書を精力的に著わし続けている Hermann Funk や Michael Koenig は、教科書の終焉を告げる声に対してそろって異議を唱えている。Funk によれば、教科書は「ガイドライン」としても、また「教員研修の手段」(Funk b 287-288) としても今なお重要な役割を果たしているという。また Koenig は、教科書がうまく機能しない原因の一つは教科書のコンセプトをよく理解しないまま、それを自己流に使う教師自身にも責任があると述べている（Koenig 305 参照）。

筆者自身はこれらの教科書批判と教科書擁護、二つの立場のいずれかに立つことはしない。実際の授業ではクラスの履修条件、学習者の動機付け、学習歴などを考慮して、教師自身が「自律的に」柔軟に教授法を使い分けることこそ肝要だと考える。流通科学大学におけるドイツ語授業では、2001年度より週2回合計180分の1年生選択必修クラス、週1回90分の2年生選択必修クラスでは前期・後期2年間を通じて共通の教科書を用いている。それに対して、筆者が前期あるいは後期に週1回90分担当する選択科目クラスでは教科書は使わず、ビデオやコンピュータ、インターネットを取り入れた授業を行っている。

その具体的な例として、まず教科書を使った選択必修クラスの授業を取り上げたい。2000年度と2001年度に筆者が単独で担当した商学部25名クラスでは、"*Moment mal!*" というドイツの出版社から出された教科書を使用した。このテ

キストは単に言語習得のためではなく、言語学習ならびに言語運用のためのストラテジーの習得、つまり「学ぶことを学ぶ」というコンセプトを基本に編集された教科書の一つである（Wertenschlag et al. 4 参照）。2年間筆者のみでクラスを担当した理由は、一冊の教科書を継続的に使うことで、各課に登場する学習ストラテジーの一つ一つを学生と共に体験し実践しながら、その学習のプロセスと問題点を見極めたいという意図にあった。

　"*Moment mal!*"の主な特徴を挙げると以下の三点になる。第3章「音楽、ヤング・ゴッズ」を例に取ってみよう。第一に、"*Moment mal!*"は各課の学習事項をどのように扱ったらいいか一目でわかる体裁を備えている。次頁の例のようにテキストや写真、イラストの欄外にA1、A2といったように課題が段階的に指示されており、それにそってワーキング・ペーパーを用意して授業を進めることができ、教師にとっても学生にとっても教科書のコンセプトが理解しやすくなっている。

　第二に「読む」、「書く」、「聴く」、「話す」、そして「見る」という5つの能力のうち、必ず二つ以上の技能が同時に活性化される構成となっている。たとえば、スイスのロック・バンド「ヤング・ゴッズ」の「1. 世界ツアー」に関する読解テキスト（読む）には5大陸の地図（見る、読む）が添えられ、スケジュール表（見る、読む）には聴解テキスト（聴く）が組み合わされるといった具合に、複数のチャンネルから情報が入ってくるように工夫されている。

　第三にこの教科書は段階的な言語学習が可能になるように構成されている。たとえばヤング・ゴッズの「4. コンサート」について語る三人のファンへのインタビューでは、聴き取りテキストの内容にそって三種類の文字テキストが付いている。すなわち、1、2人称の「会話の再現」から始まって三人称の「叙述文」、終わりに単なる「メモ」のみというように徐々に難易度が高くなっている。しかもこの課題は次の「5. 新聞の報告」を理解するための準備段階ともいえ、以下に挙げた例のように仕上げの段階ではインタヴュー・メモやコンサート・チケットのコピーといった小道具を使って大意をつかんだうえで、最終的に新聞記事の読解へ進むように構成されている。

5 Der Zeitungsbericht

INNSBRUCKER STADTBLATT
20. September

„The Young Gods" im Utopia. Sie mixen Mozart, Kurt Weill und Pink Floyd: explosive Musik von heute.

„Götter" im Utopia

(ml) „The Young Gods" – das ist eine Band aus der Schweiz. Franz Treichler, 30, kommt aus Genf, Alain Monod, 33, aus Fribourg und Urs Hiestand, 27, aus Zürich. Sie spielen seit zehn Jahren zusammen. Urs spielt Schlagzeug, Alain spielt Sampler, und Franz singt – auf Deutsch, Französisch und Englisch.
Sie sind auf Europa-Tournee. Heute im „Utopia" in Innsbruck, morgen schon in Prag. Und dann geht es weiter nach Polen, Spanien, Portugal. „Ich bin wie ein Ballon", sagt Franz, „immer unterwegs – on the road."
Das Konzert dauert drei Stunden. In der Pause frage ich Besucher: „Wie findet ihr die Musik?" – „Toll!" höre ich und „Super!" und „Spitze!", aber auch „Zu laut."
Nach dem Konzert treffe ich die „Young Gods". Sie haben wenig Zeit. Ich stelle nur eine Frage: „Seid ihr zufrieden?" Und sie antworten: „Nein, wir sind nicht ganz zufrieden; das Konzert hatte zu wenig Magic." Und weg sind sie.

„Young Gods" ↔ Schweiz

Franz Treichler, 30: Sänger
Alain Monod, 33: Sampler
Urs Hiestand, 27: Schlagzeug

Frage: zufrieden?
Antwort: „Nicht ganz. Zu wenig Magic!"

Europa-Tournee:
Innsbruck → Prag →
Polen → Spanien →
Portugal:
„on the road".
Konzert:
3 Stunden
Besucher: „Toll!" –
Super! – „Zu laut."

THE YOUNG GODS
EINTRITT
Datum: 19/09/   Beginn: 20:30 Uhr
BANK AUSTRIA --- AUSTRIA CLUB
Tschamlerstr. 3 / Innsbruck / Tel.: 0512 / 58
Karte-Nr.   53

WER?	„The Young Gods" – Franz – ...	= PERSON(EN)
WAS?	eine Band – spielen zusammen – ...	= HANDLUNG
WANN?	Heute – ...	= ZEIT
WO?	im „Utopia" in Innsbruck – ...	= ORT (STADT, LAND)
WIE?	Besucher: „Toll!" – ... Urs: „nicht ganz zufrieden" – ...	= GEFALLEN/ MISSFALLEN

A10 Informationen in Texten
Lesen Sie die Notizen und den Zeitungstext. Ordnen Sie die Notizen zu.
→Ü17 – Ü18

A11 Lesen Sie den Zeitungstext.
Suchen Sie Antworten auf die Fragen: Wer? Was? Wann? Wo? Wie?
→Ü19

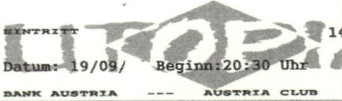

A12 Fragen und antworten Sie.

A13 Meinungen sagen
Und wie finden Sie die Musik der „Young Gods"?
→Ü20 – Ü23

(*"Moment mal!"*, Langenscheidt 1996, 21)

以上のように、"Moment mal!"は学習のプロセスの中で「読む、聴く、話す、書く、見る」という知覚の複数のチャンネルを同時に使って理解し、記憶することをめざしており、人間の脳のメカニズムに適った教材作りを行っているといえる（Storch 35-42 参照）。これらの学習ストラテジーを教室でクラスメートと共に体験することは、「直線的な学習アプローチ」に慣れきった日本人大学生にとって新たな学習アプローチを知る絶好の機会である。また教師自身にとっても、この教科書のコンセプトを理解し、多様な練習形態を実習することは「教員研修」として大きな意義があるといえる。

しかしながら、授業内容・授業方法が教科書による学習にとどまる限り、「教授できること」の域を出ない危険性は否定できない。「学習できること」への転換を図った取り組みはいかに行われるべきだろうか。次章ではその試みの一つとしてプロジェクト授業について述べたい。

4. プロジェクト授業

筆者は前章で紹介した"Moment mal!"の第3課を扱ったあとに、学生とのプロジェクト授業としてパートナーあるいはグループによるCD紹介を行った。課題は「第3課を参考にして自分の好きな歌か歌手の紹介をすること」である。このプロジェクト授業の手順を示すと以下のようになる。

流通科学大学2000年度前期「ドイツ語I」プロジェクト授業
1. 準備段階：5月末に"Moment mal!"第2課「見知らぬ町」を終了 　　授業中にペア・ワークで作文「好きな町の紹介」を経験
2. 6月5日から7月3日にかけて9回の授業で"Moment mal!"第3課を学習
3. 7月3日にレポート発表の予告 　　課題：「第2課を参考にして好きな町の紹介、または第3課を参考にして自分の好きな歌か歌手の紹介をする」（学生全員が後者のテーマを選ぶ）
4. 質問時間、面談時間の設定：作文の添削、学生の質問に答える。
5. 7月14日プロジェクト授業：9チーム（25名）の「CD紹介」

まずレポート発表という課題への取り組みをはじめた理由を三つ挙げたい（森

田 a 38-39; Morita 169-171 参照)。第一に、教師と学習者のインターアクションの不均等をできるだけ改めたいというねらいがあった。外国語の授業において教師の発言回数・発言時間が学習者のそれをはるかに超え、本来、双方向であるべき両者の働きかけがアンバランスであることは多くの研究が示す通りである(Storch 297-298 参照)。こうした現状の打開策として、レポート発表は学生が授業運営に積極的に参加するきっかけを与えようとする試みである。

　第二に、レポート発表が特に「書く、話す」という言語産出能力を伸ばすことにつながるという点が挙げられる。初修外国語教育は学習開始の時期も遅く、その学習期間も短いので、自分の意見や考えを即座に目標言語で述べるというレベルに達することは容易ではない。それに対して、「書く」という行為は「話す」という行為と異なり何度でも修正が可能であり、時間的に息の長い段階的な発展をたどる言語産出行為である。最近では書くプロセス、すなわち構想を練ってそれを言語化し、そして推敲するという過程に研究者の注目が集まっており(Kast a 53-54; Heyd 182-189; Huneke et al. 103-106; Kast b 19-24 参照)、このプロセスで培われた言語運用能力は他の分野、例えば「話す」力の育成にも有効な影響を与える可能性があるといわれる(Huneke et al. 105-106 参照)。

　第三に、異文化理解能力を養成するという外国語授業の重要な目標のためにもレポート発表の寄与するところは大きい。授業の中でドイツ語圏の文化を知るだけでは、単なるその場限りの知識の伝達で終わってしまう。異文化理解には、自己の内面世界で現実を構築すること、すなわち自分のことばで表現し、自身の文化と比較する相対的な視点を持つことが是非とも必要であり、その認知的なプロセスが、外国語によるレポートによって深められるのである。さらに口頭発表を通じて他の学習者と共にテーマについて考え、その学習体験を共有することが、社会行動能力を育成するための第一歩ともなる(Heyd 16-26; Lenke et al. 91-119 参照)。

　以上の観点から導入したCD紹介では、当時の人気歌手やロック・グループのヒット曲が流れ、総勢25名の学生が9つのレポート発表を行なった。学生たちはお気に入りのCDをかけながら、ペアやグループで歌い手の出身地、年齢、担当のパート、ツアーの予定、そして彼らへの思いなどを習いたてのドイツ語で語った。その様子は学生自身の手でビデオに撮影され、彼らの要望で後期第一回目の授業で上演された。

　このCD紹介が"Moment mal!"の第3課の学習を基礎としているように、プ

ロジェクト授業は通常の授業と切り離された形ではなく、統合的に実施されるべきものである（Krumm a 6-7; Gudjons 76-77 参照）。また以下に述べるように、そのフィード・バックも欠かせない。筆者は学生たちのレポート発表を「ことばの正確さ、オリジナリティー、話し方、発表態度」という4つの基準で評価したが、発表当日には、学生自身もクラスメートの発表を評価する機会を設けた。そして筆者が両者の評価を集計し、その結果を前期定期試験後に公表した。学生に配布した評価表（実際はドイツ語）は以下の通りである。

2000年7月14日　第1回レポート発表・評価表

クラスメートのレポートをどう思いましたか。
点をつけるとしたら（5から0）何点ですか。
グループ1（○○さん、○○さん、○○さん）：テーマは何ですか。
良い点はどこでしたか。良くない点はどこでしたか。何点をあげますか。

　この評価表は各チームによる日本語での記述式とした。それらの評価表を見ると、学習者が彼ら自身のレポート発表に加えてクラスメートの発表からも学ぶ点が多かったことを示している。学生たちは、他のクラスメートの発表について、発音やイントネーションばかりでなく、その発表内容や発表形式についても適確に観察している。たとえば、「言葉につながりがあった」、「単語が途切れるような感じ」、「オリジナリティーがある」、「チームワークがよかった」などのコメントが見られた。このクラスでは後期以降も、"Moment mal!"の第4課では紙芝居を、第6課ではコラージュ作りをといったように、大小のプロジェクト授業を導入した。毎学期実施される大学の授業改善アンケートでは、このクラスの授業に対する満足度は2年間を通じて終始高かった。
　次に、流通科学大学における2年生以上を対象とした選択科目クラスでの試みに移りたい。2002年度後期の「ドイツ文化研究」（5名）、2003年度後期の「ドイツ文化研究」（7名）という、必ずしもドイツ語履修者の受講を前提としない文化学習に主眼を置いた授業や、2003年度前期の「人と生活」（5名）においては、筆者は教科書を使っていない。その理由としては、まず一学期だけの開講科目であるため、教科書を一部分しか扱えないという消極的な理由がある。第二に、これらのクラスでは筆者が最初のテーマを選んだあとは、受講者の要望・関心を取り入れて2回から3回ごとにテーマを変えて授業を進めた。「食べ物、飲み物、

スポーツ、映画、音楽、環境問題、学校教育、休暇、コマーシャル」など学生の関心は多岐にわたり、それらのテーマ全部を一冊の教科書に求めるのは不可能である。

　第三に各種のテーマにそって教師がビデオや映画、CD、テキストなどを用意する一方で、受講者が様々な資料を持って来る。Wolffのことばを借りれば、「生の素材が教科書や他の教材の代わりになっている」(Wolff b 47)。学生の持ち込む資料としてはインターネットからの情報が圧倒的に多いが、その他にも「音楽」を扱った際には、学生自身がドイツのロック歌手のビデオを紹介し、「コマーシャル」の場合には、12年前の日本のコマーシャル・ビデオを持参し、ドイツの古いテレビ・コマーシャルと比較した学生もいた。

　これらのクラスでは毎回グループ・ワークによる作業を中心に進め、授業中に必ず3分から5分程度の各種テーマに関する意見発表あるいはレポート報告を課題とした。これは学期末に「ドイツ語圏と日本の文化を比較する」というテーマで、コンピュータによるプレゼンテーションを行うための練習ともなる。このプロジェクトは学生の発案ではじまり、各学期ともそれぞれの受講者の要望にそって実施された。今までに扱われたテーマとしては、「路面電車」、「行ってみたい、ドイツ温泉旅行」、「映画エス」、「ワインのトリビア」などがあり、5分から10分のペアあるいはグループ発表にまとめられている。発表の使用言語は、ドイツ語を学んだことのない受講生に配慮して日本語である。しかしながら、授業の中ではドイツ語のテキストやビデオを用いることもしばしばある。その場合はドイツ語履修者と非履修者が互いに助け合ってグループ・ワークを行っている。時にはドイツ語非履修者のほうが予備知識や推論にまさってドイツ語のテキストを早く読み解いてしまうこともある。単独作業では実現できない課題の解決が可能になるのである。次章では、学習者の自律性を育成するうえで重要な鍵を握ると思われる課題と作業形態について論じたい。

5. 学習者の自律性と課題・作業形態

　すでに述べたように自律的な学習とは、学習者の独習を意味するものではない。教師と共に、またクラスメートと一緒に学ぶ「社会的な学習」の過程で自律的な学習態度が身につくことは多くの研究者が強調している点である (Wolff b 46; Schwerdtfeger 39 参照)。周知の通り作業形態には、全体作業、単独作業、ペ

ア・ワーク、グループ・ワークの4つがある。学習者の自律性を育成するためには、これら4つの作業形態を授業に交替で取り入れ、学習者の役割を変化させることが有効だと考えられている。

なかでもグループ・ワークは他の3つの作業形態と並んで扱われながら、特異な位置にあると考えられる。筆者は1990年代半ばから日本の大学で150回を超える「授業見学」を行なっているが（森田b 18-38 参照）、伝統的な対面授業においては全体作業と単独作業が交互に行われるのは当然としても、コミュニケーション主体の授業であってもたびたび登場する作業形態はペア・ワークで、3人以上のグループ・ワークははるかに少ない（Schwerdtfeger 11 参照）。

筆者自身は流通科学大学の選択必修クラスで先の4つの作業形態を組み合わせ、特にグループ・ワークによる作業を多く取り入れている。たとえば2003年度、商学部1年生22名の受講したクラス（ネーティヴ・スピーカーとのペア授業であるため、筆者の担当は週1回90分のみ）では前期8回、後期7回、すなわち授業回数の約半分に当たる頻度でグループ・ワークを行なった。その作業時間は毎回30分から40分程度であるから、全体の授業に占めるグループ・ワークの割合は約5分の1である。次にその具体例を紹介したい。使用したテキストは全学共通教科書、『自己表現のためのドイツ語』である。

Übung 4: Spielen Sie Dialoge. 例にならい職業を尋ね、それに対してJaかNeinで答えてください。

Sind Sie Student?
　　　　Studentin?

Ja, ich bin Student.
　　　　　　Studentin.

Nein, ich bin Angestellter.
　　　　　　Angestellte.

sein ～である
ich bin
Sie sind

1) Lehrer / Lehrerin
2) Kellner / Kellnerin
3) Verkäufer / Verkäuferin
4) Schauspieler / Schauspielerin
5) Arzt / Ärztin
6) Politiker / Politikerin

（『自己表現のためのドイツ語』三修社 2003）

> **流通科学大学2003年度「初級ドイツ語」第1回グループ・ワーク作業手順**
>
> 1. 授業前の準備：前頁の練習問題からそれぞれの単語を拡大コピーする。6つの単語でA3判を1部ずつ、A4判を5部ずつ用意。ただし後者には「絵と単語」、「絵のみ」の2種類のコピーを作っておく。
> 2. 全体授業①：A3判のコピー6枚を使って教師と学生全員で会話練習。
> 3. グループ・ワーク準備①：学生が1から5までの数字をドイツ語で言う。1と言った学生は1のグループへという具合にして、グループ分け。
> 4. グループ・ワーク準備②：一つのグループで模擬練習。
> 5. グループ・ワーク準備③：ジャンケンなどでグループの「リーダー」を決め、教師は彼らに「絵と単語」のA4判コピーを渡す。リーダーはコピーの配布と回収を担当。作業前に、「職業の語彙を6つ覚える練習で、練習後にグループ対抗ゲームをする」と伝える。
> 6. グループ・ワーク①：4人の学生が時計回りに自分の持っているコピーを見せながら練習問題にそって会話練習。一巡するたびにコピーを交換。
> 7. グループ・ワーク②：リーダーに、「絵のみ」のA4判コピーを渡す。今度は時計と逆周りに6と同じ会話練習。
> 8. 全体授業②：各グループで一人ずつ出て、全体の前で会話。
> 9. 全体授業③：各グループ一人ずつ前に出て、教師の示す「絵のみ」のコピーを見て答える。早く答えた学生のグループにはポイントを与える。

2003年4月22日第1回目のグループ・ワークの課題と作業手順は以下の通りである。

作業手順を詳しく述べたのは、グループ・ワークという作業形態が課題の内容・方法と密接に結びついていることを明らかにするためである。対面授業の練習問題をグループ・ワークに使っても機能しない（Schwerdtfeger 31参照）。例えば各単語の拡大コピーをグループごとに用意するなど、グループ・ワークに合った課題を準備することが、この作業形態を取り入れる前提条件である。またグループ・ワークの後に、クラス全体でフィード・バックをすることも欠かせない。

次にグループ・ワークが学習者の自律性の育成に及ぼす影響について考えてみよう。この作業形態を用いた際に観察された教室内活動の変化は以下の三点である。第一に、上の課題形式を使って2課、3課と語彙学習を続けるうちに、同じ

作業時間内でもグループによって作業方法が次の三つのタイプに分かれることがわかった。

1. 「絵と単語」、「絵のみ」のコピーを作業時間の中間で換えて練習する。
2. 大半の作業時間は「絵と単語」のコピーで練習して、「絵のみ」のコピーは仕上げの段階で使う。
3. 両方のコピーともリーダーがメンバーに配らずに自分で持ち、いわば「教師」の役割を果たしながらメンバーで練習する。

　本来、筆者の提供した学習ストラテジーは第一のタイプであり、グループ・ワークを開始した当初は学生たちもそれにそって練習していた。しかしながら、この作業形態に慣れた6月頃から「内部での個別化」（innere Differenzierung）が表面化してきた。第二と第三のタイプ、すなわち単語に頼るタイプとリーダーを中心に学ぶタイプが少数派ながら出てきたのである。これは、課題を前にしてそれぞれに適した学習ストラテジーをグループ内で決定する自律性が徐々に生まれてきたといえる。

　第二に、グループの内部で発音や語順の違いなどを「自分たちで訂正する」（Selbstkorrektur）場面がしばしば観察された。筆者はグループ・ワークの作業中は教室を回り、学生の質問を受ける。その際、単語の発音に関する質問が最も多いとはいえ、その対応に追われて個々の学生の発音を矯正する時間は少ない。しかしながら、作業を終えると学生の発音はグループごとに一定のレベルに平均化していることが多い。クラスメートの発音を聞きながら口頭練習し、お互いにその発音や語順を矯正しあうことも自律的な学習への第一歩である。

　第三にグループ・ワークがはじまると授業の雰囲気は目立って活発化する。これを「騒がしい」と感じる教師が少なくないが（Schwerdtfeger 53-55 参照）、学習者同士のインターアクションの機会が増えたとポジティブに解釈するほうが生産的である。対面授業での「静粛」を学習者の集中力の表れと取るのは危険である。Peter Bimmel は、学力の差異にかかわらず教師主導の授業よりも自由な教室活動のほうが学習者の集中力が高いという研究報告を挙げている（Bimmel b et al. 27 参照）。

　以上のように、グループ・ワークは学習者の自律性を育成するうえで他の三つの作業形態と合わせて用いられるべき授業方法といえる。先のクラスでは学生に

毎回授業に対する短いコメントを書いてもらい、筆者がそれに答える形を採っていた。それらを見ると、「グループで勉強するのは楽しい」という声が多いなか、「人見知りをするタイプなので、グループ学習は苦手」とする意見も見られた。一つの授業方法がすべての学習者に適するわけではなく、また即座に学習効果を上げるとは限らない。しかし、いずれにせよ教室という「社会的な学習」の場で、学習者がクラスメートと共に多様な学習アプローチを経験することこそ肝要といえる。

6. 今後の課題

終わりに自律的な学習における学習者の内省、反省について触れたい。初修外国語教育において学習者が自分自身の学習プロセスとその達成度を反省し確かめるというメタ認知レベルの学習段階に達するかどうかは、彼らの学習歴、性格、学習タイプ、期待や要望など個人差があって明確には証明できない。授業の中で学びながら学習方法を反省できる学習者もいれば、学んだあと何年も経ってはじめて学習ストラテジーの何たるかを認識する学習者もいるだろう。いずれのタイプの学習者であっても内省、反省には一定の時間を必要とする。初修外国語教育は、学習者が多様な学習ストラテジーを経験する機会を提供することで、学習者の自律性という課題を未来への生涯学習に託すともいえる。とはいえ自律的な学習を強調するあまり、学習者に言語学習・文化学習の合間に絶えずメタ認知の問いかけを行う教授態度は慎まなければならない。Christoph Edelhoff のことばを借りれば、「教育の秘訣はバランスにあって、ドグマにはないと思われる」（Edelhoff 74）。教師であり、しかも研究者であり続けるためには、教育現場の場面、場面で経験的な知識と学問的な知識を絶えずバランス良く活かす柔軟性が必要である。そのバランス感覚、柔軟性こそが教師としての「自律性」を支える前提であり、目標ともいえるのである。

参考文献

塩田勉（2000）:「英語講読授業の方法―留学のための読解力をめざす」、早稲田大学語学教育研究所『語研フォーラム』13号、pp.17-42.

友田舜三（2000）:「異文化接触とコミュニケーション―その背景・言語的認知的構造・能力訓練」、大阪外国語大学『多文化共存時代の言語教育』、pp.53-77.

森田昌美 a（2001）「能動的な言語学習を可能にするランデスクンデ―初級後半のドイツ語授業の具体例」、日本独文学会研究叢書 6 号『ランデスクンデ再考、総合的言語学習に向けて―学習目標、教材、教授法―』、pp.26-49.
森田昌美 b（2004）「現職者研修としての授業見学―その有効性と問題点」、日本独文学会研究叢書 28 号『ドイツ語教師トレーニングプログラム ドイツ語教員養成―研修―外国語としてのドイツ語教育』pp.18-38

Bimmel a, Peter (1993): Lernstrategien im Deutschunterricht. In: *Fremdsprache Deutsch 8. Lernstrategien*, Stuttgart: Ernst Klett Verlag, pp.4-11.

Bimmel b, Peter/Rampillon, Ute (2000): *Lernerautonomie und Lernstrategien, Fernstudieneinhieit 23*, Berlin/München/Wien/Zürich/New York: Langenscheidt.

Edelhoff, Christoph/Westkamp, Ralf (ed.): *Autonomes Fremdsprachenlernen*, Ismaning: Max Hueber Verlag

Edelhoff, Christoph (1999): Lehrwerke und Autonomie. In: Edelhoff/Weskamp (ed.), pp. 63-78.

Funk a, Hermann(1999): Lehrwerke und andere neue Medien. Zur Integration rechnergestützter Verfahren in dem Unterrichtsalltag. In: *Fremdsprache Deutsch 21. Neue Medien im Deutschunterricht*, Stuttgart: Ernst Klett Verlag, pp.5-12.

Funk, Hermann/Koenig, Michael (ed.)(2001): *Kommunikative Fremdsprachendidaktik―Theorie und Praxis in Deutsch als Fremdsprache. Festschrift für Gerhard Neuner zum 60. Geburtstag*, München: Iudicium Verlag.

Funk b, Hermann (2001): *Das Ende ist nah!* Oder auch nicht. Zum Fuktionswandel der Fremdsprachenlehrwerke, In: Funk/Koenig (ed.), pp.279-293.

Gudjons, Herbert (2001): *Handlungsorientiert lehren und lernen 6*. Aufl., Bad Heilbrunn: Klinkhardt.

Heyd, Gertraude (1997): *Aufbauwissen für den Fremdsprachenunterricht. Ein Arbeitsbuch*, Tübingen: Gunther Narr Verlag.

Huneke, Hans-Werner/Steinig, Wolfgang (1997): *Deutsch als Fremdspache. Eine Einführung*, Berlin: Erich Schmidt Verlag.

Kast, Bernd/Neuner, Gerhard (ed.)(1994): *Zur Analyse, Begutachtung und Entwicklung von Lehrwerken für den fremdsprachlichen Deutschunterricht*, Berlin/München: Langenscheidt.

Kast a, Bernd (1994): Die vier Fertigkeiten. In: Kast/Neuner(ed.), pp.42-55.

Kast b, Bernd (1999): *Fertigkeit Schreiben. Fernstudieneinheit 12*, Berlin/München/Wien/Zürich/New York: Langenscheidt.

Koenig, Michael(2001): Grammatikunterricht: Von der Lerwerk- zur Unterrichtsebene und darüber hinaus. In: Funk/Koenig (ed.), pp.294-311.

Krumm a, Hans-Jürgen (1991): Unterrichtsprojekte - Praktisches Lernen im Deutschunterricht. In: *Fremdsprache Deutsch* 4, pp.4-8.

Krumm b, Hans-Jürgen (1998): Grundlagen der Unterrichtsbeobachtung. In: *Materialien zur Unterrichtsbeobachtung (unter Mitarbeit und mit einer Einführung von Hans-Jürgen Krumm)*, Goethe-Institut, pp.6-19.

Künzle, Beda/Müller, Martin/Thurnherr, Martin/Wertenschlag, Lukas(1996): Autonomie in der Lehrpersonenfortbildung, In: *Fremdsprache Deutsch, Sondernummer. Autonomes Lernen*, pp.50-56.

Lenke, Nils/Lutz, Hans-Dieter/Sprenger, Michael(1995): *Grundlagen sprachlicher Kommunikation*. München: Wilhelm Fink.

Little, David (1999): Autonomy in second language learning: some theoretical perspectives and their practical implications. In: Edelhoff/Weskamp (ed.), pp.22-36.

Morita, Masami (2003): Lernervorträge als Gestaltungskonzept und Ergebnis von lernerorientiertem Deutschunterricht. In: 『ドイツ文学』113号, *Beiträge zur Optimierung des Deutschunterrichts. Lesen und Projektunterricht*, pp.167-181.

Nodari, Claudio (1996): Autonomie und Fremdspachenlernen. In: *Fremdsprache Deutsch, Sondernummer. Autonomes Lernen*, p.4-10.

Prokop, Manfred (1993): Lernen lernen—aber ja! Aber wie? Klassifikation von Lernerstrategien im Zweit- und Fremdsprachenunterricht. In: *Fremdsprache Deutsch 8. Lernstrategien*, pp.12-17.

Schocker-von Ditfurth (2002): *Unterricht verstehen. Medienpaket zur Förderung reflektierter Unterrichtspraxis. Modul 1. Erfahrungswissen reflektieren und den eigenen Unterricht weiterentwickeln*, Goethe-Institut Inter Nationes.

Schwerdtfeger, Inge C.(2001): *Gruppenarbeit und innere Differenzierung, Fernstudieneinheit 29*, Berlin/München/Wien/Zürich/New York: Langenscheidt.

Storch, Günther(1999): *Deutsch als Fremdsprache—Eine Didaktik*, München: Wilhelm Fink.

Wertenberg, Lukas/Gick, Conelia/Lemcke, Christiane/Müller, Martin/Rusch, Paul/Scherling, Theo/Schmidt, Reiner/Wilms, Heinz(1997): *Moment mal! Lehrwerk für Deutsch als Fremdsprache. Lehrerhandbuch 1*, Berlin/München/Wien/Zürich/New York: Langenscheidt.

Weskamp, Ralf(1999): Unterricht im Wandel—Autonomes Fremdsprachenlernen als Konzept für schülerorientierten Fremdsprachenunterricht. In: Edelhoff/Weskamp (ed.), pp. 8-19.

Wolff a, Dieter (1997): Instruktivismus vs. Kostruktivismus: Zwanzig Thesen zur Lernbarkeit und Lehrbarkeit von Sprachen. In: Müller-Verweyen, Michael (ed.): *Neues Lernen - Selbstgesteuert - Autonom*, Goethe-Institut München, pp.45-52.

Wolff b, Dieter (1999): Zu den Beziehungen zwischen Theorie und Praxis in der Entwicklung von Lernerautonomie. In: Edelhoff/Weskamp (ed.), pp.37-48.

Woods, Davon (1996): *Teacher Cognition in Language Teaching: Beliefs, decision-making and classroom practice*, Cambridge: Cambridge University Press.

教科書

Müller, Martin/Rusch, Paul/Scherling, Theo/Schmidt, Reiner/Wertenschlag, Lukas/Wilms, Heinz (1996): *Moment mal! Lehrwerk für Deutsch als Fremdsprache. Lehrwerk 1*, Berlin/München: Langenscheidt.

板山眞由美／塩路ウルズラ／本河裕子／吉満たか子 (2003)：*Farbkasten Deutsch neu 1*『自己表現のためのドイツ語1(改訂版)』、三修社

授業外学習の試みと自律的学習について
― 第二外国語教育としてのドイツ語教育の場合 ―

中島裕昭

> 学習者の自律性／学習ストラテジー／大学における第二外国語／正規授業と授業外学習／自主ゼミ／学習者の社会参与

1. はじめに

1.1 本論考の位置づけ

　本論考は、これまでの日本の大学における第二外国語の授業、すなわち英語など既習外国語の他にさらにもう一つの外国語を学ぼうとするもので、当該外国語・文化を専門的に学ぶのではない場合において、十分に配慮されてきたとは言いがたい「学習者中心の外国語教育」の実現に、多少なりとも寄与しようとすることを目的としている。大学の第二外国語教育ではこれまで、何を、どう教えるか、さらには、なぜ教えなければならないのかが主に教える側だけで議論されてきた。しかし、「何を、どのように、なぜ学ぶのか」は学習者こそが自身に投げかけるべき問いであり、そのことは学生が外国語の授業という枠を超えて、「なぜ大学で学ぼうとするのか」と自身に問いかける契機にもなる、と筆者は考える。大学教育の中でその存在意義が問われ、場合によってはわずかな時間割枠しか与えられない第二外国語教育であるからこそ、学習者が何かを学ぶということと向き合い、みずから学ぶ力が養成される場となりうるのではないだろうか？　すなわち、大学の第二外国語の授業を、学習者自身が学習過程を編成・管理することを学ぶための場の一つとすることで、けっして授業だけでは成就しない外国語学習を授業外の時間を含めた過程へと発展させたいということである。そしてそのことによって、「何を、何のために、いかに学ぶか」について学習者自身が考え、計画を立て、その計画遂行を管理し、さらにその成果についてもみずから評価で

きるような能力、つまり学習者の自律的学習の能力を養成したいということである。このような学習者の自律性獲得は、高等教育の本来の目的とも合致すると考えられる。

1.2 第二外国語の教育実践（ドイツ語の教育実践）との関わり

筆者は大学で第二外国語としてのドイツ語教育を担当しているが、授業では特定の教授法一つのみを用いるのではなく、学習条件や学習者の要請に応じてさまざまな教授法から適切なものを選択して用いる、いわゆる折衷主義的方法をとってきた。それは、第二外国語に対するニーズや学習スタイルが学生個々によって相当に異なるためである。しかし、すでに多くの大学がそうであるように、大学における第二外国語の授業時間数はけっして十分なものではない。正規の授業だけでは高いレベルのドイツ語教育を実現できないため、学生の希望に応じて、授業外に週一、二回のドイツ語勉強会を開催してきた。この自主的なゼミナールという形でのドイツ語の教授（以下「ドイツ語ゼミ」と呼ぶ）には、しかし、問題もあった。詳細は後述するが、モチベーションさえ高ければドイツ語学習は大きく展開されるのではないか、という期待とは裏腹に、ゼミの成果はけっして華々しいものにはならない。一方、正規授業だけでもドイツ語学習が成功する場合はもちろんある。また他のドイツ語授業担当者の成果と比べてみても、必修分の授業履修が終了したあとにドイツ語学習を継続する学生の数は大差ない、いやむしろ、かける時間・労力の大きさを考慮すれば、ドイツ語ゼミの非効率性が目についたと言えるかも知れない。とすればわざわざ授業外に学習機会を設ける意味があるのだろうか？　つまり筆者は、授業外学習機会としてのドイツ語ゼミ開設の意義を再検討せざるをえない状況にあった。

1.3 「学習者自身が学習過程を管理する」という考え方

このようなとき、2003年2月に流通科学大学と関西ドイツ文化センターの共催によるドイツ語教授法ワークショップに、さらにその夏には文部科学省とドイツ文化センター共催の夏期ドイツ語教育研修会に参加する機会を得た。二つとも「学習者の自律性」がテーマであった。前者では、筆者自身、このドイツ語ゼミの体験を報告したのだが、この時点ではまだ外国語学習における自律性についての理解が十分ではなかった。しかしこのワークショップの他の報告者の報告を聞き、さらに夏のドイツ語教育研修会ではドイツ語学習における自律性と学習スト

ラテジーの専門家である P. Bimmel 氏の指導を受け、学習者自身が学習過程を管理するという考え方、すなわち学習者の自律性ということについて学ぶことができた。これが筆者の外国語学習についての考え方を大きく転換させてくれた。「学習者自身が学習過程を管理する」ということは、単に自学自習することではなく、学習活動の計画・遂行・管理に学習者自身が責任を持つということであり、学習活動が教授者によってではなく、学習者自身によって展開されることである。後述するように、学習者中心の学習という考え方自体はそれほど新しいものではないし、英語教育や日本語教育においては自律的学習や学習ストラテジーについてもすでにかなり議論されている。しかし筆者は、大学における第二外国語教育においてこそ、この学習者の自律性が必要と考えた。本書には言語学習のストラテジーに関する詳細な論述やインターネット環境を利用した学習方法の具体例の紹介もあるので、本論考では、正規授業の枠の外でのドイツ語教育の模索をつうじて筆者自身が学んだ、自律的学習についての考え方を紹介したい。

2. 授業外学習の試み

2.1 ドイツ語ゼミ開設の経緯

　ドイツ語ゼミを開設しようとした理由は、何よりも勤務校（東京学芸大学）におけるドイツ語授業枠の縮小にあった。1991 年に文部省（当時）の省令によって大学設置基準が大綱化されてからの大学におけるカリキュラム改訂の方針は「自由化」や「弾力化」、「学生の自主的な学習意欲を促す」といったスローガンで表現された。筆者は、当初、この改訂方針をかならずしも否定的には見ていなかった。必修化され、専攻などによってあらかじめクラス分けされた授業では、1 クラスの人数も多く、学習者の能力差・学習動機の違いがはなはだしく、なかなか学習効果が上がらないという経験は、多くの外国語教師が共有するものである。カリキュラムの「弾力化」による必修授業科目の減少、それにともなうクラス・サイズの縮小、より多く開設される選択授業枠における技能・習熟度別クラス導入の可能性などが、新しいカリキュラムの肯定的な要素と見られたため、「必修枠の削減」にはむしろ積極的に関与し、「自由化」を支持した。勤務校では 1990 年と 1995 年にカリキュラムが改訂され（外国語授業についての主たる改訂は後者）、結果的に既習外国語としての英語は必修枠から外され、英語に関して

は技能・習熟度別の選択科目のみが設定された。いわゆる外国語の必修科目は、未習外国語の2単位（1コマ×1年間）分のみとなった。また、それまでの英語、ドイツ語、フランス語、ロシア語、朝鮮語に加えて、イタリア語、スペイン語、ポルトガル語が導入された。設置基準の大綱化に対応した、必修枠を削減し自由選択可能な授業を多様化するという外国語カリキュラムの改訂方針は、他の大学においてもおおかた共通するものであろう（この時期の大学における外国語カリキュラムの改訂状況については、田中参照）。「外国語科目」の特権的な地位は廃され、総体的に外国語の授業は減少し、それまで理工学系学部で独占的な地位を占めてきたドイツ語は悲哀を味わったが、外国語授業の多様化はどこでも歓迎されたはずである。勤務校について言えば、とくに英語における技能・習熟度別クラスの導入は学習者にも教授者にも歓迎された（教授者が、履修希望者の増減を自身の授業に対する評価と直結させて考える場合は別だが）。新たに導入された外国語（言語によっては大都市近郊の大学であるからこそ可能であった）については、当初は教授者の個別能力や教材の質の問題はあったものの、さまざまな外国語が選択できることは学生からは支持された。

しかし、こういった「自由化」・「弾力化」は、「学生の自主的な学習意欲」が現実のものとなりうる枠組みにおいてのみ有効なものとなる。勤務校での最大の問題は、主として専門科目によって占められる3・4年の時間割で外国語科目の枠が保障されなかったことにある。さまざまな議論はあったものの、結果として3・4年生は、もう一度、あるいは新たに外国語を学習したいと思っても、同じ時間割枠に専門科目があるため、外国語科目が履修できないという状況になった。こうしたなか、勤務校には正規授業外に教員がいわゆる自主ゼミを開設する伝統もあって筆者は以前から授業外の学習機会を設けてきたが、1996年以降はこのドイツ語ゼミがほぼ恒常的なものとなった。

（なお勤務校のカリキュラムは、その後2000年に改訂され、既習外国語としての英語の必修科目が復活すると同時に、未習外国語の必修分単位数も倍増した。この改訂の理由は詳述しないが、何よりも英語の必修枠廃止に象徴される「自由化」方針が外国語軽視と見られたことを再検討した結果である。）

2.2　ドイツ語ゼミの参加状況

前節のような状況から恒例化したドイツ語ゼミの実際の参加状況などは、次の表のとおりである。

参加者の要望・関心	参加者の所属・専攻	学習内容・使用教材・器材
基礎的学力の強化、文法の復習など	さまざま	教科書や市販の問題集などを利用
読むこと	歴史、哲学、地域研究、教育、福祉、地理、環境	教科書、あるいは参加者が持ち込んだテキストなどで読書会
留学準備	音楽、美術、地域研究	上記活動のほか、学内留学試験のための準備、会話練習のための基礎的な方法の紹介
語学教育や異文化理解への興味	日本語教育、地域研究	市販の問題集などの利用、参加者が持ち寄ったテキストの読解などのほか、学習方法や教材、語学学校などの推薦

　週1回のゼミ開催を基本とし、参加希望者がほぼ全員参加できる時間枠を設定している。この設定時間はだいたい夕方の遅い時間になる。参加者が1～2名の場合は研究室で、3～4名の場合は学内の別のスペースを利用した。参加者の既有知識や希望する学習内容に大きな差があったり、参加できる時間枠が確保されなかったりする場合は、やむを得ず、二つに分けることもあり、そうなるとドイツ語ゼミは週2回の開催となる。

　1996年以降の参加者数は学期によってまちまちであるが、1～4名であった。多くは芸術系などに多い留学希望者（旧国立大学の教育学部教員養成課程には国費による留学の枠があった；勤務校では、この国費分の枠も大学独自の提携校との交換留学の枠もまとめて、学内で留学のための試験を実施している）であるが、歴史・哲学・文学方面の大学院進学希望者もいる。

　これらの参加者のうち、留学希望者は学内の留学試験にほぼ全員が合格しているが、その中で長期のドイツ語圏留学を実現した者はこれまでに2名いる。1名はその後、都内の語学学校で事務職員として勤務した。また1名はなお留学中で、ドイツにおける音楽教師の資格を取ろうとしている。留学した者の中には、帰国後はドイツ語ゼミに参加しない者もいる。大学院進学希望者の成功率はほぼ半分だが、進学後も参加する者はほとんどいない。初歩的なドイツ語知識の復習を望んだ者は、最初の簡単な教材を修了した時点で参加しなくなる。ドイツ語学習についての基礎的な知識が確認され、留学経験なども経て会話力の向上を希望する

学生には、ゲーテ・インスティトゥートなどへの通学を薦めており、ドイツ語ゼミにとどまらないよう指導してきた。いまふり返ってみれば、このドイツ語ゼミは、学習者にとってさらなるドイツ語学習に進むための初歩的なジャンプ台であったと考えられる。

2.3 ドイツ語ゼミの問題点

ドイツ語ゼミには、最初に触れたように、問題点も少なくない。筆者が主に感じたものは、以下の三点である。

1) 参加理由がじつは曖昧で、参加者自身の認識も十分とはいえない
2) 自由参加によるゼミで、高い目標を設定することはむずかしい
3) 授業外の学習機会を、正規授業とどのように関連づけるべきか

これらの問題は互いに関連しあっている。まず 1) の参加理由についてだが、参加者の多くが最初に口にするのは「大学でせっかくドイツ語を選択したのだから、ドイツ語ができるようになりたい、しかし、どうやってドイツ語を勉強したらよいのか、わからない」ということである。筆者の経験からすると、こういった声には慎重に対応しなければならない。そもそも、なぜその学生がドイツ語学習を希望しているのか、また、その追加的なドイツ語学習の場は筆者のドイツ語ゼミが適当であるのか、さらには、ドイツ語学習やゼミ参加が学生の日常的な生活にどのように位置づけられているか、などを確認する必要がある。「ドイツ語ができる」ようになって何をしたいのか、ということが具体的に考えられていないこともある。授業についていけないという理由が挙げられることがあるが、たとえ正規授業の単位を修得できない危険があっても、追加的な学習を薦められないケースもある（本人の所属専攻や大学での学習の重点を問うたときに、他に優先しなければならないものがある場合など）。留学に漠然と憧れているだけの学生もいる。大学で学ぶことの目的さえ曖昧なまま、ドイツ語学習は二義的なもので、大学における教師との直接的なコンタクトがこのような自主的なゼミナールに求められる場合もある。つまりドイツ語ゼミが新たなメンバーを迎えて再スタートする際、当初は学生に対するこういった個別相談に多くの時間を割かざるをえない。またゼミでの学習活動の中でも、ドイツ語に関すること以上に、学習者個々のドイツ語学習の前提や方法、学習活動の周辺に生ずる様々な問題への配慮

が必要である。

　このような事情から 2) の問題が生ずる。ドイツ語ゼミの多くの時間が、参加者の日頃の学習活動の反省に耳を傾けたり、ドイツ語学習の目的を再確認することに費やされてしまうとなると、このような参加者に対して学習の速度を上げたり、目標を高く設定したりすることは、実際にはなかなかできない。大学での4年間をどう過ごすかということさえ自分で決められない学生に、学習目標としてはわかりやすいが、しかしじつはとても負担の大きい外国語学習は、安易には薦められない。結局、彼らのドイツ語学習意欲を持続させることだけがドイツ語ゼミの成果となってしまう。しかし、ドイツ語学習の継続だけが目標であるなら、このような授業外学習の機会は必要ないのではないか。

　3) の大学の正規のドイツ語授業との関連ということでは、ドイツ語ゼミの参加者が正規授業の内容に不満を感ずることが多いとか、正規授業の中でゼミに参加している者とそうでない者とで意欲や習熟度の違いが大きくなってしまうなどの問題がある。また、筆者の担当する授業にゼミ参加者が出席している場合は、クラス内にゼミの雰囲気を持ち込まないようにする注意が必要であり、さもないと正規クラス全体の学習意欲が大きく損なわれる。

　そういった参加者の問題とは別に、ドイツ語ゼミを開催している筆者には、授業外の学習機会は正規授業とどのように関連づければ効果的か、正規授業とドイツ語ゼミは何が違い、どのような点に授業外学習の特長があるのか、という問題意識があった。大学のカリキュラムという制度の外にある自主的な活動ではあるが、しかしすでに述べたようにじつは動機づけに大きな差があるわけではない。ドイツ語ゼミの方が学習者個々に接している時間はもちろん圧倒的に長く、学習活動も参加者の要望に応じたものになるが、その参加者の要望に応じてばかりいると学習効果は上がらない。正規授業を補完すべき学習機会としてのドイツ語ゼミをより効果的なものにするためには、正規授業とドイツ語ゼミとの連絡をつけるという意味で、正規授業についても考え直す必要がありそうだった。そもそも正規授業における教育実践こそまず改善されるべきであって、もし教員が正規授業外の活動に主たるエネルギーを注入して満足していたら、大多数の正規授業履修者に対して公正な態度とは言えない。また、もし授業外学習の機会が追加的な学習の場としてあまり効果的でないのであれば、これに多くの時間を割く教育的意味はないだろう。筆者はこういった疑問を整理しきれないまま、教授法のワークショップと研修会に参加したことになる。

3. 自律的学習について

　2003 年 2 月の流通科学大学ドイツ語教授法ワークショップでは、語学学習・教育における「自律性」がすでに研究テーマとして確立したものであり、多くの先行研究やその成果としての教育法・学習法上の工夫があることを学んだ。またその夏のドイツ語教育研修会では、この分野の権威である、P. Bimmel 氏に直接的な教示を受けることができ、語学学習・教育における「自律性」について、より深く学ぶことができた。以下、その内容を紹介するが、筆者はこのような「自律的学習」についての考え方を学ぶことによって、先に紹介したドイツ語ゼミの意義を確認することができた。つまり、正規授業を含めた学習活動の中心はあくまで学習者であり、学習活動は学習者自身によって授業外の活動へと自律的に展開されるべきものであるということである。ドイツ語ゼミは、そのような授業外に展開された活動の一つの支点となりうる。教授者の役割は、学習者の自律的な学習活動を援助し、個々の学習者の学習計画の遂行を手助けすることであり、制度的な枠組みの中で学習成果を評価するという仕事は、そういった支援活動の限定的な一部でしかない。筆者のドイツ語ゼミも正規授業も、このような観点から再評価されねばならないだろう。

3.1　学習者の自律性とは何か

　学習が自律的であるとは、学習者が学習活動そのものを自身の責任において管理している、ということである。つまり、冒頭に述べたとおり、何を、何のために、いかに学ぶかについて学習者自身が考え、計画を立て、その計画遂行を管理し、さらにその成果についても自身で評価できるような能力を、学習者が身につけていることである。

　Bimmel（32f. 参照）の記述に依拠して筆者なりにまとめれば、自律的学習において学習者は、次のような学習活動に関わる要因を自身で選択し、決定する。

　　　　学ぶことそのもの
　　　　学習目標
　　　　学習活動の具体的内容
　　　　教育機関や教授者

補助素材（教材・機器）（使用するか、しないかを含め）
　　　作業形態（一人、ペア・ワーク、グループ作業など）
　　　学習活動の管理（場所・時間・速度）
　　　学習過程および目標達成に関する評価

　こういった学習活動の主要因は、これまでは制度・機関・教授者・それらによって選択された教材などによって決まるのが一般的だった。とくに制度化された教育の枠組みの中では、教育活動に関わるこういった要因は、教授者を含めた制度・機関の側に作成・提示する義務があり、学習者は、あらかじめ提示されたその内容を、制度・機関とともに一括して選択することしかできなかった。そのため、これまで自律的な学習と言えば、こういった制度・機関の枠の外での学習活動、つまり自習用教材やPCによる学習、あるいはタンデムなどのことを指す場合が多かった。
　しかし学習者の自律性とは、そのような学習の枠組みや形態に関わりなく、上記のような自己決定をつうじて、学習活動のあらゆる局面で発揮されるはずの学習者のイニシアチヴのことである。自律的な学習を支持する立場によれば、このような学習者の積極的な参与によって学習活動はより効果的なものとなり、しかもその参与の具体的な技法は学習者に学ばせることができる。まったくの初心者や学習経験の少ない子どもが最初からすべてを決定・管理できるわけではないことはいうまでもない。われわれは学習や授業をつうじて学び方も学んでいるのであり、実際、学校などの教育機関を離れれば、自身で学習対象や計画・目標を定め、学習活動を管理している。「学び方」の意識を高めることによって、機関や制度の中で学習活動に従事している場合であっても、その活動をより深く学習者自身のものとすることができる。
　だが、こういった学習活動の諸要因を学習者自身が決定できるためには、そもそも学習者自身が何を目的・目標として当該の外国語を学ぶのか、といった自己理解が深められていなければならない。学習に関する自己理解には、なぜその外国語知識が学習者にとって必要なのか、その知識はいつ、どのように活かせるのか、などの見通しの他にも、外国語学習の過程において自身がどのような状況・位置にあるのか、例えば当面の半年の間に自分には何が達成できるのか、どのような教材・機器・機会がどこで利用できるのか、それらの物理的・経済的負担はどの程度か、そもそも外国語学習においてどのような困難をいかにして乗り越え

るべきなのか、外国語学習の過程で生ずる喜びや苦しみは自分だけが感じているものなのか、そういった感情を学習者はどのように処理すべきなのか、などについての知識も含まれている。このような、場合によっては学習対象に直接的には関係がないが、学習を進めていく上でエピソード的に語られてきたことは、これまでの教育観では副次的なことと見られていた。しかし、これらが学習活動の成否に大きく関わっているのである。

　つまり自律的学習（英語でautonomous learning、ドイツ語でautonomes Lernen）は、しばしば想定されるように、正規の授業外で教授者の直接的な指導なしに学習することにも、特定の教材・機材・IT技術を利用した学習方法にも、タンデムのような学習活動にも限定されない。そういった局面ごとの学習環境・条件の変化に、学習者自身が対処できる能力を身につけていることであり、学習活動における様々な障害を学習者自身が克服できることである。自律性が強いか、あるいは教授者の介入が大きいかは、その都度の学習状況によっても異なるが、一般的には学習活動が進むにつれて自律性が高まると考えられる。しかし危機的な局面においては、教授者による全面的な介入が必要になることもあるだろう。自律的学習とは、こういった教授者の指導をどのタイミングで要請するか、自習用教材をどのような目的で、どのように利用するか、母語話者とのコミュニケーションの機会を学習活動の中にどのように織り込むか、などについて学習者自身も決定できるはずだという考え方であって、教授者の指導を全面的に拒否すべきだというようなイデオロギー的主張ではない。

3.2　自律的学習の系譜

　言語教育の視点を教授する側から学習する側に移し、学習者の個別状況を授業内容に取り込んで、学習者の自発的な学習を促そうという考え方は、すでに50年代からあり、それほど新しくない。一定の有効性をもった学習内容をプログラムしようとする試みの中に、既に、学習内容を単に言語形式や教育目標によってのみ配列することや教授法を原理主義的に構築しようとする関心とは、異なる発想があったといえる。言語教育は、学習者のニーズや、学習環境、教授者と学習者との信頼関係を含めた学習者の学習における情動といった要素を抜きにしては成立しない。そういった反省は、また一方で、「優れた学習者」とはどのような存在か、という関心ともつながっていた（Rubin 参照）。これは、外国語を上手に学ぶためにはどうしたらよいか、という「学習者トレーニング」の研究とも結

びついていたが、同時に、科学技術の大衆化によって自習教材やLLなどの学習補助機器が開発されたことも、個別の学習者の学習方法について議論されるようになった理由であろう。70年代の末から80年代のはじめには、「個別化 individualization」という概念が本格的に提唱されるようになる（Dickinson 参照）。この「個別化」という概念は、言語教育の目標、内容、方法、進度などについて、学習者の個別的な事情・特性を考慮しつつ設計された学習過程に用いられた。ちなみに、この頃から「学習者中心の外国語教育」という主張が目立つようになるが、このような考え方は、かつて盛んに論じられた「動機づけ motivation」の研究ともつながっているだろう。雑駁な言い方になるが、自律性と学習ストラテジーの研究が motivation の研究にとってかわった感がある。動機づけについての研究が行動主義的な学習心理学の枠組みの中にあり、いわば出発点と最終的な成果とを直接的に関係づけようとするのに対し、学習過程の自律的管理に関する研究は、その過程に関わる様々な要因を総合的に捉えようとしていると言えるのではないかと思われるが、この点の検討は別の機会を俟ちたい。

　学習者自身が学習過程の選択的構成に関与できる、あるいは、すべきであるという考え方が、「自律性 autonomy」という用語によって頻繁に言及されるようになったのは90年前後である。英語教育においては、学習者の自律的学習能力の開発を意図とした言語学習ストラテジーについて、後続する研究に影響を与える文献が登場した（Oxford 参照）。こういった海外での研究動向を反映して、日本の言語教育界においてもこの十年ほどの間に、学習者の自律性と学習ストラテジーの有効性が本格的に論じられるようになっている（竹内 参照）。ドイツ語教育の分野でも、すでに言及したBimmel以前に、Edelhoff/Weskampのような文献が刊行されている。

4. 自律的学習の必要性と問題点

4.1　Bimmelの挙げる論拠

　Bimmel（38-41 参照）は自律的学習の有効性・必要性を、学習動機や学習経験の分析から論証している。実際の学習経験を振り返ったとき、動機や目的・目標が明確で、学習活動の計画・管理に学習者自身が積極的に関わったときの方が、成果が大きいという主張である。その主張を、認知科学なども含めた一般的な学

習理論も援用して、補強している。さらに、Bimmel は、社会において青少年の多くが自律的な生活を心がけていることを、外国語学習における自律性支持の重要な論拠としている。つまり、学校の外では「自律性（Selbstbestimmung）」が要求されながら、学校内の伝統的なタイプの授業に「他律性（Fremdbestimmung）」が残っていることを見直すべきだ、ということである（Bimmel 32 参照）。

4.2　第二外国語教育での自律性の必要性

　日本の大学における外国語の教育における学習者の自律性強化を支持する論拠は、Bimmel が挙げているものとも重なりつつ、それとは別に確認する必要があるだろう。筆者が考える論拠は、以下の四点である。

1) 学習者の自律性は、とくに高等教育段階において不可欠である。
2) 現在の日本の大学では第二外国語の授業に最低限の授業時間数しか与えられておらず、学習者自身が学習活動を発展的に進めない限り、実質的なものを習得できない。
3) 社会全体を見た場合、授業内外とも外国語学習のための環境は大きく改善されている。
4) 学習とはそれ自体すでに、学習者の日常的な生活における社会的実践の一部であり、学習者自身の社会参与の意識なしには成立しない。

以下、上記四点について個々に述べる。
　1) について：学習者の自律性は、高等教育において一般的に不可欠の要素と考えられる。大学に設定されている授業科目の大部分は、正規の授業の枠内においては完結しないだろう。外国語の学習に関しても、教育機関内の授業だけで学習活動が完結するようにカリキュラムを組もうとすれば、学習者の全生活を拘束することになってしまい、それは非現実的である。
　2) について：日本の大学における第二外国語教育を取り巻く現状については詳述しないが、学習者が正規の授業のほかに自律的に学習活動を進めることの必要性が、より大きなものとなっているのはまちがいない。現状の大学における第二外国語教育では、おおまかに言って、週1〜2回の授業を1年ないし2年続けられるのが精一杯である。一方で成果評価はより厳しくなっており、外国語科目

はけっして魅力のないものではないにもかかわらず、誰がみてもわかりやすい成果をアピールできるものしか時間割枠に残らない危険がある。明示的な成果を出せない場合、非常勤講師枠の財源が削減されるなど、この規模の体制すら維持できなくなる。いずれにしても正規授業は、学習者自身がそこを出発点として自身の学習活動を展開するためのミニマムな基盤としかなりえず、われわれ教授者はそのような条件の下で結果を出すことが要求されている。

　3）について：社会全体を見れば、外国語学習のための環境は、コンピュータやインターネットなどのIT技術の発展を基礎として、格段に改善されたといえるだろう。民間の語学校なども含め、現在では外国語や異文化にアクセスする方法は多様化され、例えば英語であれば生活環境を全面的に当該言語環境に整えてしまうことも不可能ではない。教授者の教育も進み、教科書や辞書の質が向上し、検定試験も整備されつつある。しかし豊富になったからこそ、これらの機会の個々の特質をみきわめ、どのように利用すべきかについて判断できる能力が、学習者の側に求められている。

　4）について：近年、学習ということについて新たな考え方が提示され、学習者の学習過程との関わり方が焦点化され、学習者と教授者や社会構成との関係、さらには、学習者の社会参加の様態などを重視すべきであるということが主張されている。その結果、これまでの教育観を見直さなければならないと考えられるようになったことも、学習者の自律性強化を支持する一つの論拠となる。これまで、教育されるべき内容とは脱文脈化され一般化された普遍的な知識情報であり、学習とはこれを伝達・訓練によって学習者が内面化する、ということであった。しかし、学習とはそのような個別の状況から独立した「物象化可能な過程」ではなく、「世界での生成的な社会的実践」（レイヴ／ウェンガー 9）の一部なのである。すなわち学習とは、最終的には学習者が社会構成の再生産に参与する過程であり、実践共同体としての社会の一成員となるプロセスであり、そのような意味で学習者と環境との相互作用である、学習者が自己肯定的に社会に参与する度合いを増やすために、自身と環境とを変容させることがその成果である、ということだ。このような考え方によれば、「学習はまさしく学習者自身の営みであって、教師や教室や教材が学習を『もたらしている』とか『方向づけている』のではない」、学習者本人が「『学ぶという営みをどういうコト（実践）としているか』にその大部分が依存している」（佐伯 185）のである。

　つまり学習とは、座して知識情報を受け取ることではなく、学習者が自身の環

境にみずから働きかけて、自身と環境とを一定の目的で変えていくことであり、学習者が社会の一員となるために選択するプロセスである。学習者が自身をある状況・文脈の中に意図的に投企することによってしか成立しない、実践的な活動である。教授者は、普遍的な知識体系の権威というよりは、学習過程の少し先を歩み、学習者に事例を示し、必要なときには介助してくれる同僚であり、同伴者である。教授者と学習者との関係も、指示者―実行者の関係ではなく、同じ社会的実践に関わる協働作業者同士のものとなる。

4.3 日本の大学における自律的学習の課題

　学習活動一般を考えた場合、学習者の自律性を強化することの有効性は、原則として同意できるだろう。ただし学習環境・条件が特異な場合、例えばきわめて拘束的な条件のもとに最短期間で一定程度の言語運用能力を習得しなければならないような場合は別である。こういったケースは、植民地支配や営利活動を目的とした言語習得など、歴史的・社会的にはけっして稀ではなかった。これと同じではないが、実践的な目的と直結した明示的な目標を持つインテンシヴなプログラムは、日本の大学でも依然として好まれる傾向がある。このような場合、学習者が個々に何を求めているか、それぞれの学習環境がどのように異なるか、ということは問われず、学習目標は現実の社会で実効的な権威を持つ機関によって、社会的に認知されたものとして与えられることになる。学習活動はこの教育機関・プログラムへの肯定的同一化を前提として成立する。日本の大学の第二外国語教育でこのようなプログラムが可能になるとは考えにくいが、しかし学習が学習者の社会的参与過程の一部であるとすれば、既存の制度にどのような態度をとるかということは学習活動の重要な前提となる。教育方法を国際的に比較してみた場合、東アジアが知識注入型の授業を例外的になお維持しているのも周知のことであり、Bimmel が論拠とした若者の自律性に対する社会的要請も、日本ではヨーロッパほど強いとは言えない。そのこと自体をどう評価するかは別のこととして、学習態度においてこのような傾向をなお残す文化伝統を無視した「自律的学習」の主張は受け入れられないだろう。

　また、EU としての統合を図りながら、異なる言語文化圏が接し合っているヨーロッパでの外国語学習と、日本での外国語学習を同じようには論じられないということもいうまでもない。自転車で当該言語圏に入ることのできる地域の人々が外国語を学ぼうとすることと、飛行機で 10 時間以上かけてようやくそこに達

することのできる者たちが、きわめて限定的にしか必要とされない外国語を学ぼうとすることでは、「自律性」が成立する条件も異なる。

　学習者の自律性を促進しようとする場合、それぞれの学習環境を考えるという意味で、まさにこういった日本の大学生にとっての前提を考慮することは当然である。むしろ、こういった前提と向き合い、それぞれの現実に見合った学習計画を立てることができるようになることこそ、自律的学習のめざすものである。学生が自身の学習活動について考えうることは、当面、教授者の立場からすればかならずしも十分な水準とは言えないかもしれない。しかしまずそこから出発しなければ学習者の学習は始まらない。またそういったことを考えさせるのが教授者の務めでもある。そしてその結果、自律的な学習が授業外にも展開されて大きな成果を上げれば、たとえわずかな時間割枠しか与えられていない第二外国語科目であっても、高等教育における一科目としての存在意義を主張できるだろう。

5.　おわりに

　筆者は、ドイツ語ゼミという授業外学習の機会を提供するという試みの意義を考えることによって、自律的学習について学んだ。筆者の教育観を大きく変えてくれたのは、教授者の役割が、正規授業で主たるものとして想定されている学習成果評価には限定されず、「正しい知識」を代弁する権威でもなく、教育・研究活動の社会的貢献度を背中で示すことだけでもなく、何よりも、学習者が自律的に学習活動を展開できるよう援助することだ、という考え方であった。夏期ドイツ語教育研修会で、「自律的学習においては学習者自身が学習活動を評価する」と教えられたとき、筆者はBimmel氏に、「計画を立て、実施し、評価することまで学習者自身の仕事だとしたら、教授者はいったい何をすればいいのか」と尋ねた。それに対する彼の答えは、「机の脇に寄り添って見守ること」というものだった。それは筆者がドイツ語ゼミで相当の時間をかけていたことであり、正規授業では十分には配慮していなかったことでもあった。学習者の自律性を促進するという考え方からすれば、筆者の正規授業には多くの改善すべき点が見出された。また、ドイツ語学習よりもその前提や周辺のことに多くの時間を費やしていたように見えたドイツ語ゼミにも、大きな教育的意義があったことがわかった。重視すべきことは、正規授業を出発点としてドイツ語ゼミをも含む学習活動の発展的展開が、学習者自身によっても計画的に実現されるべきである、ということ

であり、教授者としてはそのために必要なそれぞれの支援のあり方を考えなければならない、ということである。正規授業とドイツ語ゼミでは、もちろん学習条件・環境が異なる。それぞれの学習活動に応じて、「見守り」方も異なるだろう。しかし最終的に、学習者自身が外国語学習の目標を設定し、それに向けて自律的に学習できるようになることをめざすのは、どちらの場合でも同じであろう。そして、そうなった学習者にとって、教授者の必要性は次第に限定的なものとなり、最終的には消滅する。それは、自律的活動ができるようになるよう介入する、という教育の本来的に矛盾を孕んだ活動においては、最大の成功といえるのではないだろうか。

参考文献

レイヴ、J./ウェンガー、E.（佐伯胖訳）（1993）:『状況に埋め込まれた学習　正統的周辺参加』産業図書［原書 Lave, J./Wenger, E. (1991): *Situated Learning. Legitimate Peripheral Participation*. Cambridge: Cambridge University Press.］佐伯胖（1993）：訳者あとがき―LPPと教育の間で　レイヴ/ウェンガー（1993）所収 pp.183-191.
竹内理（2003）:『より良い外国語学習法を求めて　外国語学習成功者の研究』松柏社
田中慎也（1994）:『どこへ行く？　大学の外国語教育』三修社

Bimmel, P./Rampillon, U. (2001): *Lernerautonomie und Lernstrategien*. Fernstudieneinheit 23. Berlin/München: Langenscheidt.
Dickinson, L. (1978): Autonomy, self-directed learning and individualization. In: *Individualization in Language Learning*. ELT Documents 103. London: British Council, pp.7-28.
Edelhoff, C./Weskamp, R. (eds.) (1999): *Autonomes Fremdsprachenlernen*. Ismaning: Hueber.
Oxford, R. (1990): *Language Learning Strategies. What every teacher should know*. New York: Newbury House.［部分訳　オックスフォード、R.（宍戸他訳）（1994）:『言語学習ストラテジー―外国語教師が知っておかなければならないこと』凡人社］
Rubin, J. (1975): What the 'good language learner' can teach us. In: *TESOL Quarterly, 9*. pp. 41-51.

自律的な学習を促す「独習」の試み

新田誠吾

独習／自律学習／教師の役割／動機づけ／学習目標／リズムの体得／暗記／分散学習／学習記録／学習ストラテジー／エキスパート

> 人々がなぜ外国語を学習するか、また外国語の知識がどのように蓄えられ、学習されるかを理解しないかぎり、教師の指導は十分に効果的には行えない。
> （クック）

1. はじめに

　日本のように外国語が日常的に使用されていない状況で、第二言語を習得するには、相応の時間と労力が必要である。英語学習でも、運用能力を高めるためには、授業を受けるだけでは充分ではなく、学習者自身が行う復習や自習が不可欠である。これは、英語以外の外国語にもあてはまる。

　筆者は、2001年より大学生の希望者を対象に、クラス授業とは別にドイツ語を学習する試みを始めた。この試みでは、通常の授業は行わず、基本的に学習者が教材を使って一人で学習する。そして、週に一度、学生は教員や他の参加者と会って、学習した内容を確認し、疑問点を解決し、学習計画や方法について話し合う。この方法は、「独語を独りで学ぶ」という意味合いから、「独習」と名づけられた。独習で学んだ学生は、半年あるいは一年後には、クラス授業を受けていた学生と比べると、獲得語彙数や運用能力の点で著しい進歩があり、一定の学習成果が認められた。

　ドイツ語など初修外国語を一人で学習する場合、どのような学習方法で、どのような手順を踏めばよいのだろうか。上で述べた試みは、近年、外国語教育の議論でしばしば登場する自律学習と、どのような関係にあるのだろうか。こうした自律的な学習において、教師の役割は縮小し、場合によっては不要になるのだろ

うか。それを解明するのが、本稿の課題である。考察によって得られた結果が、クラス授業にどの程度応用可能かについても、あわせて考えてみたい。

2. 独習の実際

2.1 独習における3つの作業

外国語を主に一人で学んでいく「独習」という方法は、独学と同義ではない。この学習には、教員がサポート役として付き、週に1回、学習者と会って、学習の進捗状況を確認する。教員は、学習方法について相談や助言を行ったり、学習上の疑問点を解決する。また、学習者同士が教え合ったり、対話練習を行うことも奨励されている。つまり、独習は、学習者同士あるいは教員との共同作業なのである。

独習は、「面談」「学習」「学習記録」の3つの作業から成り立っている。独習は、まず学習者と教員が学習方法や目標について話し合う面談から始まる。学習が始まると、週1回程度の面談によって、学習状況や内容の確認が行われる。学習は、課題を明確にした形で行われる。学習者が最初に取り組むべき課題は、「リズムの体得」と「暗記学習」である。そして、学習者は学習記録をつけ、自分の学習過程を振り返る。

2.2 面談

学習開始前の面談では、「動機づけ」「学習目標」「これまでの学習方法」について、教員と学生の双方で確認を行う。これは、学習者の不安をあらかじめ取り除くだけでなく、学習目標を明確にし、学習方法について共通の認識を持つためである。

2.2.1 動機づけは明確か

外国語で何らかの技能を習得するためには、「動機づけ」「目標設定」「学習内容」の三要素が重要であると考えられる。なかでも、一人で学習を継続していくには、動機づけの果たす役割は大きい。たとえば、「単位を取得しなければならない」といった外発的動機づけよりも、「ドイツの大学に留学したい」といった内発的動機づけのほうが、学習が促進される。しかも、できるだけ明確な目標の

ほうが動機づけも強い。「いつかドイツを旅行するときに、ドイツ語を話してみたい」といった願望に近い目標では、強い動機づけは得られない。

これまでに参加した学生のおもな動機は、ドイツ語圏への留学、ドイツ語圏での語学研修や企業研修（インターンシップ）およびドイツ語検定試験受験のための準備であった。

2.2.2 学習目標の設定

学習動機がはっきりしていれば、学習目標もおのずと決まる。経験的に言えば、目標は、最終的な目標である「大目標」、一年後や二年後に到達する「中目標」、週単位、月単位で行う具体的な「小目標」という三つの目標を設定するのがよい。

留学やホームステイなど、ドイツ語圏での生活が前提になっている場合には、現地で「行動できる」（Trim et al. 21-26）能力の養成が大目標になる。この「行動」とは、道を尋ねたり、レストランでの注文など、日常生活に必要な事柄を言語を使って解決できることに留まらない。ドイツ語では、話し相手から視線を逸らすことが非礼になることや、「ありがとう」と言うべき状況が日本語とドイツ語では異なるといった知識も必要である。こうした言語外のコミュニケーションルールについての理解があれば、「何かを言うべきところで言わなかったり、沈黙を期待されたときにおしゃべりをしたり、あるいは、リラックスすべきところでフォーマルな態度をとったり、期待された時にあいさつをしなかったり、また不適当に笑うような行動」（ネウストプニー 54）を回避することができる。

現地での行動が前提の場合、中目標は、日常的な場面において必要とされる運用能力の習得になる。独習では、欧州会議の委託によって作成された「言語教育に関するヨーロッパ共通の枠組み」のA, B, C3つのレベルのうち、初級Aの終了レベルA2を最初の目標にしている。A2とは、次のような能力である（Trim et al. 36）。

a. リスニング

自分にとって重要な事柄（人や家族、買い物、仕事、身近な場所等）であれば、個々の文やよく使われる単語を聞いて理解できる。簡潔、明瞭、平易なお知らせやアナウンスは、聞いて重要な部分を理解できる。

b. リーディング

簡潔で内容が易しい文章を読んで理解できる。平易で日常よく目にする文章（広告、パンフレット、メニュー、時刻表など）から、具体的かつ予測可能な情

報を見つけることができる。また、簡潔で平易に書かれた自分宛ての手紙も理解できる。

c. スピーキング－人と話す

ごく日常的な場面で、簡単な情報を直接伝える場合や、自分がよく知っている事柄や活動をする場合、相手に自分の意図を伝えることができる。初対面の人とは、ほんの少し言葉を交わすことはできるが、たいていは、相手の言うことが充分理解できず、自分で会話を維持していくことはできない。

d. スピーキング－自分から話す

いくつかの文を組み合わせたり、簡単な手段を使って、たとえば、家族、他人のこと、自分の住居、受けてきた教育、現在の職業、あるいは最後に就いていた職業等について話せる。

e. ライティング

簡潔で平易なメモや連絡文を書くことができる。平易な私信（例えば、お礼の手紙）を書くことができる。

2.2.3 これまでの学習方法を知る

学習者が、これまでどのように外国語を勉強してきたかを認識することは、教師だけでなく、学習者本人にとっても非常に意味がある。学習者は、英語で身につけた学習方法を、新しく学ぶ外国語にも適用する傾向がある。そこで、リスニング、スピーキング、リーディング、ライティングの四技能と語彙習得について、学習方法を実際に書き出してもらうとよい。これまでの学習方法を明確にすることで、問題点が明らかになる場合があり、教師は別の学習方法を紹介したり、提案が可能になる。例えば、リスニングを不得手と感じている学生が、その原因を語彙不足にあると考えていても、充分な量を聞いていなかったり、英語を意味単位のかたまりで聞く練習の経験がないという場合もありうる。学習方法を意識的にとらえることで、学校英語で身についた勉強のやり方を自ら修正することができるのである。

2.3　学習初期の課題

2.3.1　リズムの体得

独習で、学習者が最初に取り組む課題が、「リズムの体得」である。リズムの体得とは、各単語のアクセントよりも、むしろ文のアクセントやイントネーショ

ンに注意を払いながら、自然な速さで発話できるようになることである。リズムをつかむには、外国語を単語レベルではなく、意味上のかたまりでとらえる必要がある。こうした訓練は、リスニングとスピーキングの基礎を成すものであるが、日本の大学におけるドイツ語教育では、なおざりにされていると言ってよい。

　リズムを体得するために、独習では次のような学習方法を取っている。まず、音声教材を繰り返し聞き、よどみなく音読できるように練習する。次に、音声教材を用いて、声を出さずに口を開けて読む「リップシンク」を行い、テキストを見ないで、聞こえてきた音声のすぐあとについて真似をする「シャドウイング」を行う。このシャドウイングを効果的に行うためには、「意味がわかっている同じ教材を、くり返し練習する」ことと「毎回、明確な目的をもって行う」ことが重要である（国井 et al. 26）。

　リスニング能力とリーディング能力との間には、有意な関連があることは実証されている。日本人大学生の英語リスニング能力と英語リーディング能力について調べた研究によれば、二つの能力の間には相関係数 0.95 のきわめて高い相関があった　（Hirai 367-384 参照）。しかし、「リスニングの技能は容易にリーディングに転移（transfer）」（門田 et al. a 201）するが、リーディングからリスニングへの転移は、容易には起こらない。それは、「リスニングになると、学習者が持っている語の音韻知識と実際聞く発音とのずれが大きければ大きいほど、リーディングで得たスキルや知識をリスニングで応用することができない」（門田 et al. a 206-207）ためである。つまり、リズムを体得し、リスニング能力を高めることは、リーディング能力養成にも寄与するが、リーディング能力ばかりを高めても、リスニング力を上げることにはつながらない。したがって、初学者がリスニングをおろそかにして、リーディングを中心に外国語を学ぶことは、避けるべきである。

2.3.2 外国語学習における記憶

　外国語学習において、表現や単語の記憶は重要な作業であり、日常的に行われている。それにも関わらず、大学のドイツ語授業では、記憶や暗記方法について取り上げられることはほとんどない。私は、外国語学習において、もっと暗記の効用と方法について強調すべきだと考えている。

　暗記の最大の効用は、覚えたものを自動化することにある。まとまった文章やダイアローグをわざわざ暗記するのは、リズムの体得と同時に、状況や場面と共

に表現を習得するためである。むやみに単語を覚えても、自然に文を作れるようにはならず、単文やキーセンテンスを覚えても、対話には発展していかない。また、暗記を行うことで、学習者の意識を「書かれた文字を読む」ことから離れさせることができる。初学者の場合、内容だけでなく、単語にも注意を払わなければならないため、暗記に時間を要する。しかし、回数を重ねていくうちに、短時間でより長い文章を覚えることができるようになる。

　幼児や子どもと違って、大学生や成人が語彙学習をする場合は、どのように語彙を増やしていったらよいかという方法を知ることは大切である。語彙知識の広さは、外国語能力を測る重要な指標のひとつであり、たとえば、リーディングに関しても、「なんとか理解して読めるにはテキストの95％、かなり理解して読めるには98％以上の単語を知っていなければならない」（門田 et al. b 271）。また、リスニングで内容を理解するためにも、語彙知識は、統語的知識と並んで重要な役割を果たしている。

　語彙を増やすひとつの有効な方法は、干渉を避け、既知の語に新しい語を組み合わせて覚えるやり方である。干渉とは、2つの学習リストの類似性が高まれば高まるほど、情報の再生が困難になり、想起を妨げることである（高野 156-157参照）。例えば、新しい単語を「その語と形式的に似ているが全く知らない語またはあまり知らない語、反対語、同意語、自由連想語、zebra, giraffe のような同じグループに入る語」（門田 et al. b 272）と一緒に提示すると、学習者は思い出す際に混乱してしまう。ところが、現在、日本の大学で使用されているドイツ語の教科書には、大学の専攻、家族や親戚の名称、食べ物、飲み物、駅などの施設名称、スポーツ、色彩といった類似性の高い語群が練習用に提示されている例が多い。こうした語群は、記憶の際に干渉を起こしやすい。そのため、授業で扱う場合は、語群からいくつか選択し、既知の語と組み合わせる等の工夫が必要である。

2.3.3 分散学習と記憶

　学習したことを記憶に長く留めておくには、どういう学習方法が効果的だろうか。水野は、記憶における「分散効果」に着目し、その原因が、学習した内容を思い出す「再活性化量」にあることを証明した。分散効果とは、集中して学習した場合よりも、間隔をあけて学習したほうが、より多くの事項を思い出すという効果である。それは、学習文脈や注意の再喚起とは無関係に、「極めて単純に、

学習間隔をあけた条件」（水野 152）によって起きる。提示回数が増えても、「より広い提示間隔」（水野 84）をおけば、効果が維持される。しかも、間隔をあけて覚えたことを思い出す「検索練習」を繰り返せば、「再活性化による検索経路の強化」（水野 126）につながり、長期記憶と呼べるものになる。水野は、試験にも検索練習効果を認め、「試験を行う場合には、試験範囲を重複させて反復学習の回数を増やしたり、試験の間隔を徐々に広げるような工夫が必要である」（水野 152-153）と述べている。また、次の3つの提言は、分散学習を教育の実践に活用できるもので、注目に値する（水野 153）。

①授業のはじめに前回の復習の機会を必ず設けること
②学習が不十分な場合には、直後に再学習が可能なように宿題を与えること
③徐々に間隔をあけて反復して教えたり、簡単な質問をするなどして思い出させる工夫をすること

2.3.4 学習記録による自己モニタリング

学習者が中心となる学習では、学習者が学習記録をつけることは極めて重要である。記録をつけることで、自己の学習を省みて、自己モニタリング能力を高めることにつながるからである。学習記録には、どういう学習を行って、何ができるようになり、どういう問題を抱えているかを簡潔に書きとめる。これを他の資料と共に綴じてファイル化し、ポートフォリオを作成すれば、学習の過程がひと目でわかるようになる。ポートフォリオ作成の最大の利点は、学習者自身が「自らの学習状況を見つめ、気付き、修正し、改善し、促進する」（佐藤 10）ことにある。

3. 独習を始めた理由

独習を始めたのには、大きく二つの理由がある。
一つには、筆者が大学で携わってきたドイツ語教育への反省があった。授業は、教員が設定した学習目標や内容に沿って進められている。しかも、その目標や内容は、必ずしも学習者のニーズに応えたものではない。また、授業内容も、日本語による統語的知識の伝達であることが多く、リスニングやスピーキングよりも、書かれた文字を読み、辞書や統語的知識を使い、日本語で内容を理解することが中心である。

日本の大学生は、単語や文を視覚的に確認しながら学習する方法に慣れていて、文字から離れることには心理的に抵抗がある。筆者が、経済学を専攻する学生（第1外国語は英語、第2外国語はドイツ語）74名を対象に、「教科書やプリントではなく、ビデオや写真を見て話し合いながら学ぶ方法をどう思うか」についてアンケートをとったところ、およそ86パーセントにあたる64名が「いいやり方とは思わない」「どちらかと言えばいいやり方とは思わない」と回答した。外国語の授業であっても、ノートやテキストに書く作業に時間を割いている学生は多い。

つまり、従来の授業方法は、リスニングやスピーキングの練習があまりにも不足していて、ドイツ語圏での生活を前提にしたり、運用能力を高めたいと思う学習者には、必ずしも効率的なやり方とは言えないのである。

もう一つの理由は、「外国語学習において、予習や復習など、一人で行う学習はどうすればよいのか」という筆者の関心があった。これまでの外国語教育法では、授業を前提とした研究が中心であり、一人の学習については、研究の対象外であった。しかし、語彙知識を増やしたり、リスニング能力を高めるためには、授業以外に個人が行う学習が必要で、その学習が習得を大きく左右すると言っても過言ではない。

そこで、強い学習動機を持った学習者には、適切な教材を使い、学習方法や手順を教えることによって、効果的な学習ができるのではないかと考えた。その目標は、外国語を媒体として「コミュニケーション行為に参与できる能力を養うこと」（鈴木 et al. 135）である。このコミュニケーション行為には、口頭でのコミュニケーション（「話す」「聞く」）のみならず、文字を通してのコミュニケーション（「読む」「書く」）も当然含まれる（鈴木 et al. 135）。日本の学生は、外国語の単語や文を視覚的にとらえる傾向が強いため、ドイツ語のような初修外国語を学ぶ場合は、最初に音声トレーニングを重点的に行い、ドイツ語の音に慣れることが必要である。同時に、語彙の習得方法を学ぶことも大切である。

もちろん、独習は、実際のコミュニケーションを考えれば、特殊な学習方法である。「話す」「書く」といった発信の場合、相手がいるのが通例であり、一人でコミュニケーションの練習を行うというのは架空のものでしかない。また、学習過程で、他の学習者とのインターアクションから学ぶこともない。さらに、一人の学習は往々にして孤独な作業であり、単調になってしまうことも否めない。

こうした短所はあるものの、一人で行う学習には長所もある。最大の長所は、

学習者が自分のペースとやり方で学習を進めることができるということである。教師の助言を受けることができれば、学習上の疑問点を解消し、小目標の設定も容易になる。外国語の学習を実践しながら、自分の学習方法を確立することができれば、もはや教師の補助は必要なく、自分一人で学習できるようになる。

4. 独習と自律学習

これまで述べてきた独習は、学習者の自律的な学習を促すという点では、自律学習と共通点がある。しかし、学習ストラテジーに関しては、独習は自律学習と大きく考えが異なる。そこで、まず、自律学習の基本的な考え方について明らかにした上で、自律学習を批判的にとらえてみたい。

4.1 自律学習と構成主義

自律学習とは、「学習者が、学習について自分で決定する」（Bimmel et al. 5）学習のことである。すなわち、「学習者は、学習の『主体』であり、理想的には、授業や学校の範囲も越え、学習計画を立て、学習をコントロールし、自分でチェックしながら、自律的に学習を構築する」（Tönshoff 308）というものである。欧米では、「自己決定」と「自己責任」が自律学習の根幹を成し、個人主義の色彩の強い学習方法であると言える。

自律学習が注目されるようになった背景には、伝統的な「客観主義」から「構成主義」（constructivism）への教育観の転換が挙げられる。客観主義とは、「教授に重点が置かれ、事前に教師によって生徒のレベルにあった目標が決められ、教授内容を分析、構造化し、教師から生徒への知識・技能の伝達を効率的に行う」（久保田 14）教育のことである。これは、知識伝達型の教育とも呼ばれる。現在、日本の大学で行われている講義や授業の多くが、客観主義に基づいた授業である。

こうした客観主義に対し、構成主義では、学習者は自ら知識を構成できると考える。すなわち、人間は「意図的・意識的に外から知識を伝達されないかぎり学べない」といったものではなく、「生活上の必要をみたすために環境に働きかけ、効果的な手続きを学ぼう」としたり、「本来知的好奇心が強く、そうした手続きの意味を積極的に求める存在」（稲垣/波多野 176）と理解されているのである。こうした構成主義の考え方は、すでに日本における初等・中等教育にも大きな影

響を及ぼしている。平成14年度から実施されている新学習指導要領では、改訂のポイントの一つに「多くの知識を教え込む教育を転換し、子どもたちが自ら学び自ら考える力の育成」が盛り込まれ、知識構成型への転換が謳われている。

構成主義のなかでも、社会的構成主義（social constructivism）は、知識は社会的な相互作用のなかで構成されると考える。社会的構成主義は、構成主義と同様に「個人は、自分を取り巻く世界を、そのままの姿で直接には認識できない」（Werning 39）とし、知性は物自体を直接認識できないと考えたカントと同じ前提に立っている。その上で、知識は、学習者個人が単独で構成するのではなく、仲間同士の共同作業や合意形成を通して構成されると主張する（波多野 229-235 参照）。次に示すような基本前提（久保田 50）は、社会構成主義の立場を如実に表したものである。

1. 知識はその社会を構成している人々の相互作用によって構築される。現在私たちが理解している世界は、客観的な実在としての真理を写し取るところにあるのではなく、社会的相互作用の所産としてのものである。
2. 私たちが世界を理解する方法は、歴史的および文化的に相対的なものである。つまり、私たちの理解の仕方は、置かれている歴史や文化に強く依存した形をとっている。

このように、自律学習における「学習者中心」という考え方は、構成主義、あるいは社会的構成主義の教育観に基づいているのである。

4.2 初学者と学習ストラテジー

自律学習は、伝統的な知識伝達型の学習とは一線を画し、「学習ストラテジー」を習得するいわゆる「学びを学ぶ」ことに重点が置かれている。

学習ストラテジーとは、学習目標を達成するために、学習者が行う手順である。学習ストラテジーには、直接ストラテジーと間接ストラテジーがある。前者は学習内容に直接関わり、例えば語彙を増やすために、単語カードを作ることがこれにあたる。後者は、学習方法に関するもので、学習計画を見直したり、学習意欲を維持することなどが挙げられる。

こうした学習ストラテジーとは別に、わからない単語の意味を辞書で引いたり、文法事項を調べたりする技能は、「学習テクニック」と呼ばれる（Bimmel, et al. 44-45, 64-68 参照）。

言語教育学者のオックスフォードは、直接、間接ストラテジーの2部類に、図

直接ストラテジー		
Ⅰ. 記憶ストラテジー		A. 知的連鎖を作る B. イメージや音を結びつける C. 繰り返し復習する D. 動作に移す
Ⅱ. 認知ストラテジー		A. 練習をする B. 情報内容を受け取ったり、送ったりする C. 分析したり、推論したりする D. インプットとアウトプットのための構造をつくる
Ⅲ. 補償ストラテジー		A. 知的に推論する B. 話すことと書くことの限界を克服する

間接ストラテジー		
Ⅰ. メタ認知ストラテジー		A. 自分の学習を正しく位置づける B. 自分の学習を順序立て、計画する C. 自分の学習をきちんと評価する
Ⅱ. 情意ストラテジー		A. 自分の不安を軽くする B. 自分を勇気づける C. 自分の感情をきちんと把握する
Ⅲ. 社会ストラテジー		A. 質問をする B. 他の人々と協力する C. 他の人々へ感情移入をする

図1　オックスフォードによる2部類、6種類、19種のストラテジー・システム

1のような6種類、19種のストラテジーを下位分類し、全体では62のストラテジーを体系化した（オックスフォード　20-25）。

　なぜ、自律学習において、学習ストラテジーや学習テクニックの習得がこれほどまで強調されるのだろうか。Rampillonによれば、最終的に証明されたわけではないが、授業の場や研究書において、次のような前提が認められていると言う（Rampillon 19）。

・学習テクニックを認識することで、学習が進み、学習能力が高まる。
・学習テクニックと学習ストラテジーを教えると、外国語の学習成果向上が持続する。
・学習テクニックと学習ストラテジーを教えることは、学習者の自律性を高めることになる。
・学習テクニックと学習ストラテジーは、学ぶことができる。
・学習テクニックと学習ストラテジーは、教えることができる。

独習においても、学習ストラテジーや学習テクニックを無視しているわけではない。しかし、独習は、自律学習のように「学習ストラテジーの習得」には重点を置いていない。それは、次のような理由からである。

1. 学習ストラテジーは、特定の学習課題に取り組む「手順」や「手段」であって、本来の学習対象ではない。学習ストラテジーは、具体的な課題を通して体験的に学習しない限り、使いこなせるようにはならない。
2. 学習ストラテジーの知識があったとしても、初学者は、どの学習ストラテジーを選択するのがよいか、適切に判断できるとは限らない。
3. 学習ストラテジーの中には、例えば「自分の学習を正しく評価する」など、熟達者（エキスパート）にしかできないものが含まれている。

ここで言う熟達者（エキスパート）とは、「豊富な知識や技能を持っていると同時に、問題の解決の手順や方略の使い方についての適切な見通しや、課題を遂行中の様子を自分でしっかりモニターできる」（波多野　225）人のことである。

初学者は、熟達者に比べ、自分のとった行動が適切であったかどうかをモニターする能力が充分ではない。また、問題を解決するために、どういう方略を使えばいいのかという判断も下せない場合が多い。大学生や成人の学習者であれば、「もっと自分が考えている通りに自然に話せるにはどうしたらいいのか」「辞書を使わずに、すらすらとしかも正確に読めるようにはどうしたらいいのか」「語感を身に付けるには、どうしたらいいのか」といった学習上の壁にぶつかっても、その解決策は容易には見出せない。語彙をさらに増やすのに、単語カードを作ればよいのか、辞書の例文を暗記すればよいのか、あるいは辞書に頼らず、多聴、多読によって語感を養うのかを自分で判断できなければ、学習ストラテジーを知っていても意味がない。このように、学習者が学習ストラテジーを知ったからといって、必ずしも学習の自律性が高まるとは言えないのである。

4.3 教師の役割

　初学者にどのような課題を与え、どういう学習ストラテジーを使えばよいかを明示的に教えるためには、どうしても熟達者の視点が必要である。この熟達者の役割こそ、教師が果たすべき役割である。

　外国語学習とは、統語的知識、コミュニケーションルール、社会や文化に関する知識の理解と、半ば自動化された言語運用能力を習得することである。特に後者は、理解するだけでなく、体得する必要がある。

　初学者が熟達者から学ぶという点では、独習は「認知的徒弟制」と共通点がある。Collins ら（1989）が提唱したこの教授モデルは、職人の徒弟制度を認知、メタ認知トレーニングに応用したもので、日本の学習環境にも充分適用可能と思われる。それは、次のような手順をとる（Collins et al. 481-483 参照）。

1. 熟達者が、課題をこなすために求められるやり方の手本を生徒に見せる。（モデリング）
2. 生徒が行う課題を観察して、熟達者はヒントや感想を述べたり、手本を見せたり、注意を喚起する。（コーチング）
3. 熟達者は、生徒に課題をさせる際に、徐々に手助けをしないようにする。（足場を徐々に外す）
4. 生徒に、わかったこと、その理由、問題解決の過程を言わせる。（考察の表現）
5. 生徒自身の過程と熟達者や他の生徒たちの過程を比較させる。（熟考）
6. 生徒一人で課題に挑戦させる。（探検の旅）

　このように、学習者は具体的な課題に取り組むことで、同時に学習ストラテジーを獲得していく。また、学習の結果を教員と共に検討することで、エキスパートである教員の知識や経験が伝わる。このようにして、学習者は個別のストラテジーを修正したり、組み合わせたり、時には自ら考え出すことで、自分の学習方法を確立していけるのである。

　したがって、独習における教師の役割は、決して補助的なものではない。教師は、助言を与え、励ますだけでなく、スポーツのコーチのように、学習が効果的に行われるように、学習者と共に積極的に学習に関与することが望ましい。その

ためには、教師は、学習ストラテジーや学習テクニックについて熟知しているだけでなく、新しいストラテジーを開発したり、意識的にストラテジーを使える能力が必要なのである。

5. 独習とクラス授業

　独習は、もともとクラス授業を離れた個人学習として出発した。しかし、私は、独習のやり方はクラス授業にも応用できる部分があると考え、2004年度から授業に取り入れている。

　独習が、従来のクラス授業と大きく異なるのは、学習者が一人で学ぶことと教師の学習過程への関わり方である。クラス授業の場合でも、学習者個人が行う予習復習は、独習の状況と同じである。また、独習の教師は、学習動機、学習目標、学習ストラテジーに注意を払いながら、個々の課題を設定し、学習を促す役割を担っている。私は、教師は、こうした役割をクラス授業でも果たすべきだと考えている。学習目標や学習ストラテジーについても、学習者と教師の間に共通理解を持つことは重要であり、その上で、初学者には、音声トレーニングと語彙習得を重視した課題設定を行うのがよいと考える。

　しかしながら、クラス授業には時間の制約があり、たとえばリスニング能力を高めるために、繰り返し聴くといった練習は充分には行えない。むしろ、授業ではリスニングのやり方を示し、課題を明確にしておいて、授業後に学習者が繰り返し練習するほうがはるかに効率的である。これは、語彙知識の習得においても同様である。

　このように、クラス授業でも教師が学習過程全体に関わり、学習者の自律的な学習を促すことが、熟達者としての教師に求められる役割なのである。

参考文献

稲垣佳世子／波多野誼余夫（1989）：『人はいかに学ぶか　日常的認知の世界』中公新書

オックスフォード，レベッカ L.（宍戸通庸、伴紀子訳）（1994）：『言語学習ストラテジー　外国語教師が知っておかなければならないこと』凡人社

門田修平／野呂忠司（編著）a（2001）：『英語リーディングの認知メカニズム』くろしお出版

門田修平（編著）b（2003）：『英語のメンタルレキシコン　語彙の獲得・処理・学習』松柏社

クック，V.（米山朝二訳）（1993）：『第二言語の学習と教授』研究社出版
国井信一／橋本敬子（2001）：『究極の英語学習法　K/Hシステム－入門編』アルク
久保田賢一（2000）：『構成主義パラダイムと学習環境デザイン』関西大学出版部
佐藤真（編著）（2001）：『基礎からわかるポートフォリオのつくり方・すすめ方』東洋館出版社
鈴木佑治／吉田研作／霜崎實／田中茂範（1997）：『コミュニケーションとしての英語教育論―英語教育パラダイム革命を目指して』アルク
高野陽太郎（編）（1995）：『認知心理学2　記憶』東京大学出版会
ネウストプニー，J.V.（1982）：『外国人とのコミュニケーション』岩波新書
波多野誼余夫（編）（1996）：『認知心理学5　学習と発達』東京大学出版会
水野りか（2003）：『学習効果の認知心理学』ナカニシヤ出版

Bimmel, P./Rampillon, U. (2000): *Lernerautonomie und Lernstrategien*. Fernstudieneinheit 23, Berlin/München/Wien/Zürich/New York. Langenscheidt.

Collins, A./Brown. J.S./Newman, S.E. (1989): Cognitive apprenticeship: Teaching the craft of reading, writing and mathematics. In: L. B. Resnick (Ed.), *Knowing, learning and instruction*, Hilldale, NJ: Lawrence Erlbaum Associates. pp.453-494

Hirai, A.(1999): The relationship between listening and reading rates of Japanese EFL learners. In: *The Modern Language Journal 83*. pp.367-384

Rampillon, U. (2000): *Aufgabentypologie zum autonomen Lernen*. Ismaning. Max Hueber Verlag.

Tönshoff, W. (1992): *Kognitivierende Verfahren im Fremdsprachenunterricht. Formen und Funktion*. Hamburg. Kovac.

Trim, J./North, B./Coste, D.(2001): *Gemeinsamer europäischer Referenzrahmen für Sprachen: lernen, lehren, beurteilen*. Berlin/München/Wien/Zürich/New York. Langenscheidt.

Werning, R. (1998): Konstruktivismus. Eine Anregung für die Pädagogik? In: *Pädagogik*. Heft 7-8. Hamburg. Pädagogische Beiträge Verlag. pp.39-41.

ドイツ語圏仮想旅行プロジェクトによる自律的学習

Torsten Schlak
訳 森田一平

> ドイツ語圏仮想旅行／Call／インターネット／自律的学習／プロジェクト作業

1. 導入

　筆者は大阪大学において、ドイツ語圏（ドイツ・オーストリア・スイス）仮想旅行プロジェクトを2年次のドイツ語授業として過去数回にわたって行った。本稿はそのプロジェクトの報告である。まず日本の大学のドイツ語学習状況におけるこのドイツ語圏仮想旅行プロジェクトの位置づけを手短に記述し、その後プロジェクトの評価を試みる。その評価では自律的学習の諸原則がどの程度このプロジェクトに当てはまっているかということと、このプロジェクトが自律的学習を促進する学習の場をどの程度生み出すかを検証する。コンピュータ支援外国語授業に関しては、1999年のRüschoff-Wolffのような研究があるが、授業のための提案はあっても、そのほとんどが授業におけるコンピュータの有用性を説くものであり、理論の裏づけという点では満足に程遠い。コンピュータを用いた授業と教授法的理論構築を関連させ結びつけることにもっと価値がおかれるべきであり、本稿は自律的学習の枠組みでそのような関連を造ることを試みるものである。

2. 大阪大学における外国語授業の実情

　大阪大学では1・2年次に第1外国語の英語のほかに第2外国語として初習外国語の履修が義務づけられている。本稿で取り上げるプロジェクトは通常の第2学年の学生によって行なわれる。学生はドイツ語を学習しても実際にこれを使う機会がないと考えている。社会においてドイツ語など第2外国語が役に立つ場面

もほとんどなく、限られた学習時間では学習の成果もわずかなものに留まらざるを得ないなどの理由から、学習に対する動機はたいていの場合ほとんどない。これに加えて教授法的に見て適切な限度を超えた学習成果を要求されること、授業が文法中心であり、また最大で 60 名にも及ぶ適正規模を超えたクラス規模などが学生の学習動機を殺ぐことにつながっている。

　上記の状況は本稿で紹介するプロジェクトが行われた条件にもほぼあてはまる。クラスの規模は 50 人から 60 人である。授業が始まった時点での学生の動機づけは全体を通して見ると低いが、非常に動機づけが高く参加意欲に富んだ履修者も見られる。学生がコンピュータやインターネットの使い方に慣れていて備え付け機材を容易にあつかうことができるという点もこのプロジェクトにはプラスに働いている。また大学のコンピュータ設備も非常に良く整備されている。筆者の所属していた大阪大学言語文化部には 30 台あるいは 100 台のコンピュータを備えた教室がそれぞれ一室、さらに 60 台の部屋が 2 室ある。これらの教室からはインターネットへの高速接続が可能である。コンピュータには液晶モニターが備えつけられ、学習ソフトもインストールされている。また CALL システムにより授業や作業の支援が可能で、機器類の故障、ソフトの不具合もほとんどない。つまり技術面に関しては理想的な環境であると言える。

3.　ドイツ語圏仮想旅行プロジェクトにおける作業と作業環境

　この授業は通常 60 人定員のコンピュータ室で行なわれる。参加者は 2 年生でありいくらかのドイツ語知識を有しているが、基本的には初学者である。授業は一学期を通じて週一度、一回 90 分で行なわれる。履修者のドイツ語知識の少なさを考えると、このコースで要求されることは決して低いレベルではない。参加者には 1) パートナーあるいはグループ作業による会話練習を行なうこと、2) 家族や個人を取りまく環境、大学での研究、勉学、余暇についてドイツ語でホームページをまとめること、そして 3) グループ作業でさまざまなプロジェクトに取り組むことが求められている。このコースの単位を取得するためにはこれらすべての条件を満たさなければならない。

　コンピュータ支援 DaF（外国語としてのドイツ語）コースには日本人教務アシスタントが配属される。このアシスタントは CALL システムを技術的にケアし、授業の説明や指示がドイツ語では十分に通じない時の補助、およびパートナ

一練習やグループ練習の助言、指導を行なう。授業の履修者が多いことから、筆者の授業のコンセプトではパートナー作業とグループ作業が重要な役割を担っており、恵まれた教室環境がこのような作業形態を可能にしている。コンピュータは二人ずつの割合で配備されているが、椅子が可動式であるので移動してより大きなグループをつくることが可能である。

　この授業の基本部分は「ドイツ語圏仮想旅行」プロジェクトであり、このプロジェクトは本稿の中心テーマでもある。授業のそれ以外のアスペクトについては別の場で扱っている。(Schlak 参照)

4.　プロジェクトの詳細

　学習者はドイツ語圏(ドイツ・オーストリア・スイス)の一週間の旅行を計画する。学生は旅行先としてドイツ語圏の都市から2～3都市を選ぶ。全行程ドイツに留まるグループもあれば、ドイツからオーストリアに移動する旅程を立てるグループ、もっぱらスイスを旅行するグループなど様々なプランが立てられる。旅行はペアか最大4名のグループで行なうものとし、一人25万円の予算で予定を立てることになっている。コンピュータ作業室は平日の夜間の時間帯は全学の学生に対して開放されており、それに加えてほとんどすべての学生が個人でコンピュータを持っているので、授業中だけではなくそれ以外の時間にも集まってプロジェクトを続行する学生も少なくない。学生の課題は1)ドイツ語圏諸国への飛行機を予約すること、2)複数の目的地を移動するための列車の接続を調べること、3)宿を予約すること、さらに4)見学、見物箇所を探すことである。

　移動や行動の順序、それぞれの土地でどこにどれくらい滞在するか、およびそこで何をするかは学生の自由に委ねられている。作業に際しては作業ペーパーが学生に与えられるがこれには作業の詳細な指示と必要な語彙、テキスト例文が記載されている(図1参照)。学生は情報やインターネット上のリンク、画像などを駆使して、フライト、列車接続、ホテル、観光スポットをコンピュータソフトのワードを用いてマルチメディア旅行プランにまとめる(図2参照)。

　飛行機や列車、ホテルを探し易いよう、学生には予めいくつかのホームページが指示してある。opodo(www.opodo.de)は複数の航空会社の提携により運営されているヨーロッパの利用者を対象としたドイツ語で書かれたホームページであるが、使い勝手が良く初心者にもわかりやすくできている。航空会社のホーム

ページではドイツを起点としたフライトのみ調べたり予約したりすることができるのに対し、opodo は日本発のフライトの検索、予約もできる。しかし誤った入力をした場合、それに対して警告メッセージが表示されても学生がメッセージに対処できなかったり、必要な情報を入力し忘れているのに学生達が気がつかず検索ができないなど初心者ならではの問題もある。

　DB（ドイツ鉄道株式会社）のホームページも非常に使い勝手が良くできている（http://www.bahn.de）。このホームページを使うと出発時刻、到着時刻、所要時間、料金などを簡単に調べることができる。フライトの予約に比べて、DB のホームページでの作業ではほとんど問題がない。出発する駅と到着駅、旅行日とおおよその出発あるいは到着希望時刻を入力すると即座にいくつかのプランが表示され、運賃・料金や乗換え回数と正確な所要時間が示される。

ドイツ語圏仮想旅行

日程：2002 年 9 月の 8 日間
予算：250 000 円/人
両替レート：http://de.finance.yahoo.com/m5
行き先：Hamburg, Bremen, Berlin, Wien や Salzburg などドイツ、オーストリア、
　　　　スイスの 2 ～ 3 都市

課題：
* 大阪(関西空港)からドイツ Frankfurt am Main への飛行機を予約する
  http://www.opodo.de
* Berlin, Hamburg, Wien, Zürich など目的地への列車を予約する
  http://www.bahn.de
* 目的地での宿泊を予約する　　http://hrs.de
* 観光、見学したい場所や施設を探す
  http://www.visit-germany.jp/
  http://www.hamburg.de/
  http://www.dresden.de/
  http://www.wien.at/　　など
* Word を使って上記のデータを旅行計画にまとめる。

図 1

> **Deutschlandreise**
>
> **20.Sep.02**
> Wir fliegen mit Lufthansa(LH 741) von Kansai International Airport nachFrankfurt.
> Wir starten am 20.Sep.um 9:50 und landen am20.Sep um 14：3 5．
> Das kostet 750EUR.(75000YEN)
> Wowow !Der Flug ist preisgürstig!
>
> Wir fahren mit dem Zug von Frankfurt nach Köln.
> Wir fahren um 16：08 in Frankfurt ab und kommen um 18:49   in Köln an.
> Wir schlafen im Hotel Warsteiner Hof.Das Hotel hat drei Sterne.
> Das kostet 35EUR (ohne Frühstück).(3500YEN)
>
> **21.Sep.02**
> Wir aßen das Frühstück im Hotel.(8EUR=800YEN)
> Heute fahren wir in das Kölner Dom. (2EUR)
> Vom Kirchturm können wir alles sehen.
> Wir kaufen vier Pommes frites (2EUR).Das ist Mittagessen.
> Wir fahren mit dem Zug von Köln nach Bonn.
> Wir fahren um 13:09 in Köln ab und kommen um 13:27 in Bonn an.(7EUR)
> In Bonn gehen wir in das Beethovens Geburtshaus.
> Am 21.September übernachten wir im Hotel „Steinasäge".
> Das Doppelzimmer mit Frühstück kostet 39 Euro.
> Die Adresse lautet „Steinasäge 2 Steinatal 79848 Bonndorf".
> Das Hotel steht nahe am Bahnhof.
> Wir mache einen Spaziergang bis Abendessen in der Nähe des Hotel. Heute essen wir im Restaurant „Steinasäge".
>
> **22.Sep.02**
> Wir aßen das Frühstück im Hotel.

図 2

　宿泊予約は原則として HRS.de で行った（http://hrs.de）。これも使い勝手が良いホームページであり、ここから多くの有用な情報を得ることができる。検索にあたって希望する宿泊地の予約可能なホテルがすべてリストで提示される。ホテルは値段を基準に並べられ、安い手頃な価格のホテルからリストが始まっている。さらにホテルのカテゴリーや所在地、設備についての情報も見ることができる。多くの学生は作業の成果である自分達のホームページにホテルの写真を貼り付けているが、これもたいていこのホームページで得たものである。ホテルの場所をインターネット上の地図で表示させることもできる。
　言葉の面でも計画を立てる上でももっとも難しいのは見物場所の選定と滞在中

の行動計画を立てることであろう。飛行機の接続や、ホテル、列車の便は、それぞれのホームページを使えばあまりドイツ語ができなくても調べることができるのに対して旅行の目玉になるような見物場所の選定や現地での行動を計画することは決して簡単ではない。そのため筆者は、計画立案のうち、見学箇所の選定と自由時間の行動計画作成の作業に限って原則として日本語の作業を許可した。ただし作業の成果はドイツ語で文書にまとめなければならない。日本語での作業を容認する一方で、ドイツ語での作業を義務付けるという相反するものを含む作業手順は、これまで既に学生達によって部分的に実践されてきたし、許可したのも上記の作業に限ってのことである。これまでに紹介したホームページは簡単でわかりやすいので、ドイツ語のみでも十分に作業できる。そして受講者のドイツ語運用能力が増すにつれて、より早い時期に全てのプロジェクトをドイツ語のみで遂行することが可能となる。

5. 自律的学習/自律的学習者、最新の研究例から[1]

学習者の自律化が教育のもっとも重要な課題であることでは専門家の見解はほぼ一致している。しかし「異文化学習」を除くと、自律的学習という概念ほど、外国語教授法において、乱用されてきた概念はない。学習の自律化というコンセプトは Dewey や Montessori、Freinet まで遡ることができる教授法上の考察に基礎をおいている（Weskamp 13, Bimmel et al. 参照）。しかしその一方でこの概念は堅固な経験的基盤をほとんど有していない。近年では Wolff や Müller のように自律的学習を構成主義的な観点から理論付けする傾向が増加しつつある。それに対して Little は 1999 年に、その著作が英語の第 2 言語習得研究に影響を増しつつある旧ソヴェイエト連邦の心理学者 Lev Vygotsky（Lanstolf 参照）に言及している。

ドイツにおける自律的学習のもっとも著名な主唱者の一人である Wolff が、その構想を評価し言及していることからもわかるように、Holec による自律的学習の目標記述は既に一定の評価を得て定着、確立している。Wolff は Holec について「Holec は自律的学習を、自らの学習を形作る能力と定義している。つまり学習目標、学習内容ならびに進度の決定、学習ストラテジーと作業法の選定、学習過程と学習成果の評価を自ら行なう能力である」（Wolff 38）と著している。

学習目標の観点から自律的学習を特徴づけることは比較的容易であるが、自律

的な教室活動とは何か、自律的学習を教室でどう実現するかを決めるのは容易ではない。このことに関連して様々な提案があり、互いに相反するものもあるし、その実効性に関する経験的な基盤に欠けているものも少なくない。Little が自律的学習の実効性を次のように信念の問題としていることは興味深い。「言語学習の場としては自律的学習法による授業は質、量両面において最も効果的である。もちろんこれは学習者自律化の主唱者にとっては確信の問題である。」(Little 32) Little はこのような立場を実証的に証明する研究として、文献リストの中ではドイツ語の文献としては唯一 1994 年の Legenhausen をあげている[2]。自律的学習の有効性を実証的に明らかにしようとした Legenhausen も、その方法論には問題がある。つまり、この分野には実証研究がほとんどない自律的学習を外国語教授法理論を打ち立てるための確固とした基礎とするためにはこのような空隙を埋める必要がある。

少なくとも外国語教授法の専門領域の議論では実証例が不足していることから著名な専門家による実践コンセプトがその代用とされている。Wolff は 1999 年、2002 年とさらにやや変更を加えて 2003 年に自律的学習授業の特徴づけを行なっているが、本稿ではこの Wolff の定義を用いて筆者の実践した仮想旅行プロジェクトを検証することとし、それ以外のアプローチによる検証は行なわない。Wolff は自律的学習の行なわれる授業の特徴として次のようなものをあげている。(Wolff 39 参照)

● 小グループによる作業：同じ時間に様々な作業を行なう複数のグループがあり、各グループ作業の成果はポスターにまとめられてクラス全体に公開される。
● 絵カードゲームの作成やカセットを聴くことに始まって、一緒に学習している学習者のための文法書を作成したり、寸劇のための脚本テキストを書くことまで、小グループの作業は分野、難易度ともに多様性に富んでいる。
● 辞書や教科書、ショートストーリー、文法書、児童書など市販の書籍類だけでなく、作業の種類、手順、順序など教室での作業日程をまとめた資料などもいつでも使えて参照できるようになっていて、資料面でグループ作業が支援されている。
● 学習者が自分で持ってきた学習対象の外国語で書かれた資料や、学習者自身が考え出し作った資料も他の参加者の使用に用立てることができる。
● 各学習者は個々人で日記をつけ、そのつどどの作業に参加したか、自分が何を学習したか、自分が加わった小グループ作業の成果をどう評価するかなどの記

録をつける。
- 授業では学習対象の外国語のみが用いられる。外国語を習得するためにみんなで一連の作業を行なうこと、外国語習得はその言葉を使うことによってとりわけうまくいくことを説明して、教室で外国語のみを使う理由を学習者に理解、納得させる。
- 学習の評価を定期的に全員で行なう。評価は作業、資料、成果、社会的アスペクトからみた学習状況、学習者の役割と教師の役割、そしてその評価自体も評価の対象となる。これら評価の作業も学習言語で行なわれる。
- 学習者の自律化の原則に則った外国語授業では外国語を学習する過程について論ずるインターアクションが中心に据えられる。これによってインターアクションがより現実味をおびてくる。

しかし実際の授業の状況に鑑みて Wolff は「制度として学校で行なわれる外国語授業ではいまのところこれらの原則がすべて実現されることは不可能である。現実的なアプローチとしては、教科書を中心メディアとすることから徐々に脱し、学習テクニックや作業のテクニックに対する配慮をより増すことがあげられる。新しい技術、設備が開発され導入されれば、なまの素材や資料によって教科書を補い、いずれはこれに取って代わることもできるであろう」(Wolff 24) と限定を加えている。自律して学習する能力を学習者は段階的に習得し、それは、具体的な学習コンテキストや学習者のそれまでの授業での経験や、学習者の言語運用能力に左右される。Dam も学習者の自律化は授業では徐々にしか実現しないとの見解をとっている。「学校のような制度化された教育の場面で我々のもつ可能性は、決して『学習者の全面的な自律化』を云々するものではなく、問題は学習者の自律に向けての養成であるという事実に関係者の注意を喚起することが大切だとわたしは思う」(Dam 116)

これらのことから、学習言語の知識が十分でなく自律した作業の経験もない学習者を徐々に自律的学習手順になじませていくことがのぞましいと言える。学習者を自律的学習環境に社会的に適応するよう訓練しなければならない。教師は、このプロセスで学習者につきそい支援する。この観点から Little が自律的学習を理論的に洗練するにあたって Vygotsky の学習理論に言及していることは意義深く思われる。Vygotsky 周辺の研究は、学習者が既に到達した発達段階と現時点で到達の可能性が見込まれる発達段階 (zone of proximal development) の間の領域で学習は行なわれるという見解をとっている。そこで強調されているのは学

習プロセスのための社会的インターアクションの重要性である。つまり教師と学生の共同作業と学生同士の共同作業が特に学習を促進するものと見なされている。Vygotsky はその構想の中で、学習者は学習者同士のインターアクションや教師とのインターアクションにおいて、あるモデルに沿って彼らが現在有している発展の可能性の範囲でより高度な自律性に向かうとし、そのモデルを「足場」と呼んでいる。教師はそのような補助となるモデルを提供する。

　自律的学習の特徴を上記のようにまとめると、Wolff の言及する自律的学習環境に、本稿で取り扱う筆者のプロジェクトはどの程度まで対応しているのだろうか。以下でこの問題を詳細にとりあげることとする。既に見たように Wolff は理想的な自律的学習の場の特徴として 8 つの特徴を挙げている。これらの特徴のそれぞれに即して「ドイツ語圏仮想旅行」プロジェクトの検証を行なう。

6. 検証、自律的学習としての「ドイツ語圏仮想旅行」プロジェクト

特徴 1：小グループによる作業

　本プロジェクトは 2〜4 人の履修者からなる小グループによって行なわれる。グループのメンバーは 1 人または 2 人で様々な小課題に取り組む。例えばある学生がフライトプランを調べているその時間に、別の学生は 1 人あるいは 2 人で希望・条件に合ったホテルを探し、泊まる部屋の値段を決める。さらに情報収集にあたるメンバーがいて、また別のメンバーはワープロソフトを使って作業の進捗を記録するという光景もしばしば見られる。これらの作業成果はインターネット上で公開されるので、授業時間外でもアクセスして参照、閲覧ができる。また当該学年だけでなく次年度以降の学年の学生や興味関心のあるその他の人たちもこれを見ることができる。学生がその学習成果をポスターにまとめて公開することは、このコンピュータ作業室がドイツ語授業以外のいろいろなグループや科目によって使用され、個別の外国語ごとの部屋がないという現状では残念ながらほぼ不可能と言える。しかしインターネット上で作業の経過や成果を公開することはクラス・ポスターに替わる現実的な代替手段であるように思われる。

特徴 2：作業の多様性

　ここで Wolff が述べているのはもちろん授業全体に関することであって授業の中で行なわれる個々のプロジェクトを論じているのではない。しかしインターネットで作業の成果を公開するために学生達はインターネットで情報を集め、旅行

プランを文章として記録し、重要なサイトをリンクにまとめ、自分達のテキストを絵や画像などで視覚にうったえるよう加工し、さらに旅行プランについて、どの都市を訪ねたいか、どこに泊まるか、旅行先で何を体験したいかなどを話し合い、E-メールも使ってお互い同士で情報交換を行なうなど今回のプロジェクトのように限られた範囲であっても、さまざまな作業ステップが必要であった。

特徴3：資料面からのグループ作業の支援

この旅行プロジェクトにおいては何をおいてもインターネットが多面的な資料の源である。学生は旅行プロジェクト開始以前に既にオンライン辞書やその他の学習支援素材について知らされており、いろいろな課題や作業を行なうためにこれらを試用あるいは使用したことがある。

使用できるのは
- 和独辞書（http://www.wadoku.de）　日本には和独辞書はあまり種類がないため学生にとってとりわけ大きな助けとなっている。このオンライン辞書はその間に信頼性も非常に向上している。
- 独和辞書（http://www5.mediagalaxy.co.jp/sanshushadj/）
- 大阪大学の同僚の開発したWebOCMソフト　このソフトを使うと任意のオンライン・ハイパーテクストをマウスでクリックすることによって和独辞書に入力することができる。しかし語彙が限られていることと、複合語の処理を苦手とする弱点がある（http://www3.mle.cmc.osaka-u.ac.jp/webocm/）。
- 記載内容が広範ではあるが、初心者が使うにはやや使いづらいLEO-辞書（英独／独英 http://dict.leo.org/）

自律性の度合いはこれらの学習補助素材を学習者がどこまでその長所、短所をふまえた上で使いこなすことができるかという点に現われてくる。教師はこの点でしばしば助け舟を出し、オンライン補助教材の使用に関するアドヴァイスを与えることがある。また個々の学生に対して必要な場面でアドヴァイスを与えるだけではなく、例えば他の教材との組み合わせによるLEO-辞書の効果的な使い方などの技術的な手ほどきを教室全体に対して行なうこともある。

特徴4：学習者による資料の持ち込み

筆者の授業はこの点ではWolffのコンセプトにあてはまっている。学習者は辞書であれその他ドイツ語に関する資料、社会や文化などドイツに関するランデスクンデの資料など自分達の役に立つ資料を授業に持ってくることができるし、これらの物を持って来るよう繰り返し教師から要請されている。ほとんどすべての

学生はこの機会を実際に使って特に他のドイツ語授業で手に入れた教材や資料類をこの授業に持って来たし、さらにドイツ語圏諸国について日本語で書かれた旅行ガイドや自分達で書いたドイツ語のテキストなども持参してきた。多くの学生は、これらの教材や資料を互いに貸し借りし、相互の便宜をはかっていたが、これは特に筆者が学生に求めたことではなく、彼らが自発的、自主的に行なったことである。学生達は必要に応じてクラスの中を歩き回り資料を貸し借りし、相互にアドヴァイスをしたり、情報を提供するなど、クラスは大変活発で仕事の活気に満ちた雰囲気であった。いくつかのグループは E-メールを交換し、それによって情報のやりとりをしていた。このような共同作業にとって有意義な作業形態も学生が自主的、主体的に作り出したものである。

特徴5：学習者日記

　自律的学習における学習者日記の重要性は Wolff だけでなく、Dam も強調している。学習者日記をつけることによって学習者に自らの学習過程を振り返らせ、意識させることが可能になるが、本プロジェクトやプロジェクト後の授業の経過で、この可能性を活用することはなかった。それに関しては残念なことだと思うし、また少なくとも試行的に学習者日記を取り入れてみることは十分可能であった。しかしこのような学習者日記が授業の確固たる構成要素になりうるかは予測の難しい問題である。このような学習者日記は学習者によって必ずしも好まれるわけではないし、学習者に日記をつけることの意義と効用を理解させるのには、いくらかの努力が必要である（Dam 127 参照）。個々の学習者と彼らが記載した日記について話し合わなければならないことも問題である。普通の規模のクラスでは十分実践可能なこのような作業も、60 名も参加者がいては定期的に行なうことはほぼ不可能である。しかしたとえこのような頻繁な教師との懇談によるフィードバックがなくとも学習者日記をつけることによって学習プロセスを省察することは、学習にとって生産的で学習を支援する効果をもつであろう。

特徴6：目標言語のみによる授業

　この点においては本プロジェクトの実情は、Wolff のイメージするものからは遠くかけ離れていると言わざるをえない。学習目標言語の使用は頻繁とは言え、グループ作業では時折日本語が用いられることがあり、課題として何かを調査しなければならない場合などには、学習者が母語である日本語を話していることも確認されている。このプロジェクトが初級段階の授業であることを考えると、この事実は格別驚くに値しない。また授業は目的言語だけを使って行い、そこでの

コミュニケーション手段としても目的言語のみが許可されるとするWolffの一言語使用の立場は、議論の余地がないわけではない。母語の使用は、1973年のButzkammによる、科学的考察、配慮にもとづく一言語使用についての考察以来、授業内での様々な現象や、教授法をめぐる議論の中で確固たる地位を再び認められている。Cookは第1言語であっても臨機応変に外国語授業に用いることに反対する理由はないと断定しているが、この考えは心理言語学の立場から見ても妥当なように思われる（Cook 152参照）。「SLA（Second Language Acquisition 第2言語習得）研究では教室で第1言語を使うことを禁ずる重要な根拠は証明されていない」（Cook 157）。

ボッフム第3言語プロジェクトの研究成果から、特に学習の初期段階において、第1言語やそれまでに習得した外国語を使わずしては授業をすることはできないし、するべきではないと言うことが明らかになっている（Bahr et al. 参照）。第2外国語としてのドイツ語への考察や、これとの関連で英語のもつコミュニケーション言語、対照言語、あるいは説明・解説言語としての意義への考察がこの立場を支持している。これによって、授業がほぼ日本語だけで行なわれるべきであるとか、場合によっては英語で行なわれるべきだというようなことを言わんとするわけではない。ここで重きがおかれているのはむしろ、できるだけドイツ語を使う機会を多くもつこと、そしてできるだけ集中してドイツ語を用いることである。

この場合の言語使用とは受容と生産の両方を意味している。しかし母語や英語をまったく排除するやり方は当地の授業の置かれている状況ではあまり説得力があるとは言えない。Bahrたちが示唆しているように、長期的取組みとしては母語使用の段階と学習言語を使う段階を授業の中でどのように配置するかを体系的に計画立てることが求められている（Bahr et al.）。この計画では言語レベルが上がるにつれ第1言語の使用頻度は減じていくことになるのだが、このような計画は目下のところまだ完全には実現を見ていないのが現状である。

特徴7：評価

評価としてはこのプロジェクトには以下の3つの評価段階が今のところ予定されているが、特に時間的制約から必ずしもいつも完全にこれらの評価が行なわれる訳ではない。

1. 授業中に短い作業休憩が設けられていて、そこでグループがお互いに他のグループを訪ね、自分達のこれからの作業の予定や、これまでの作業の成果などを手短に紹介し、説明する。

第3章　自律的な学習とその能力の育成 ――― 235

 2. 全クラスの学生の前で各グループが自分達の作った旅行計画を発表する。
 3. グループの作った旅行計画をインターネット上で公開する。
　このドイツ語圏仮想旅行は週に一回、1学期の言語コースと言う枠組みで実施されるので、プロジェクトが完成するのがようやく学期末ということが多い。そうすると残念ながらその成果をクラスで発表するための時間が足りなくなる。そのような場合でも学生の作った資料や作業の結果はインターネット上に公開されるので、そのクラスの学生達だけではなく、その次の学期あるいは次の学年にこの授業を履修する学生達もこの作品にアクセスして目を通すことができる。授業における作業の総括評価が時間的に難しい一方で、上で述べたような授業時間内での評価のための短い作業休憩はその有効性と有用性が確認されている。他のグループ、他の学生の作業に対する学生の関心は概して高い、その一方で作業グループ内あるいはグループ間の討議は、クラス全員を前にしてのプレゼンテーションに比べてはるかに学生に与えるストレスが少ない。これらの評価に加えて学生による表現を改善するための提案や、資料作成のためのフィードバックとなる発言、学習での困難、問題点の討議など、非公式な評価がある。評価の徹底性とそのカバーする範囲という点では、まだ満足できるものではない。学習に際して学習者や教師が様々な形で関わり合って行く学習の社会的アスペクトや学習者、教師それぞれが果たした役割、そして評価のあり方そのものについてはほとんど話し合われることがない。しかしこれらの評価はWolffの挙げるそれぞれのアスペクトが十分に考慮されていれば良いのであって、評価の形態には必ずしも拘らなくとも良いのではないだろうか。これらの評価を常に学習の目標言語で行なう必要があるかというと、それには疑問がある。
特徴8：学習プロセスをめぐるインターアクション
　学習プロセスの主題化は個々のグループあるいは個々の学生の指導の中で行なわれる一方で、クラス全体の作業でも行なわれる。この旅行プロジェクトの中で「学習指導」は読解と作文能力および辞書などの補助教材の扱い方に重点をおいている。個別の学生指導では特に学習者がかかえている学習上の問題を話し合い、学生が望む場合は支援のためのアドヴァイスが試みられる。このプロジェクトは学生の言語レベルがかなり低いにも関わらず実際のホームページやテキストを用いて行なわれることから読解ストラテジーが非常に重要となる。このようなストラテジーを立てたり選択したりする能力を持たずしては課せられた課題を解決することはほぼ不可能である。しかしこのようなストラテジーを立てる能力を学生

に求めたとしてもその要求は、まったく学生の能力を超えるほど高い要求と言うわけでもない。学生はまず各種のホームページにある検索入力欄とそこで得られた検索結果を使って作業を行なう。この検索入力欄はどのページにあるものもデザインはほぼ同じで、たいていは目で見れば操作の見当がつくか英語に似た語彙あるいは英語から借用された語彙が配されている。そのことからここでの助言は英語との類似性に気をつけること、使い方を理解するのに視覚的要素を活用すること、日本語や英語で書かれた検索入力欄のデザインについて自分達が知っていることを活用することを繰り返し指摘することになる。日本の伝統的な外国語授業では、学生は読解では一語一句もらさぬ精読による翻訳をする習慣を身につけ、選択的読解や大意をつかむ読解はまったくといってよいほど経験してきていない。そしてこの選択的読解能力や包括的読解能力こそが筆者のプロジェクトで養成されるべき能力であり、学習指導でも重要である。テキストの核をなす意味を読み解き、そのつど必要な情報を取り出すには、必ずしもテキスト中の単語すべてがわかる必要がないことをなかなか理解できない学生も何人かいた。読解のスタイルと読解ストラテジーは特にホームページを紹介する際にクラス全体でも話し合われた。このプロジェクトの重要な学習目標の一つは、例えその外国語に関する知識がわずかであっても重要な情報にたどり着くことができ、外国のホームページを使ってうまく作業ができることを体験することである。読解という領域と密接に結びついているのは辞書を有効に使いこなすことである。普通学生はプロジェクト開始時点から独和辞書を用いて作業し、受容の面では辞書をうまく使うことができるが、ドイツ語を話したり書いたりする生産面で辞書を使用した経験がない。この点に関して学習指導がよく行なわれる。将来的には授業のインターアクションの中でもっと集中的にコース参加者の学習プロセスに取り組むことが望ましいだろう。

　本プロジェクトがWolffの理想とする自律的学習の行なわれる教室というイメージに部分的にしか一致していないとしても、ここでの成果は、教科書によって授業のあり方が決定されている状態から徐々に脱却して、学習テクニックや作業のテクニックを仲介した点や、新しいメディアを使ってなまのテキストを授業に組み込んだ点で、正規の学校という制度の中で行なわれる外国語授業においてWolffが現実的であると考えているものを既に超えている。そして自律的学習環境に向けてさらに授業を変革することは可能である。とりわけ作業に学習者日記を取り入れることや、評価を徹底して行なうこと、学習プロセスについて語るイ

ンターアクションをさらに増やすことなどを具体的な変革の項目としてあげることができる。全体として見るとこのプロジェクトは、学習者の自律化に向けての発展にとっては決して理想的とはいえない学習の場や状況にあって、より進んだ学習者の自律化に向けての励みとなる一歩であると筆者は評価している。

注
1) 「自律的学習（autonomes Lernen）」と「学習者の自律化（Lernerautonomie）」という概念は以下ではほぼ同義語と解釈されたい
2) Altmayer は自律的学習の有効性が十分でないと批判した。Wolff はもっぱら Legenhausen の研究に依拠してこの批判に対抗した（Altmayer 2002）（Wolff 2002）

参考文献
Altmayer, C. (2002): Lernstrategien und autonomes Lernen: Teilaspekte eines konstruktivistischen Fremdsprachenunterrichts? In: *Babylonia* 2, pp.7-13.
Bahr, A./Bausch, K.-R./Helbig, B./Kleppin, K./Königs, F. G./Tönshoff, W. (1996): Forschungsgegenstand Tertiärsprachenunterricht. Ergebnisse eines empirischen Projekts. Bochum: Brockmeyer, (*Manuskripte zur Sprachlehrforschung 37*).
Bimmel, P./Rampillon, U.(2000): Lernerautonomie und Lernstrategien. *Fernstudieneinheit 23* Berlin/München: Langenscheidt.
Butzkamm, W. (1973): *Aufgeklärte Einsprachigkeit. Zur Entdogmatisierung der Methode im Fremdsprachenunterricht*. Heidelberg: Quelle & Meyer.
Cook, V. (2001): *Second Language Learning and Language Teaching*. London: Arnold.
Dam, L. (1999): How to develop autonomy in a school context-how to get teachers to change their practice. In: Edelhoff, Christoph/Weskamp, Ralf (ed.): *Autonomes Fremdsprachenlernen*. Ismaning: Hueber (＝Forum Sprache), pp.113-133.
Edelhoff, C./Weskamp, R. (1999) (ed.): *Autonomes Fremdsprachenlernen*. Ismaning: Max Hueber (＝Forum Sprache)
Holec, H. (1981): *Autonomy in Foreign Language Learning*. Oxford: Pergamon Press.
Hufeisen, B. (2001): Deutsch als Tertiärsprache. In: Helbig, G/Götze, L./Henrici, G./Krumm, H.-J. (Hrsg.): *Deutsch als Fremdsprache. Ein internationales Handbuch*. Berlin: Walter de Gruyter (＝Handbücher zur Sprache und Kommunikationswissenschaft 19.1), pp. 648-653.
Lantolf, J. P. (2000): *Sociocultural theory and second language learning*. Oxford: Oxford University Press.
Legenhausen, L. (1994): Vokabelerwerb im autonomen Lernkontext. In: *Die Neueren Sprachen 93*, pp.467-483.
Little, D. (1999): Autonomy in second language learning: some theoretical perspectives and

their practical implications. In: Edelhoff, C. & Weskamp, R. (ed.): *Autonomes Fremdsprachenlernen*. Ismaning: Hueber (=Forum Sprache), pp.22-36.

Müller, K. (1997): Konstruktivistische Lerntheorie und Fremdsprachendidaktik. In: *Jahrbuch Deutsch als Fremdsprache 23*, pp.77-112.

Neuner, G. (1996): Deutsch als zweite Fremdsprache nach Englisch. Überlegungen zur Didaktik und Methodik und zur Lehrmaterialentwicklung für die Drittsprache Deutsch. In: *Deutsch als Fremdsprache 27*, pp.211-217.

Rüschoff, B./Wolff, D. (1999): *Fremdsprachenlernen in der Wissensgesellschaft. Zum Einsatz der Neuen Technologien in Schule und Unterricht*. Ismaning: Hueber.

Schlak, T. (2002): Computergestütztes Lernen im Anfangsunterricht Deutsch. In: *Gengobunkakenkyu/Studies in Language and Culture (Faculty of Language and Culture, Graduate School of Language and Culture, Osaka University)* 28, pp.159-176.

Vygotsky, L. (1978): *Mind in society: The development of higher Psychological processes*. Cambridge. MA: Harvard University Press.

Vygotsky, L. (1986): *Thought and language*. Boston: MIT.

Weskamp, R. (1999): Unterricht im Wandel- Autonomes Fremdsprachenlernen als Konzept für schülerorientierten Fremdsprachenunterricht. In: Edelhoff, C./Weskamp, R. (ed.), pp. 8-19.

Wolff, D. (1994): Der Konstruktivismus: Ein neues Paradigma in der Fremdsprachendidaktik?. In: *Die Neueren Sprachen 93*, pp.407-429.

Wolff, D. (1999): Zu den Beziehungen zwischen Theorie und Praxis in der Entwicklung von Lernerautonomie. In: Edelhoff, C./Weskamp, R. (ed.), pp.37-48.

Wolff, D.: Instruktivismus vs. Konstruktivismus: 20 Thesen zur Lernbarkeit und Lehrbarkeit von Sprachen. In: Bach, G./Viebrock, B. (2002) (ed.): *Die Aneignung fremder Sprachen: Perspektiven-Konzepte-Forschungsprogramm*. Frankfurt am Main: Peter Lang, pp.19-24.

Wolff, D. (2002): Fremdsprachenlernen als Konstruktion: Einige Anmerkungen zu einem viel diskutierten neuen Ansatz in der Fremdsprachendidaktik, *Babylonia 4*, pp.7-14.

Wolff, D.: Lernerautonomie und selbst gesteuertes fremdsprachliches Lernen: Überblick. In: Bausch, K.-R./Christ, H./Krumm, H.-J. (2003) (ed.): *Handbuch Fremdsprachenunterricht. 4., völlig überarbeitete und erweiterte Auflage*. Tübingen/Basel: Francke Verlag, pp.321-326.

索　引

— あ —

アクセント　55, 56, 61, 62, 63, 65, 77
アクセントグループ　62, 65
アクセントレベル　65
アクティビティ　28
アソチオグラム　145, 150
暗記　213
暗記学習　210
E-メール　99, 232, 233
意識化　123, 126
5つの能力　179
異文化理解　138, 141, 142
異文化理解能力　182
意味記憶　43
意味のネットワーク　40
意味のレキシコン　40
イラスト　72, 73, 77, 79, 80, 179
インターアクション　18, 20, 182, 231, 235, 236
インターネット　100, 178, 224, 225, 227, 231, 232, 235
インタビュー　20, 25, 73, 74, 81, 82
イントネーション　51, 56, 63, 65, 77, 80, 83, 183

運動説　52, 57, 65, 66
エピソード記憶　43
音韻体系　52, 53, 64, 76

— か —

海外研修　20
海外語学研修　10, 14, 20
外国語オリエンテーション　10, 13
外国語カリキュラム　10
外国語教育の目標　139, 140
外発的動機　90
課外活動　24
書く　82, 179
学習意欲　33
学習記録　209, 214
学習時間　71, 72
学習者自律化　229
学習者ストラテジー　176
学習者中心　70, 114, 192, 194, 202
学習者の自律性　174, 177, 184, 187, 188
学習者の当事者性　145
学習ストラテジー　175, 176, 187, 188, 193, 202, 217, 218, 219, 220, 221, 228
学習体系　95, 96
学習テクニック　217, 218, 219, 230, 236

学習の器官　36
学習不安　96
学習プロセス重視型　137, 143
学習放棄　92
学習方法　209, 211
学習目標　209, 210, 214, 216, 228, 229, 233, 236
学生間の交流　33
獲得された無力感　160
下降型処理　157
学校課題　156
合宿研修　24
活性化される脳領域　41
カリキュラム改変　89
感覚運動　58
干渉　52, 53, 55, 58, 64, 213
感情移入能力　142
間接ストラテジー　217, 218
記憶　38, 181, 212, 213
記憶モデル　39
機械的学習　165
聴く　80, 81
基根語　160
既習事項　95
既出単語　97
気づき　145, 149, 150
技能・習熟度別クラス　194
帰納的な授業の進行　167
基本語彙選定　163
教育目標　70, 83
客観主義　217
教科書　19, 70, 71, 72, 73, 79, 80, 81, 93, 96, 177, 178, 181, 230, 236
教材　87, 92, 93, 103, 232, 233, 235
教師　87, 93, 99, 103, 232
教示主義　177, 178
教師の役割　176, 177, 220, 221
教授者の役割　206, 219
教授法　70, 73
教授法ワークショップ　199
協調　57, 58, 61, 64
協調運動　65
共通シラバス　23
共通テキスト　18, 21, 23
共通テスト　24
共働　39
教養部解体　88
クラスの雰囲気作り　32
グループ・ワーク　184, 185, 186, 187
グループ作業　20, 25, 29, 73, 74, 81, 224, 225, 229, 233
グローバル教育　28
携帯電話　100
携帯メール　99
ゲストスピーカー　146, 147, 148, 149
言語運用　75, 76, 79, 179
言語運用能力　18, 82, 83, 84, 182, 230
言語学習　179
言語活動　31, 70, 73, 74, 75, 79
言語化の場面　167
言語(の)機能　74, 76
言語行動　19
言語コミュニティー　89
言語習得　73, 75, 79

言語的知識　159, 163, 170
研修学校　20
厳正な類似基準　53
CALL　225
語アクセント　51, 55, 56, 63
語彙　41, 42, 70, 72, 73, 74, 76, 77-79,
　186, 213, 226, 232, 236
語彙習得　40, 41
語彙ネットワーク　41, 42
語彙表作り　46
語彙分類　41, 42
構成主義　177, 216, 217, 228
構造化された知識　158
高偏差値・低学力　159
効率的授業構築　96
効力感　124
個人から文化を見る視点　147
個人差　123
固定観念　142
個としての文化　147
個の文化　143, 147, 151
個別化　203
コミュニカティブ・アプローチ　70, 106
コミュニカティブな言語教育　28
コミュニカティブな授業　70, 106
コミュニケーション　34, 70
コミュニケーション・ストラテジー　107
コミュニケーション活動　106
コミュニケーション能力　28, 71, 75, 81,
　109

― さ ―

再活性化　214
再活性化量　213
作業形態　184, 185, 186, 187, 225, 233
参加型の授業　18, 19
子音　53, 55, 65
子音連続　55, 62
支援テクスト　164
時間割　196
自己学習能力　125
自己拡張活性モデル　40
自己管理　142, 149
『自己表現のためのドイツ語』　20, 185
自習用教材　200
自主ゼミ　195
自主的なゼミナール　193
実践的な言語運動能力　29
ジャーマン・スタディー　25
社会参与　204
社会人的素養　160
社会的構成主義　217
社会的な学習　184, 188
授業運営技能　171
授業改善アンケート　25, 183
授業外の学習機会　198
授業活動　143, 144, 145, 146, 147
授業記録　21
授業経営　87, 89, 94, 96, 99
授業形態　71, 73-74
授業構築　94

授業時間数　71, 72, 74, 83, 87, 88
授業戦略　92
授業の活性化　33
授業の記録　122
授業の土俵作り　166
熟達者（エキスパート）　219, 220, 221
受験型知識　159
受験勉強的外国語学習観　160
情意的側面　123
生涯学習　156, 175, 188
生涯学習社会　156
上昇型処理　157
初習外国語　10, 11, 71
初修外国語　19, 87
シラブル　53, 55, 56, 62, 63, 64, 65
自律学習　208, 216, 217
自律性　193, 202, 232
自律性の感覚　125
自律的学習　80, 193, 219, 223, 228, 229, 230, 231, 233, 236
自律的学習環境　230, 232, 236
自立的学習能力　161
自律的な学習　79, 176, 184, 187, 188
神経細胞（ニューロン）　36
神経細胞間の結合の変化　38
新修外国語　87
新出単語　94
身体行動に即応した構造　41
優れた学習者　201
ステレオタイプの意識化　144
ストラテジー　107
スピーチコンテスト　24

正規授業　193, 198
成功体験　167
世界知　105, 107
世界のことばと文化　10, 13
折衷主義的方法　193
ゼミ　197
全学共通教科書　185
先行オーガナイザー　165, 166
全体作業　185, 186
前提語　160
総合的理解能力　158
相互行為　106
双方向　28
外からの文化　146, 147

― た ―

第一回目の授業　166, 168, 171
大学設置基準が大綱化　194
大学大綱化　87
大衆受験社会　159
対照研究　52, 53
第二外国語教育　192, 194
第2学年　223
対比アクセント　56, 65
対面授業　185, 186
対話　21, 72, 73, 74, 75, 78, 80, 81
他者への共感　142
達成感　94
多様性　139, 141, 142, 143, 146, 148, 149, 150, 151, 229
他律性　203

タンデム　200
単独作業　184, 185
地域対応型アプローチ　105, 120
知覚能力　142
知識から言葉へ　162, 163
知識注入型の授業　205
中立的なアクセント　65
調音運動　57, 58, 59, 61, 64
長期記憶能力　38
直接ストラテジー　218
ティームティーチング　21
テーマ　72, 73, 74, 75, 76, 77, 78, 79, 80, 82, 95, 96, 97
適応性　37
テクスト間相互関連性　164
テクスト難度の判断　164
転移　57
伝達機能　74, 79
伝達目的　74, 75, 79
ドイツ語圏（ドイツ・オーストリア・スイス）仮想旅行　223
ドイツ語圏仮想旅行　225, 231, 235
ドイツ語圏事情　73, 75, 79
ドイツ事情　25, 137, 138, 141, 142, 143, 144, 145, 146, 147, 149, 150
ドイツ像　144, 145
ドイツの文化や風習　25
同一視　20
動機づけ　123, 202, 209, 210, 224
道具的動機　89
統合的動機　89
当事者　20

当事者性　142
到達目標　70, 71, 72, 75, 83
到達目標中心方式　164
透明性　23
独習　175, 184, 208, 209, 216, 219
特定領域集中型読解法　163, 171
読解におけるマシュー効果　161

— な —

内発的動機　90
内部での個別化　187
日記　229, 233, 236
2年生　225
ニューロンネットワーク内の観念連合記憶の能力の基礎　38
ニューロンネットワークの変化　38
認知　107
認知的な転換　174
認知スタイル　106
認知的徒弟制　221
認知的なプロセス　182
脳科学の知見に基づいた学習方法　36

— は —

パースペクティブの転換　145
発音　76-77
発音教育　51, 52, 64, 65
発音習得　66
場面　72, 73, 74, 75, 76, 79
BAKネットワーク　177

PCによる学習　200
非言語的知識の戦力化　163
評価　183, 223, 228, 229, 230, 234, 235
フィード［・］バック　32, 183, 186, 233, 235
複合的な知識の活用　165
複数の脳領域が平行　37
フレーズアクセント　56, 63
プレゼンテーション　99, 236
プロジェクト　184, 223, 224, 225, 228, 229, 231, 232, 233, 234, 235, 236
プロジェクト授業　181, 182, 183
プロセス重視　143, 144, 150
プロセス重視型　146
文アクセント　51, 52
文化社会学習　137, 139, 141, 149
分散学習　214, 215
分散効果　214
文法　70, 71, 72, 82, 94, 95, 96, 97, 224, 229
文法規則　19, 76
文法訳読法　159, 160
文末メロディー　56, 63, 65
分野横断的　25
分野固有語彙　163
ペア　18, 73, 225
ペア・ワーク　184, 185
ペア作業　20, 25, 29, 73, 81
ペア授業　18, 21, 23, 185
勉強会　23, 24
偏差値　159
母音　53, 55, 60, 65, 76

ポートフォリオ（Sprachenportfolio）　150
ホームステイ　20
ホームページ　24
母語　37
母語の客体化　166

ー ま ー

マインドマップ　42, 43
未習事項　95
未知の語意味の推測　160
メタ認知　126, 188
メンタル・レキシコン　35, 40, 41, 42
モーラ　65
目的別科目群　10, 11, 12
目標言語　73, 75, 79, 80, 81
目標言語のみによる授業　233
目標テクスト　164
モティベーション（モチベーション）　87, 89, 106, 120, 194
モティベーションの低下　19
モニタリング　214

ー や ー

役割練習　20
有意味学習　165
預金型（溜め込み型）学習　158
読む　81-82, 179
四技能　71-72, 80-82, 83, 109, 116

― ら ―

ランデスクンデ　79-80
リーディング　211, 213
リスニング　210, 211, 212, 213, 214, 215
リズムの体得　209, 211, 212
料理実習　24
臨界期　52, 57
臨場感　19

― わ ―

ワークショップ　24

「流通科学大学ドイツ語教授法ワークショップ」の歩み

第1回 **1998年3月25日**
「『スツェーネン　場面で学ぶドイツ語』の紹介と授業例」
　　　　　　　　　　　　　　　　　　　　佐藤修子（北星学園大学）

第2回 **2000年1月29日**
「『スツェーネン1、2』を使用したドイツ語授業の具体例」
　　　　　　　　　　　　　　　　　　　　佐藤修子（北星学園大学）

第3回 **2000年9月9日**
"Vernetzendes Lernen und Lehren"
　"Vernetzendes Lernen und Lehren" 塩路ウルズラ（大阪外国語大学）
　「総合理解力としての読解力」　　　　　原口厚（早稲田大学）
　「ドイツ語授業におけるランデスクンデ」 藤原三枝子（甲南大学）
パネル・ディスカッション「ネットワーク化された学習と教育」
　　　　　　　　　佐藤修子、塩路ウルズラ、原口厚、藤原三枝子

第4回 **2001年2月20日**
「未修外国語のガイダンスと『言語＋文化』教育―九州大学の試み―」
　　　　　　　　　　　　　　　　　　　　田畑義之（九州大学）
「第一回目の授業で何をどう行うか―読解教育の場合―」
　　　　　　　　　　　　　　　　　　　　原口厚（早稲田大学）

第5回 **2002年2月2日**
「日本のドイツ語教科書を考える」
"Am Fuße des Leuchturms ist es dunkel. Widersprüche zwischen theoretischen Einsichten und praktischer Erfahrung mit Lehrbüchern"
　　　　　　　　　Dr. Susanna Slivensky（当時　同志社大学）
「編集担当から見たドイツ語教科書編集の実際と問題点」
　　　　　　　　　　　　　　　　　　　　永尾真理（三修社）
「Farbkasten Deutsch neu 1 における試み」
　　　　　　　　　　　本河裕子（大阪外国語大学非常勤講師）
「教科書に求められる『使いやすさ』への試み」
　　　　　　　　　　　　　　　　　　　　山本洋一（九州共立大学）

第6回　2003年2月1日
「自律的な学習に向けて―外国語授業のための新たな手がかり―」
　　"Autonomes Lernen im Rahmen einer virtuellen Deutschlandreise"
　　　　　　　　　　　　　　Dr. Torsten Schlak（当時　大阪大学）
　　"Deutschlernen außerhalb des Unterrichts―ein Fall an der
　　Tokyo-Gakugei-Universität"　　　　　中島裕昭（東京学芸大学）
　　"Autonomes Lernen außerhalb des Klassenunterrichts"
　　　　　　　　　　　　　　　　　　　　新田誠吾（法政大学）
第7回　2004年2月28日
「ドイツ語教育における発音指導・音声指導」
　　"Vorschläge zur Ausspracheschulung bei japanischen Studenten"
　　　　　　　　　　　　　　　　　　　　新倉真矢子（上智大学）
　　"Effects of Age on Second Language Phonetic Learning"
　　　　　　　　　　　　　　　　　　　　対馬輝昭（流通科学大学）
　　"Artikulatorische und intonatorische Besonderheiten der
　　deutschen Standardaussprache"　　　　　Dr. Tanja Buhtz

「勉強会」の歩み

2002 年 3 月 7 日
スペイン語グループとの合同研究会
1．ドイツ語グループから
  1）Farbkasten Deutsch neu 1（改訂版）を使った授業例
                                                  吉満たか子・本河裕子
  2）授業の活性化に向けて
     ―流通科学大学における 2000 年度、2001 年度授業での試み   森田昌美
  3）2 年次のドイツ語学習の問題・課題について   板山眞由美
2．スペイン語グループから
  1）プリント教材での練習例   浅見マリア
  2）ゲーム形式でする練習例・アイスブレーキング   辻本千栄子
3．ディスカッション

2003 年 3 月 28 日
ヨーロッパ三言語合同研究会
  1）言語産出能力育成を目指す言語学習・文化学習
     ―ドイツ語選択科目クラスにおける授業例―   森田昌美
  2）授業記録導入の試み   吉満たか子

2004 年 3 月 26 日
フランス語グループとの合同研究会
  1）口頭試験における評価方法と評価基準―二つの例―   本河裕子
  2）「自律的な学習」を目標とする課題・作業形態とその評価
     ―グループ・ワークとグループによる口頭試験―   森田昌美

あとがき

　1年のうち「今日はよい授業ができた」と何度、手応えを感じることができるだろうか？　あるいは「よい授業」とはどのような授業をさすのだろうか？　物差しは無論ひとつではない。複数ある物差しで私たちは自分の授業をそのつど判断している。しかし、何がよかったのか、次の授業に向けてどうつなげていけばよいのか、改善すべき点は何かと整理して反省する間もなく、次に控えている仕事にとりかかるうちに、大抵はポイントを忘れてしまう。「ドイツ語教授法ワークショップ」、そして年度末の講師懇談会から発展した「勉強会」は、このような日常に節目を与えてくれた。一度立ち止まって考えるよい機会となった。普段何気なく心がけてきたこと、努力してもなかなかできないこと、時々「あれ？」と気になりながら、そのままにしてきたことが、私だけが抱く疑問や問題ではなく、複数の、多数の教師が共通して感じているものであることを知った。時には理論的な裏付けがあることが分かったり、経験を整理するための枠組みを見つけることができた。そして何より、多くの授業実践と、その経験に基づく知見に出会えた。すぐに理解できる理論や内容ばかりではなかったが、時間を経て霧が晴れてくるように納得できたこともある。

　ワークショップの歩みを振り返ると、流通科学大学の外国語教育がたどってきたカリキュラム制度の変革や改革の節目節目で、私に大きなヒントをくれたことがわかる。2000年9月、いよいよ新カリキュラム体制が始動する半年前のワークショップでは、学期初めの外国語ガイダンスを既に実施していた九州大学での具体的な取り組みについて田畑義之氏の発表があり、2001年度の新学期ガイダンスを準備する際に大変参考になった。また流通科学大学でドイツ語授業を担当する非常勤講師3名と私との共著で編集した教科書を出版した2002年春には、「日本における教科書」というテーマを取り上げた。当時同志社大学で教鞭を取り、その後ドイツに帰国したSlivensky氏の基調講演を聞き、教師と教科書の役割の重要性を新たに認識した私は、長年書けなかった教授法、特に教科書の編纂

に関する論考を 1 年後にまとめることができた。どんなにささやかな一歩でも、自分の授業体験、実践経験を反省し整理し、見つめ直し、それを順序立てて「伝える」ことに意味があることを知った。ワークショップ呼びかけ人の一人で、もう一人の編者である森田昌美さんの口癖、「私たち二人が一番勉強させてもらっている」ことを私も実感している。この論文集に収められた論考はみな非常に個性的である。そして個別の分野、テーマを扱いながらどれも普遍性を持っている。読者各位はどのように本論文集を読まれるのだろうか？ 刊行と同時に私たちの手を離れるこの論文集が、外国語教授法に関する対話の輪を、ワークショップの枠を超えてさらに広げるきっかけとなれば幸いである。

2004 年 8 月末日

板山眞由美

執筆者紹介

田村弘行（たむら　ひろゆき）
　流通科学大学情報学部専任講師
　専門：フランス語教育，19世紀フランス詩

板山眞由美（いたやま　まゆみ）
　流通科学大学商学部教授
　専門：現代ドイツ語意味論・実用論，社会言語学

辻本千栄子（つじもと　ちえこ）
　流通科学大学サービス産業学部助教授
　専門：スペイン語教育，マイクロ・エスノグラフィー

塩路ウルズラ（しおじ　うるずら）
　大阪外国語大学外国人教師，流通科学大学非常勤講師
　専門：英文学，アメリカ文学，フランス文学

新倉真矢子（にいくら　まやこ）
　上智大学外国語学部ドイツ語学科助教授
　専門：音声学，音韻論，ドイツ語教育

佐藤　修子（さとう　しゅうこ）
　北星学園大学教授
　専門：独語学，外国語教育

山本洋一（やまもと　よういち）
　九州共立大学助教授
　専門：ドイツ文学，ドイツ語教育

本河裕子（もとかわ　ゆうこ）
　流通科学大学非常勤講師
　専門：テクスト言語学，ドイツ語教授法

吉満たか子（よしみつ　たかこ）
　大阪ドイツ文化センター（Goethe-Institut Osaka）勤務
　専門：ドイツ語教育

藤原三枝子（ふじわら　みえこ）
　甲南大学国際言語文化センター助教授
　専門：言語教育研究

原口厚（はらぐち　あつし）
　早稲田大学商学部助教授
　専門：ドイツ語教育・ドイツ語学

森田昌美（もりた　まさみ）
　流通科学大学非常勤講師
　専門：ドイツ文学，ドイツ語教育

中島裕昭（なかじま　ひろあき）
　東京学芸大学助教授
　専門：ドイツ現代演劇，ドイツ語教育

新田誠吾（にった　せいご）
　法政大学教授
　専門：ドイツ文学，ドイツ語教授法

Torsten Schlak（トルステン　シュラーク）
　ボッフム・ルール大学言語教育研究講座 Juniorprofessor
　専門：ドイツ語教授法

学習者中心の外国語教育をめざして
流通科学大学ドイツ語教授法ワークショップ

発　　　行	2004年11月26日　第1版
編　　　者	板山眞由美・森田昌美
発 行 者	前田完治
発 行 所	株式会社 三修社
	〒110-0004　東京都台東区下谷1-5-34
	営業　TEL　03-3842-1711／FAX　03-3845-3965
	編集　TEL　03-3842-1631／FAX　03-3841-8125
	http://www.sanshusha.co.jp/
	振　替　00190-9-72758
	編集担当　永尾真理
印 刷 所	株式会社 平文社
製 本 所	有限会社 栄久堂

装　幀／岩泉卓屋
図版作成／田中祐介

Ⓒ2004 Printed in Japan
ISBN4-384-05247-2 C1037

Ⓡ〈日本複写権センター委託出版物〉　本書の全部または一部を無断で複写（コピー）することは、著作権法上での例外を除き、禁じられています。本書からの複写を希望される場合は、日本複写権センター（☎03-3401-2382）にご連絡下さい。